Matthias Horx
15 ½ Regeln für die Zukunft

Matthias Horx

15 ½ Regeln für die Zukunft

Anleitung zum visionären Leben

Econ

Econ ist ein Verlag
der Ullstein Buchverlage GmbH

ISBN: 978-3-430-21013-3

© der deutschsprachigen Ausgabe
Ullstein Buchverlage GmbH, Berlin 2019
Alle Rechte vorbehalten
Zeichnungen: Julian Horx
Bildrecherche: Bettina Lambrecht
Gesetzt aus der Aldus nova Pro
Satz und Repro: LVD GmbH, Berlin
Druck und Bindearbeiten: GGP Media GmbH, Pößneck
Printed in Germany

*Für Julian und Tristan,
meine Zukunftspiloten*

Inhalt

EINLEITUNG
Die Zukunft in uns — 9

ZUKUNFTSREGEL 1
Hüte Dich vor Future Bullshit! — 13

ZUKUNFTSREGEL 2
Jeder Trend erzeugt einen Gegentrend — 31

ZUKUNFTSREGEL 3
Das Alte kommt immer wieder – und erneuert sich dabei selbst — 53

ZUKUNFTSREGEL 4
Vertraue auf natürliche Intelligenz (NI), anstatt Dich vor künstlicher Intelligenz (KI) zu fürchten — 85

ZUKUNFTSREGEL 5
Begreife die wahre Co-Evolution von Technik und Mensch — 115

ZUKUNFTSREGEL 6
Erkenne den wahren Sinn von Visionen — 137

ZUKUNFTSREGEL 7
Verwechsele Dich nicht mit Deiner Angst — 149

ZUKUNFTSREGEL 8
Lerne, aus der Zukunft heraus zu denken   165

ZUKUNFTSREGEL 9
Stelle bessere Fragen, statt die richtigen Antworten
zu verlangen   185

ZUKUNFTSREGEL 10
Befreie Dich von Zukunfts-Schuld   197

ZUKUNFTSREGEL 11
Versöhne Dich mit der neuen Welt-(Un)Ordnung   217

ZUKUNFTSREGEL 12
Schließe Frieden mit der Ungleichheit in der Welt   243

ZUKUNFTSREGEL 13
Ertrage, dass die Welt langsam besser wird –
aber niemals »gut« sein kann   273

ZUKUNFTSREGEL 14
Überwinde Pessimismus und Optimismus –
werde Possibilist!   293

ZUKUNFTSREGEL 15
Zukunft entsteht durch gelungene Beziehung(en)   309

ZUKUNFTSREGEL 15 ½
Zukunft ist eine Entscheidung   331

LITERATUREMPFEHLUNGEN   337

ANMERKUNGEN   343

BILDNACHWEIS   348

EINLEITUNG

Die Zukunft in uns

Seit mehr als einem Vierteljahrhundert beschäftige ich mich nun mit der Zukunft. Es wird Zeit für eine Zwischenbilanz: Was habe ich in den langen Jahren prognostischer Arbeit gelernt? Wo lagen die Irrtümer? Und was, zum Teufel, IST eigentlich ein »Zukunftsforscher«?

Ein Prophet, der die Richtung vorgibt, im Sinne von »Folgt mir nach – ich kenne den Weg!«?

Ein kühler Analytiker, der ausschließlich in Wahrscheinlichkeiten rechnet und verschiedene Szenarien durchspielt?

Ein Motivationstrainer, der wie ein Schlangendompteur »Visionen« beschwört und die Leute zum »immer schnelleren Wandel« anpeitscht?

Ein Geschichtenerzähler, der möglichst spektakuläre Storys zum Besten gibt?

Oder ein diskreter Berater, der große Firmen bei der Beantwortung der Frage »Wie erzielt man in den Märkten der Zukunft höhere Profite« unterstützt?

Alle diese Rollen habe ich im Laufe der Jahre in der einen oder anderen Weise besetzt. Ich habe sie alle wieder verlassen, weil etwas nicht stimmte. Eine innere Not entstand, eine Unzufriedenheit. Mit Zukunftsbildern kann man unglaublich leicht manipulieren; nicht nur die anderen, sondern vor allem sich selbst.

Es ist jetzt rund 25 Jahre her, dass im Econ Verlag zwei meiner Bücher erschienen, die erheblichen Wirbel verursachten: *Trendbuch 1* und *Trendbuch 2*. Sie kamen 1993 und 1996 in den Buchhandel, wurden Bestseller und markierten den Startschuss für eine damals noch junge und skandalumwitterte Disziplin: die Trendforschung.

Es ist lustig, heute durch diese Fibeln der frühen Trendanalyse zu blättern, aber auch ein wenig schockierend. In *Trendbuch 1+2* ging es um den *Aufstand der Alten*. Um die *Neue Netzwerk-Kultur*. Ein Kapitel darin lautete »Postemanzipation« und vertrat die These, dass der Feminismus seine Blütezeit schon hinter sich habe und eine Renaissance der Familie bevorstehe. »Ökolozismus« antizipierte eine eher frömmelnde Ökologiebewegung, die von Schuldritualen und Ablasshandlungen lebte. Ein anderes Kapitel hieß »Die Rückkehr der Spießer«. Und in »Das Große Heimweh« beschrieb ich die Sehnsucht nach dem unverdorbenen Gestern, den Trend zur Nostalgie.

Kommt einem das nicht furchtbar bekannt vor? Alles war schon mal da. Alles kommt offenbar immer wieder. Dreht sich also alles nur im Kreis?

Erst viel später erkannten wir (damit meine ich das Zukunftsinstitut, den von mir 2000 gegründeten Thinktank), dass unsere Zukunftsannahmen an *Linearität* litten – an einem verengten Denken, das die wahrgenommenen Trends einfach starr in die Zukunft projizierte. In Wirklichkeit aber erzeugt jeder Trend einen Gegentrend, jede Veränderung einen Widerstand. Daraus entsteht eine Turbulenz, der die eigentliche Zukunft entspringt. Von nun an beschäftigten wir uns mit Komplexitätsforschung, Systemtheorie, Spieltheorie und Formtheorie. Wir lernten, zwischen Voraussagbarem und Nicht-Voraussagbarem zu unterscheiden, Modell und Wirklichkeit, Trends und Gegentrends *in Beziehung zu setzen*. Daraus entstanden komplexere Modelle. Aber auch das brachte uns hinsichtlich der Frage, welchen tieferen Sinn Prognosen eigentlich haben, nicht wirklich weiter.

Wenn wir eines Tages in der Lage wären, die Zukunft *exakt* zu prognostizieren – Molekül für Molekül sozusagen –, würden wir dann nicht in einem kalten, toten, mechanischen Universum aufwachen? Ist das nicht eigentlich das, was künstliche Intelligenz beabsichtigt: Ein deterministisches Universum zu schaffen, in dem alles voraussagbar ist?

Wir erkannten, dass etwas Fundamentales fehlte: der Mensch.

Menschen sind Zukunftswesen. Wir können gar nicht anders, als uns unentwegt das Kommende vorzustellen. Mit unserem übergroßen Hirn sind wir *homo prospectus*, der vorausschauende Mensch. Wir sind auch der schöpferische Mensch, weil aus Bildern und Imaginationen unentwegt Wandel und Veränderung entstehen. Durch das Imaginieren der Zukunft stellen wir sie sozusagen selbst her – in einer endlosen Rückkoppelungsschleife.

In den meisten der herkömmlichen Zukunftsvisionen kommt der Mensch aber nur am Rande vor. Als kleine Silhouette in mächtigen Städten, in denen die Autos alle fliegen. Ökonomie und Technologie sind die Leitplanken, an denen entlang der Zukunftszug dahinrast. In dieser kalten Zukunft sind wir allenfalls Konsumenten immer raffinierterer Produkte. Bewohner hypersmarter Umwelten, in denen auf Knopfdruck alles zu haben ist. Endloser Komfort – wollen wir wirklich dorthin?

Um die Zukunft zu begreifen, müssen wir verstehen, wie wir als Zukunftswesen ticken. Die Zukunft findet nicht getrennt von uns statt. Sie kommt nicht »über uns« wie eine Lokomotive, die aus dem Tunnel rast. Sie ist kein unveränderlicher Zustand, sondern ein Prozess. *Work in Progress*. Sie entsteht in unserem Wirken. In unserem Werden. In unserem »Mind«. Nicht morgen, sondern jetzt.

Das Fünfte Element

Kennen Sie den verrückten Science-Fiction-Kultfilm *Das fünfte Element* von Luc Besson aus dem Jahr 1997, mit Bruce Willis und der wunderbaren Milla Jovovich in den Hauptrollen? In diesem irren Streifen geht es darum, den Triumph des endgültig Bösen zu verhindern (was auch sonst?). Wenn man die vier Elemente Wasser, Feuer, Erde und Licht zusammenfügt, kann man die Welt vor der finalen Finsternis retten, die als der böse Zorg daherkommt. Nun ja, ganz so ernst ist der Plot nicht zu nehmen. Es wimmelt von schrägen Gestalten aus allen Ecken der Galaxis. Bruce Willis spielt einen abgehalfterten Taxifahrer (Flugtaxis, na klar). Ganze Raumschiffe werden mit durchgeknallten Alien-Transvestiten gefüllt. Man fragt sich unwillkürlich, was Besson wohl geraucht hat, es muss speziell gewesen sein.

Doch um die Welt zu retten, braucht es das fünfte Element. Das Element, das alle anderen Elemente *integriert*. In Bessons Film wird dieses Element durch Leeloo repräsentiert, eine zähe und gleichzeitig engelsgleiche Frau, die die Welt retten kann, wenn sie zu ihrer eigenen inneren Stärke findet. Um dieses geheimnisvolle Phänomen geht es in diesem Buch.

In den folgenden fünfzehneinhalb Regeln finden Sie alles, was ich über die seltsame Schleife, die unsere innere und die äußere Zukunft verbindet, gelernt habe – über die Potenzialität des Zukünftigen, das in uns allen ist. Zukunft ist in Wahrheit Selbst-Verwandlung. Der Psychologe Stephen Grosz bringt diesen Gedanken auf den Punkt:

Die Zukunft ist kein Ort, zu dem wir gehen,
sondern eine Idee in unserem heutigen Bewusstsein.
Etwas, das wir erschaffen
und das uns dabei verwandelt.

ZUKUNFTSREGEL 1

Hüte Dich vor Future Bullshit!

Für jedes Problem gibt es eine Lösung, die einfach, klar und falsch ist.
HENRY LOUIS MENCKEN

Sie sitzen erwartungsvoll in einer Zukunftskonferenz. Eine große Firma hat zu einem Mega-Event unter dem Motto »Visionen von morgen« eingeladen. Der Saal ist proppenvoll, um Sie herum herrscht geschäftiges Treiben und Murmeln. Immer-noch-analoge Visitenkarten werden ausgetauscht. Der Männeranteil beträgt 85 Prozent, sie sind überwiegend im Alter zwischen 30 und 50 Jahren, vom Typ »Entschlossenheit und Fitnessstudio«. Es geht um Digitalisierung, künstliche Intelligenz, kommende Super-Technologien, Industrie 5.0 (oder war es schon 6.0?), »Smart Living«, »smarte Mobilität« – überhaupt um alles, was smart ist. Also »um die atemberaubende Welt, die auf uns zukommt, ja ZURAST!!!«

Wenn der 50 Quadratmeter große Videobildschirm aufleuchtet, in einem irritierend grellen Licht, zu dröhnender Powermusik und einem Video, auf dem blaue Nullen und Einsen gemeinsam mit superschlanken Frauen in silbernen Raumanzügen durch die Luft wirbeln, betritt erst der Gastgeber, CEO eines großen Technikkonzerns, dann die Moderatorin (blond, Stöckelschuhe, immer noch und immer wieder) die Bühne. Beifall!

- *In einer Zeit des sich immer weiter beschleunigenden Wandels …*
- *Nie lebten wir in einer Ära mit so großen Umbrüchen …*
- *Der rasend schnelle Wandel, der auf uns zukommt …*

Das sind die Eröffnungsmantras jedes Zukunftskongresses. Das *ist* Zukunft. Sie »beginnt jetzt«. Sie ist voller atemberaubender Chancen. Wir müssen uns beeilen, weil sich ja alles »immer mehr beschleunigt«.

Nun spricht der CEO von »Challenges, die auf uns zukommen«, und von »Commitments, die wir eingehen werden«. Als Nächstes wird eine berühmte Influencerin auf die Bühne gerufen, die Zehn-Millionen-Klicks-Frau. Sie präsentiert mit übertrieben hoher Stimme einige Aussagen über ihren Lifestyle, der viel mit »Smart Gadgets« zu tun hat und natürlich mit »Commitment«. Dann kommt ein bärtiger junger Mann, oft auch eine ganze Gruppe von bärtigen und etwas blassen jungen Männern: die »Digital Champions« des Unternehmens, denen nun ein Preis verliehen wird, der »Future Award«. Dabei flitzen zwei Fotograf/inn/en um die schüchterne Männergruppe herum, während eine Kameradrohne mit wespenähnlichem Surren über ihren Köpfen umherschwirrt.

Die wummernde Musik steigert sich. Auf der Leinwand erscheinen wieder rasende Bilder von Tunnels aus blauen Nullen und Einsen, durch die fröhliche Menschen fliegen.

Während die nächsten PowerPoint-Vorträge über die Bühne gehen, dösen Sie ein bisschen weg. Ihr Körper widerlegt sozusagen die These, dass alles immer schneller wird. Er bewegt sich in Richtung bleierne Schwere, eine tiefe Müdigkeit überfällt Sie … Vielleicht ist die verdammte Schwerkraft daran schuld oder der besonders grün leuchtende »Future Energy Drink«, der Ihnen am Eingang gereicht wurde – von einem

niedlichen Neo-Roboter. Sie träumen von Tunnels, durch die Lokomotiven wirbeln. In Ihrem Traum stehen Sie auf, wandeln den Mittelgang entlang, gehen die vier Stufen hinauf auf die Bühne, ignorieren die Moderatorin in ihrem engen roten Kleid und stellen sich ans Mikrofon. Sie sagen:
Woher wissen Sie das überhaupt? Wird nicht alles im Gegenteil immer langsamer? Warum warte ich neuerdings drei Stunden auf den Abflug meines Flugzeuges? Warum verbringe ich Wochen im Stau? Geht nicht alles eher immerzu RÜCKWÄRTS?

Sie wachen auf, und das reale Programm umfängt Sie wieder. Jetzt kommt, mit dem üblichen Gedröhne, der *weltbekannte Zukunftsforscher* auf die Bühne. Es sieht ein bisschen blass und zerknittert aus, seine Cordhosen schlackern ungelenk an seinem Körper. Er entschuldigt sich umständlich, dass er auf dem Weg von L.A. leider Verspätung gehabt habe, macht den üblichen Witz über das Beamen, das leider immer noch nicht genügend ausgereift sei, um einen schweren Mann wie ihn über den Atlantik zu befördern. Man arbeite aber daran. Und er setzt gleich zu Beginn seiner Rede einen starken Akzent, indem er sagt:

»Ab einem gewissen Punkt kann man Technologie nicht von einem Wunder unterscheiden!«

Jetzt müssen Sie eine Entscheidung treffen. Entweder Sie ergeben sich in Ihr Schicksal.

Oder Sie spielen Future Bullshit Bingo.

Das geht ein bisschen wie Business Bullshit Bingo, einem inzwischen auf vielen Business-Seminaren beliebten Gag zur Entspannung zwischendurch. Immer wenn einer der Kollegen »nachhaltige Geschäftsentwicklung« sagt oder »durchgreifende Marktpenetration« oder »sozialverträgliche Freisetzungen« oder einen Satz wie »Was ist das next big thing im Feld der Customer Experience? Customer Total Experience!«, stehen alle auf und schreien:
BULLSHIT!

Das macht echt Spaß.
Die Future-Bullshit-Variante besteht darin, dass man bei Worten wie diesen aufsteht:

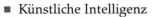

- Künstliche Intelligenz
- Industrie 5.0
- Smart Applications
- Internet der Dinge
- CYBERirgendwas
- Digitale Disruption

Oder bei Sätzen wie:
- Der beste Weg, die Zukunft zu prognostizieren, ist, sie zu schaffen.
- Die Zukunft beginnt heute, nicht morgen!
- Wir haben mehr Chancen als Risiken!

Und laut und deutlich brüllt:
FUTURE BULLSHIT!
Aber richtig. Aus voller Kehle! Sonst funktioniert es nicht. Trauen Sie sich!

Zugegeben, es ist nicht sehr wahrscheinlich, dass Sie sich trauen (als Zukunftsforscher bin ich ja auch Wahrscheinlichkeitsforscher). Wir üben es vielleicht noch ein bisschen gemeinsam.

Jenseits der Lüge

Harry G. Frankfurt, ein US-amerikanischer Philosophieprofessor, brachte um die Jahrtausendwende ein kleines 70-seitiges Büchlein mit dem wundersamen Titel *Bullshit* heraus. Ein Traktat, das von unserer Sehnsucht handelt, sinnfreie Klischees zu generieren und uns mental in ihnen einzurichten.

Was Bullshit eigentlich ausmacht, kann man nicht so genau definieren. Das ist gewissermaßen das Wesen des Bullshits. Denn es geht um – *nichts*. Bullshit ist reine Redundanz. Es ist das, was man sagt, wenn man nichts zu sagen hat als das, was fast jeder schon hundertmal gesagt hat. Es sind die Leerstellen, die Lücken in unserem Wahrnehmungssystem, die wir mit Bullshit füllen. Bullshit ist wie das weiße Rauschen im Kosmos, das die leeren Räume zwischen den Galaxien ausfüllt.

Frankfurt definiert Bullshit in klarer Abgrenzung zu einer anderen Kategorie: dem Lügen. Beim Lügen handelt es sich um eine echte kommunikative Anstrengung, bei der es im Kern um Wahrheit geht, die es zu verbergen gilt. Donald Trump ist kein Bullshitter. Er will tatsächlich etwas. Und dafür lügt er wie getwittert. Harry G. Frankfurt:

»Bullshit ist jene Erzählung, in der es nicht im Geringsten mehr darum geht, eine Wahrheit durch bewusste Verfälschung zu kaschieren. Das Verhältnis des Bullshitters zu der ihn umgebenden Realität ist pure Gleichgültigkeit. Er verbreitet einfach nur ›irgendetwas‹, bei dem jeder nur nicken und zustimmen kann. Seine Erzählung gilt nur einem einzigen Zweck: der Bestätigung dessen, was längst bekannt zu sein scheint.«

Hier einige Textbausteine aus der Welt der Zukunftsdiskurse, die ich in den letzten Jahren als Beispiel für hochgradigen Future Bullshit gesammelt habe:

»Wir nehmen … Sie mit auf die Reise in eine Zukunftswelt des Jahres 2020: Food-Konzerne entwickeln Margarine mit Neuropushern, Musikmajors bieten Halsbänder, mit denen jeder die Stimme seines Stars erhält, Pharmakonzerne bieten Doping für Gehör und Geruchssinn, immer mehr greift auch der Inbody-Chip um sich. Kommende Generationen werden den menschlichen Körper weniger als naturgegeben, sondern mehr als optimierungsbedürftige Hülle empfinden ... die Lebenswelten und die Bedürfnisse Ihrer Kunden werden sich in den kommenden Jahren komplett verändern!!« (aus dem Prospekt eines Seminaranbieters)

»Viele Trends zeichnen sich deutlich im Heute ab. Die vorgestellten 30 Trends zeigen die neue Einstellung der Konsumenten. Letztlich bietet die große Verunsicherung, der wir ausgesetzt sind, uns allen große Chancen des Aufbruchs. Wir können uns von alten Regeln und Gewissheiten verabschieden, denn sie existieren nicht mehr! Es gibt die Chance zu neuen, revolutionären Entwicklungen in vielen Bereichen unseres Lebens! Es gilt, diese Veränderungen rechtzeitig zu erkennen, vorbereitet zu sein und die Chancen auch zu ergreifen ...« (*SPIEGEL online*, 2015)

»Zukunftsforscher erwarten, dass ab dem Jahr 2025 Sensoren in unserer Kleidung, auf unserer Haut und in den Gegenständen, die wir benutzen, unsere Vitalparameter registrieren. Intelligente Systeme wie Ben werden sie erheben, analysieren und Diagnosen stellen. All das wird unsere Lebenserwartung radikal steigern.« (aus einer Berater-Studie)

»Alexa wird ohnehin nicht lange alleine bleiben. Kaffeeautomaten, Zahnbürsten, Antriebsaggregate, Heizungssysteme, Röntgengeräte, sie alle werden ihren Zustand weitermelden und uns beraten und begleiten.« (Gabor Steingart, *Alles was wichtig wird*, Bertelsmann Referentenagentur)

Manchmal ist Future Bullshit so absurd, dass er schon wieder interessant wird:

»Ein romantisches Wochenende im Jahr 2020, Tim und Linda haben sich zu einem Rendezvous verabredet. Dass beide jenseits der 60 sind, sieht man ihnen nicht an – regelmäßigen Antifalten-Behandlungen sei Dank. Beide schlucken außerdem einen Cocktail von 250 Vitaminen, Enzymen und Hormonen. Der Abend verläuft dank Lifestyle-Medikamenten wild wie bei Twens. Kurz bevor Linda an der Tür klingelt, verteilt Tom ein paar Spritzer Oxytoxin im Raum – für eine vertrauensvolle Atmosphäre. Danach schluckt er eine Kombination aus Viagra und Dapoxetine, ein Stoff, der vorzeitigen Samenerguss verhindert ...«

Man muss diesen Text zweimal lesen, um den gnadenlosen Bullshit, den der beinhaltet, zu würdigen. Es ist purer »Ageismus« – eine Denunziation des Älterwerdens und eine peinliche Verherrlichung des Jungseins. Die Vorstellung, dass Menschen, die etwas älter sind, keinen Sex mehr haben und an beliebigen Formen erotischer Behinderung leiden, die man mit allen möglichen Hilfsmittelchen bekämpfen muss, ist hochgradig beschränkt. Und alt! Der Text leiert bizarre Marketing-Monstrositäten an der Grenze zur Menschenverachtung herunter.

Aber vielleicht wurde er auch von einem Textautomaten verfasst ...

Eine andere sehr verbreitete Form des Future Bullshit ist das *Gefahrenraunen*. Dabei reiht man eine größtmögliche Menge an geheimnisvollen technologischen Begriffen aneinander und kombiniert sie mit vagen bösen Absichten irgendwelcher Schattenmächte. Zum Beispiel so:

»Aktuell arbeiten etwa dreißig Unternehmen weltweit an der neurotechnischen Eroberung des Gehirns. Sie wollen mithilfe neuer Technologien an der Erweiterung des

Denkens durch Neurostimulation, Neuromodulation, Hirn-Apps und der Entwicklung von Hirn-Computer-Schnittstellen mitwirken ... Wer kontrolliert zuerst das Nervensystem und bietet eine für den Massenmarkt taugliche Technologie an, die Gedankenlesen oder den Brainchat, das Plaudern von Hirn zu Hirn, ermöglicht? Früher haben wir Mofas frisiert – heute sind unsere grauen Zellen dran ... Die Autocomplete-Funktion, die uns zum Beispiel Google anbietet, um uns zu helfen, die richtige Suche zu starten, würde ins Gehirn wandern ...« (aus der *Wirtschaftswoche*)

Ein solcher Text ist reiner Technopopulismus. Wie der politische Populismus verwendet er unklare Vermutungen, die aber absolut gesetzt werden. Er lässt sich nicht widerlegen und löst damit unbestimmte Ängste aus. Es geht um Aufmerksamkeit. Um den Kitzel. Um eine bestimmte Sichtweise, der die Welt und ihr Wandel in Wahrheit völlig egal ist. Das Raunen übertönt alle Wahrhaftigkeit, es wirkt wie ein eigener hypnotischer Sound. Im Kern sind alle diese Aussagen nicht zukunftsgewandt, sondern schlichtweg reaktionär.

Der immer gleiche Zukunfts-Sound

Geben Sie das Wort *Zukunft* in die Suchzeile Ihres Browsers ein und drücken Sie auf »Bilder«. Was sehen Sie?

- Fliegende Autos
- Roboter
- Noch mehr Roboter
- Schwimmende Städte
- Männer in Anzügen und Schlips, die mit dem Fernrohr in die Ferne schauen

- Roboterhände, die Männerhände schütteln oder Finger berühren
- Städte mit in den Himmel ragenden Wolkenkratzern
- Wegweiser, auf denen »ZUKUNFT« steht
- Verpixelte Landschaften
- Gesichter mit Brillen, durch die man nichts sehen kann (Cyberbrillen)
- Stationen auf dem Mars
- und so weiter

Ich habe diese Bilder und Motive mit meinem Zukunftsarchiv verglichen. Etwa mit den Zukunftsbildern und -bänden, die ich in den Sechzigerjahren als technikbegeisterter Junge des Wirtschaftswunders zu Weihnachten und zum Geburtstag geschenkt bekam. Darin fanden sich mit großer Regelmäßigkeit:

- Fliegende Autos
- Abenteuer von Jungengruppen in geheimnisvollen Höhlen
- Roboter – in allen Varianten, vom starken Blechkameraden bis zum Putzroboter
- Städte mit in den Himmel ragenden Wolkenkratzern
- Fremde Intelligenzen, die auf der Erde landen
- Raketen, in denen man wohnen konnte
- Stromlinienförmige Züge auf Hochbahnen
- Roboter, mit denen man Freundschaft oder Feindschaft schloss
- Superwaffen, um im Weltraum zu kämpfen
- Stationen auf dem Mars

Hinzugekommen sind unlängst solche futuristischen Dinge wie:
- Sprünge mit Jumpsuits von gigantischen Hochhäusern
- Unter die Haut implantierte Chips, mit denen man sein Haus steuern kann

Wirklich neu und verblüffend allerdings ist hinzugekommen:

- Hochhäuser in Städten zum hocheffektiven Marihuana-Anbau ...

Das Kindchenschema des Fortschritts

Was verbindet alle diese Texte und Bilder zur Zukunft? Vielleicht das, was der Publizist Holm Friebe einmal das »Kindchenschema des Fortschritts« nannte. Zukunft ist ein *Mem* – ein kultureller Code, der sich in einer bestimmten Kultur oder Epoche herausbildet und sich dann über lange Zeit selbst erhält, sich in immer gleichen Schleifen und Ausprägungen sozusagen in die Kultur hineinfrisst.

Unsere heutigen Zukunftsbilder sind geprägt von der Idee des linearen technischen Fortschritts, die aus der Expansionsphase der Industriegesellschaft stammen. Es sind, um es drastisch zu formulieren, Fantasien von 12- bis 16-jährigen Jungen, die die Welt aus einem bestimmten Blickwinkel heraus betrachten, der um Eroberung, Abenteuer und technische Dominanz kreist. Es geht um »Faszination und Gruseln«, kombiniert mit einer Extradosis von Kontrollsehnsucht – so, wie man als 12- bis 16-Jähriger eben in die Welt schaut.

Diese Zukunftsbilder sind in ihrem Kern infantil – oder pubertär. Aber natürlich wird das nicht sichtbar. Über die Mechanismen von Interessen und wirtschaftlichen Diskursen übersetzt sich dieser Blickwinkel immer wieder aufs Neue in Behauptungen, die dann ein Eigenleben im kollektiven Diskurs entwickeln.

»Die Automobilbranche erlebt derzeit die größte Transformation ihrer 130-jährigen Geschichte. Die aktuellen Trends sind allgegenwärtig: Autonomes Fahren, Elektromobilität, Connectivity und Shared Mobility erobern den Markt in rasantem Tempo.«

Dieses Zitat stammt von Dieter Zetsche, dem Ex-Boss von Daimler. Es klingt harmlos, optimistisch, lösungsorientiert. Aber es ist in seiner völlig affirmativen Diktion Future Bullshit. Die Automobilbranche, einer der mächtigsten Wirtschaftssektoren des industriellen Zeitalters, ist längst an einem Scheideweg angekommen. Erfolgstrunken rast sie in eine Krise – und dagegen hilft (scheinbar) nur die Flucht in die nächste Technikdimension, die dann *alle* Probleme lösen wird.

Wenn man allerdings ein wenig genauer hinschaut, ergibt sich ein etwas anderes Bild:

- Elektromobilität wurde von der Autobranche über viele Jahre massiv be- und verhindert – bis schließlich eine gesellschaftliche Debatte ausbrach, die die Märkte im Kern zu bedrohen schien. Seitdem schwenkt die Automobilindustrie mit fliegenden Fahnen zu einer Technologie über, die sie nie wollte.
- Autonomes Fahren gilt als Allheilmittel der Mobilität. Aber es wird erstens viel länger auf sich warten lassen, als die euphorischen Prognosen seiner Protagonisten versprechen – die Komplexität ist einfach zu hoch. Und es wird zweitens das Verkehrschaos nicht lösen, sondern womöglich verstärken – weil nun Passagiere vom öffentlichen Nahverkehr auf wunderbar selbstfahrende Autos umsteigen ...
- *Shared Mobility* ist ein herrlicher Euphemismus. Beschworen wird ein Geschäftsmodell, an dem die Autoindustrie auch dann noch Geld verdienen kann, wenn Menschen sich auf neue Weise »mobilisieren«. Man möchte einen Fuß in der Tür behalten. Aber man kann den Begriff sehr unterschiedlich definieren: als

neues Fahrzeugvermietungsmonopol oder als tatsächliche Auflösung von Autobesitz. Was so ziemlich das größte Schreckensbild für die Autohersteller ist, denen es einfach nicht gelingt, ihre Wertschöpfungsmodelle jenseits von Stückzahlen zu denken.

Evgeny Morozov, einer der großen humanistischen Kritiker des Digitalen, hat für die ausschließliche Betrachtung der Zukunft aus dem Blickwinkel der technischen Möglichkeiten und ökonomischen Expansionszwänge heraus den Begriff *Solutionismus* geprägt – Lösungswahn. Technologen, so Morozow, suchen verzweifelt nach Problemen, die sie lösen können, finden aber immer weniger praktische Problemlösungen, die tatsächlich einen realen Nutzen erbringen. Deshalb werden diese Lösungen ständig moralisch und utopisch überhöht. Morozov schreibt:

»Würde Silicon Valley einen offiziellen Futuristen ernennen, wäre es ein Leichtes, seine leuchtende Vision der nahen Zukunft, etwa des Jahres 2020, zu prognostizieren. Ausgerüstet mit leistungsfähigen Self-Tracking-Geräten würde die Menschheit endlich Fettleibigkeit, Schlaflosigkeit und der Erderwärmung den Garaus machen, da alle nun weniger essen, besser schlafen und ihre Emissionen optimieren. Auch die Fehlbarkeit des menschlichen Gedächtnisses würde besiegt, denn schließlich zeichnen ebenjene Tracking-Geräte alle unsere Aktivitäten auf und speichern sie ab. Autoschlüssel, Gesichter oder unnützes Wissen – nie wieder werden wir etwas davon vergessen.«[1]

Neil Postman, die große grantige warnende Stimme der Pionierjahre des digitalen Zeitalters, sprach von »technopolistischen Utopien« und meinte damit »eine Utopie oder Gesellschaft, in der die Kultur sich durch Technologie zu legitimieren

sucht, ihre Befriedigung in Technologie findet und ihre Befehle von der Technologie entgegennimmt«.[2]
Und der Philosoph Alain de Botton bemerkte dazu:

»Natürlich, Technologie ist etwas Großartiges. Aber es ist schon erstaunlich – wenn man einmal darüber nachdenkt –, dass sie eigentlich nur einen kleinen Teil unserer Bedürfnisse stillt. Kommunikation bringt so viele Probleme mit sich, die einem iPhone egal sind. Ein Telefon kann dich nicht beruhigen, wenn du wütend bist. Es bewahrt dich nicht davor, deinem Partner schlimme, verletzende Dinge zu sagen, die dir schon fünf Minuten später schrecklich unangenehm sind. Es hilft dir nicht dabei, tröstende Worte für einen trauernden Freund zu finden, ein Kind zu beruhigen oder eine heikle Situation im Büro zu entschärfen.«

Dass unsere Zukunftsbilder technopolistisch (die Technik hat das Monopol über das Leben) oder techno-populistisch sind, fällt uns gar nicht mehr auf. Zu sehr ist diese Denkweise längst zum Standard des Zukunftsdiskurses geworden. Was soll Zukunft anderes sein als Technik (oder, negativ gewendet, der Untergang, ein großes Scheitern, amoklaufende Roboter)? Aber wie das bei geschlossenen Weltbildern so ist: Wenn man sich in ihnen bewegt, fällt es gar nicht auf. Dann fühlt sich normal an, was im Grunde nur *normativ* ist.

Die »Müsseritis«

Vermutlich kennen Sie bereits die alte Geschichte mit den Reiskörnern. Sie ist ebenfalls ein Kongress-Dauerbrenner, beliebt als Narrativ auf allen Zukunftskonferenzen und -seminaren:

Der indische Brahmane Sissa, der als Erfinder des Schachspiels gilt, kommt zu seinem von diesem Spiel begeisterten Herrscher und sagt: »Oh Herrscher, als Lohn für meine Erfindung erbitte ich, dass du mir ein Schachbrett mit Reiskörnern füllst. In das erste Feld sollst du nur ein Korn legen, in das zweite zwei, und dann sollst du die Menge auf jedem weiteren Feld verdoppeln!«

Natürlich willigt der dämliche Herrscher ein – nur um sich zu ruinieren. Wenn das Schachbrett voll ist, liegen dort 10 hoch 64 oder 18.446.744.073.709.551.616 (18 Trillionen, 446 Billiarden, 744 Billionen, 73 Milliarden, 709 Millionen, 551 Tausend und 616) Reiskörner.

Wofür wird dieses Bild benutzt? Nun, dafür, das Publikum ein wenig auf den Arm zu nehmen. Wir – das Publikum – sind einfach zu blöd, um zu verstehen, welche gewaltigen Herausforderungen in einer *exponentiell wachsenden Welt* auf uns zukommen. Wir sind der einfältige Herrscher, der sich ruiniert, weil er die simpelste Mathematik nicht beherrscht.

Eine weitere Variante ist die Fabel mit dem Frosch im heißen Wasser, der den Hitzetod stirbt, weil er zu träge ist, herauszuhüpfen. Auf unzähligen Konferenzen wird sie als Mahnung erzählt, als Parabel unseres Unwillens zur Wandlung, der tödlich enden muss. Fazit: Wir müssen uns ändern! SOFORT!

Das Problem mit dieser hübschen Geschichte ist nur: Sie stimmt nicht. Jeder Biologe wird bestätigen, dass Frösche selbstverständlich aus zu heißem Wasser heraushüpfen. Frösche hüpfen überhaupt ziemlich viel herum. Alle Lebewesen, vor allem Kaltblütler, haben Temperatursensoren, die sie in die Lage versetzen, auf ihre Umwelt zu reagieren.

Aber egal – Hauptsache, die Story erzeugt einen Drang. Einen Zukunftszwang. Ein *Müssen-Müssen*.

Wir *müssen* endlich zur Innovationsmetropole werden!

Wir *müssen* gegenüber China und Amerika endlich konsequent auf künstliche Intelligenz setzen!

Wir *müssen* gewappnet sein, wenn alle Arbeitsplätze von Robotern übernommen werden!
Wir *müssen* die Effizienz deutlich steigern!

»Weite Teile der Wirtschaft haben noch nicht realisiert, dass der beschleunigte Wandel die Spielregeln, wie Wertschöpfung generiert wird, grundlegend verändern wird! Im Grunde genommen handelt es sich dabei um die von Schumpeter eingeführte ›schöpferische Zerstörung …‹ Wir werden uns anpassen müssen, oder …« (aus einer x-beliebigen deutschen Tageszeitung)

Der amerikanische Psychologe Albert Ellis hat diese Diktion einmal listig als *Must-urbation* bezeichnet. Muss-Formulierungen haben immer den Zweck, das Publikum in Trance zu versetzen – oder zu beschämen. Sie sind Manipulationsversuche. Muss-Formulierungen suggerieren: Alle anderen Möglichkeiten werden ausgeschlossen. Wie nennt sich das so schön? Alternativlos.

Und was wir alles schon müssen mussten! In den Neunzigerjahren mussten »wir«, also die westlichen Länder, wie die Japaner produzieren, ja wie Japan *werden* – diszipliniert, fleißig, hypertayloristisch –, um nicht »am Weltmarkt unterzugehen«. Dann *mussten* wir ganz schnell Steuern abschaffen, die Märkte befreien. Nach der Bankenkrise übernahm die große Digitalisierung die Rolle des großen Must-urbators: Alles *muss* nun ganz schnell rundum digitalisiert werden, um den Preis des Untergangs, des Abgehängtwerdens, des Triumphs des Giganten China!

Wer würde es wagen, dem zu widersprechen?

Allerdings erzeugt das Müssen-Müssen auch einen Gegendruck. Das ständige Müssen löst in unserem Inneren einen starken Widerstand aus, eine Renitenz. Wenn man Menschen ständig »vermusst«, werden sie entweder stumm – sie hören

ZUKUNFTSREGEL 1 27

auf, sich zu beteiligen, was ja andererseits unentwegt gefordert wird. Oder sie werden zynisch. Das erklärt die seltsame Störrischkeit, den verbreiteten Widerstand gegen den Wandel. Irgendwann geht alles über in eine gedämpfte Gleichgültigkeit, eine generelle Erschöpfung, bei der sich der Einzelne nur noch zurücklehnt und seufzt.

Ich glaube, hier liegt auch eine Quelle für den Populismus unserer Tage.

Wenn uns unentwegt Chancen, die wir ergreifen *müssen*, um die Ohren gehauen werden, werden wir innerlich chancenlos. Wir verlieren den Kontakt zum Möglichen. Zum Besseren. Zu jenem Wandel, der uns selbst einschließt – als Subjekte, die die Welt, in der wir leben, formen und gestalten möchte. Manchmal werden wir auch reaktionär. Dann halten wie die Vergangenheit doch für die bessere Veranstaltung. In der Vergangenheit kennen wir uns aus.

Glauben wir zumindest.

Muss Futurismus immer Menschen entweder erschrecken oder blenden – im Sinne eines unlösbaren Versprechens?
THEODORE ZELDIN

> Zukunftsübung 1:
> Überwinden Sie den Infantilismus der Zukunft
>
> Der Publizist Wolf Lotter hat einmal das Bonmot »Zukunft für Erwachsene« geprägt. Was könnte das sein? Wie erkennen wir es?
> Im ersten Schritt sollten wir verstehen – und in gewisser Weise auch akzeptieren –, dass »Zukunft« vor allem ein Narrativ-Markt ist. Ein Markt der Aufregungen, der Interessen, der Eitelkeiten, der geldwerten Sensationen und natürlich der Ängste. Hinter dem Future Bullshit steht die

Tatsache, dass uns jemand etwas verkaufen will. Ein bestimmtes Produkt, das »im Trend« liegt. Eine Ideologie. Oder seine eigenen Ängste, Aggressionen oder Erlösungswünsche. Wer den Markt des Futur beherrscht, hat enorme Deutungsmacht. Denn wir sind als Menschen immer auch Zukunftswesen, die ängstlich und fasziniert in die Zukunft schauen. Und dabei enorm lenkbar und beeinflussbar sind.

Gibt es eine Methode, um herauszufinden, ob die Zukunft, von der wir gerade erfahren, echt ist? Ich habe dafür einen im Grunde ganz einfachen Vorschlag: Nutzen Sie eine alte Regel der Liebe und ihrer Anbahnung. Etwas, das besonders Frauen schon beim ersten Flirt als verlässlicher Indikator dafür dient, ob jemand »infrage kommt«: Erzählt der Typ immer nur von sich selbst und inszeniert sich dabei als toller Zampano? Oder interessiert er sich auch ehrlich für *mich*? Stellt er mir Fragen, die wirklich auf mich eingehen?

Beurteilen Sie also die Zukunft danach, ob sie nach Ihnen fragt!

Der narzisstische Mensch berichtet immer nur von sich selbst. Ähnlich ist es mit der autistischen Zukunft, die nur um sich selbst kreist. Sie will immer alles behaupten, aber nie etwas von uns wissen. Sie fragt uns nicht danach, wie es uns mit ihr geht.

Achten Sie einfach in jedem Vortrag, Diskurs oder Pamphlet über die Zukunft auf die Art und Weise, *wie* gesprochen oder geschrieben wird. Eine Zukunft, die brüllt, droht, angibt, breitbeinig daherkommt, ist so tot wie der falsche Frosch im heißen Wasser. Misstrauen Sie den menschenleeren, aber hypertechnischen futuristischen Landschaften, in denen sich kein Mensch mehr darstellen lässt, weil er dort gar nicht hinpasst.

Eine lebendige Zukunft zeichnet sich dadurch aus, dass sie mit uns in Verhandlung tritt. Sie berührt uns genau da, wo wir die größten Nöte verspüren, aber auch das größte Potenzial von Selbst-Veränderung.

So sehe ich die wirkliche Aufgabe eines Zukunftsforschers – den Kern echter Zukunftsarbeit. Sie besteht nicht darin, die Zukunft zu verkünden oder trompetenhaft zu prophezeien. Sondern Verbindungen herzustellen zwischen dem Heute und dem möglichen Morgen. Zwischen dem Menschen und der Technik. Der Gesellschaft und der Ökonomie. Dem Individuum und dem großen Ganzen. Und daraus eine Perspektive, eine Geschichte zu entwickeln, die uns zum Staunen bringen kann.

Staunen ist immer eine Selbstverwandlung.

Eine erwachsene Zukunft kommt nicht »einfach so« über uns (das ist eine unterschwellige Vergewaltigungsfantasie). Sie rast auch nicht auf uns zu. Achten Sie einfach auf den Sound, in dem Zukunft erzählt wird, um die Bullshit-Zukunft von der wahren Zukunft zu unterscheiden. Erweitern Sie Ihr Gespür für Windbeutel, Aufschneider, Technikfetischisten und postpubertäre Hype-Verkünder. Üben Sie eine gutmütige Skepsis. Und buhen Sie einen Aufschneider, der Ihnen die Zukunft als infantile Fantasie verkaufen will, ab und zu auch mal von der Bühne. Das genügt schon, für den Anfang.

ZUKUNFTSREGEL 2

Jeder Trend erzeugt einen Gegentrend

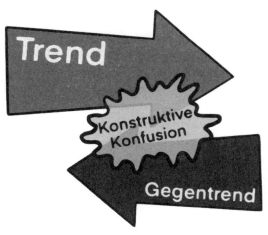

Trends sind trügerisch, sie erzeugen Widerstände

Wenn wir an die Zukunft der Welt denken, so meinen wir immer den Ort, wo sie sein wird, wenn sie so weiterläuft, wie wir sie jetzt laufen sehen, und denken nicht, daß sie nicht gerade läuft, sondern in einer Kurve, und ihre Richtung sich konstant ändert.
LUDWIG WITTGENSTEIN, *PHILOSOPHISCHE BETRACHTUNGEN*

Wenn wir nicht die Richtung ändern, könnte es sein, dass wir dort enden, wo wir hinwollten.
CHINESISCHES SPRICHWORT

Wie können wir jenseits von Zukunfts-Bullshit überhaupt etwas über »die Zukunft« aussagen – diesen unfassbar großen, dunklen, leeren Raum, der vor uns liegt?

Das einfachste und probateste Mittel, die Zukunft zu beschreiben, ist ihre Vermittlung durch *Trends*. Dabei erschließen wir den Möglichkeitsraum, der vor uns liegt, durch bekannte Entwicklungen der Gegenwart. Das, was wir heute in Ansätzen erkennen, projizieren wir »nach vorne«. »Dieser Trend wird sich durchsetzen ...« ist die beliebteste Zukunftsbehauptung.

Die Schwierigkeit dieser Behauptung offenbart sich anhand einer doppelten Frage: Was definieren wir überhaupt als »Trend«? Und wie dimensionieren wir einen Trend – und im Vergleich zu was? Darüber, wie wichtig, solide und wirkmächtig ein Trend ist, entsteht oft eine heillose Verwirrung. Das Spektrum dessen, was sich »Trend« nennt, reicht ja von Vermutungen über die Rückkehr von Küchenschürzen über die Aussterbetendenz der Insekten bis zur Annahme, dass »wir alle« in wenigen Jahren vollkommen geschlechtsneutral sein werden, also weder Mann noch Frau, sondern irgendetwas dazwischen. Auf dem weiten Markt der Trends – denn es ist ein Markt, in dem Aufmerksamkeiten und Marketinginteressen eine große Rolle spielen – kann jeder alles behaupten. Er wird immer einen »Abnehmer« finden. Jemanden, der's glaubt. Oder glauben will. Oder beides.

Orientierung in dieser Konfusion bieten die *Megatrends*. Sie spielen in der Zukunftsbetrachtung seit vielen Jahren eine Schlüsselrolle. Ich erlebe immer wieder, wie schon das reine Aussprechen des Wortes »Megatrend« das Publikum in eine regelrecht euphorische Stimmung versetzt. Megatrends vereinfachen die Zukunft, weil ebendiese Zukunft als Resultat von Urkräften definiert wird, gegen die kein Einspruch möglich ist.

Megatrends haben allerdings ein Handicap: Sie suggerieren ein falsches Alles. *Alles* wird global! *Alles* wird vernetzt! *Alles* wird individualistisch! *Alles* wird urban! *Alles* wird hypermobil! *Alles* wird radikal digital!
Damit eignen sich Megatrends perfekt für Selbstbetrug. Für »wishful thinking«. Und für gnadenlose Verkürzungen der Wirklichkeit.

Um zu erkennen, dass das Wörtchen »alles« nicht so ganz ernst zu nehmen ist, lassen Sie uns ein kleines Gedankenspiel unternehmen:

Stellen wir uns vor, der Megatrend »Globalisierung« würde sich radikal durchsetzen. Alle kulturellen Differenzen und Unterschiede würden zu einer einzigen homogenen Globalkultur verschmelzen. Alle Einkaufs- und Stadtzentren wären von den immer gleichen Filialen riesiger amerikanisch-europäisch-chinesischer Konglomerate beherrscht. Alle Autos sähen gleich aus, in verschiedenen Kategorien zwar, aber eben Welt-Autos, gebaut vom NMCBV-Konzern (NissanMercedesChryslerBMW-Volkswagen). Der multinationale Konzern Alibalphabet würde alle Datenflüsse der Welt gerecht regulieren. Es gäbe gar keine verschiedenen Sprachen mehr, oder wenn, dann nur noch als nostalgisches Hobby. Ein einziges globales Idiom, Globaesperanto oder AngloMandarin, würde von Kap Hoorn bis Sibirien, von Japan bis Costa Rica gesprochen. Statt Euro, Dollar oder Renmimbi gäbe es nur noch den Terra, eine vollständige Blockchain-Währung.

In zehn oder zwanzig Jahren würden die ersten Länder ihre Grenzen auflösen und sich dem Freien Weltländer-Staatenbund (FWS) anschließen, der überall gleiche demokratische Rechte garantiert. In fünfzig Jahren wären nur noch ein paar

Schurkenstaaten mit mafiösen Strukturen und bizarren Anführern, die nichts als Ärger machen, außerhalb der USE, der United States of the Earth. Der ganze nationalistische Unsinn, Ursache für endlose Kriege und schreckliches Leiden, wäre endgültig überwunden. Im Sicherheitsrat der Vereinten Nationen würden alle Länder nach Best-Practice-Methoden zusammenarbeiten und mithilfe von Mediatoren etwaige Konflikte lösen. So, wie es in der Präambel steht.
Vor jeder Sitzung gäbe es Yoga und Meditation.

Stellen wir uns vor, alle Menschen würden konsequent dem Megatrend »Urbanisierung« folgen. Alle zögen in gigantische Metropolen, die von künstlicher Intelligenz gesteuert werden, mit automatischen Fahrsystemen, blühenden Gartenstädten und vernetzter urbaner Nahrungsproduktion. Alle Städte mit weniger als 100 000 Einwohnern würden aufgelöst, außer einigen Schau-Bauerndörfern (so etwas gibt es heute schon im hyperurbanisierten China) würden alle Dörfer verlassen. Das flache Land würde den Pflanz-, Mäh- und Ernterobotern oder der freien, ökologischen Wildnis überlassen. Bären, Luchse und Wölfe kehrten zurück, und endlich wäre der Verlust der Biodiversität gestoppt. All das wäre sehr vernünftig. Endlich hätten das Elend des Landlebens, die medizinische Unterversorgung, die Nichterreichbarkeit, die ländliche Isolation, in der immer noch viele Menschen leben, ein Ende. Die neuen großen Städte – je größer, desto besser – sind aus vielen Gründen der bessere Lebensraum für die Menschen. Man lebt in ihnen gesünder, länger und diverser. Nur in der intelligenten Metropole lässt sich der Fußabdruck des Menschen nachhaltig verringern, lassen sich geschlossene Recycling-Kreisläufe errichten, sodass elf Milliarden Menschen auf der Erde Platz haben. Die Menschheit rückt zusammen und macht Platz für das Comeback der Natur.
Ist das nicht großartig? Muss es nicht so kommen?

Stellen wir uns vor, wie würden immer mobiler, ja geradezu hypermobil! Wir würden unsere Wohnungen und Häuser, diese steingewordenen Klötze am Bein, einfach abschütteln. Alle Autobahnen würden zehnspurig ausgebaut, wobei drei Spuren als temporärer Parkplatz dienten. Auf Flüssen, Seen und Meeren entstünden riesige Hausboot-Städte. So gut wie alle Menschen wären in Wohnmobilen unterwegs, die sich mit geschickter Technik metamorphisch erweitern oder verkleinern lassen. Niemand bliebe dauerhaft an einem Ort, jeder würde ständig umziehen. Für eine monatliche Flightrate von 2000 Euro könnte man unentwegt in der Luft bleiben, rund um den Planeten, das ist billiger als das Leben auf der schnöden Erdoberfläche. Auch in der Erdumlaufbahn gäbe es Wohnkapseln, aufblasbar, für jedermann. Die ganze Menschheit würde wie die Nomaden vor zehntausend Jahren leben, nur viel schneller, man würde mal hier sein Lager aufschlagen, mal dort, hätte kein Eigentum mehr, sondern nur noch Gebrauchsgegenstände, *Sharing* allerorten. Man würde in virtuellen Höhlen, kybernetischen Hütten, provisorischen Lagern und pneumatischen Hotels leben … Wir wären rund um die Uhr unterwegs, als kosmische Nomaden, die von Ort zu Ort, von Task zu Task ziehen, in der Liebe, in der Arbeit, in der großen weiten Welt …

Stellen wir uns vor, alles würde radikal digital. Wir würden unser Smartphone als Kontaktlinse tragen. Oder in die Schläfe implantiert. Auch beim Schlafen und Lieben blieben wir online. Beim Sex sowieso, das verstärkt die Variablen und die Sinneseindrücke. Wir könnten auf diese Weise mit einem Elefanten schlafen oder einem Faun. In unserem KI-Gerät würden unentwegt neue Wahrheiten projiziert: Hochrechnungen, Prognosen, Wahrscheinlichkeiten über das, was uns am meisten interessiert. Die billigsten Flüge, die besten Vergnügungen, die tollsten Restaurants stünden uns ständig zur Verfügung. Das

System würde alle Männer oder Frauen in unserer Umgebung daraufhin scannen, ob sie zu unserem eigenen Score passen, und ständig passende Strategien zur Annäherung und Eroberung vorschlagen. Aber selten würden wir direkt mit Menschen kommunizieren, das ist anstrengend und missverständlich. Siri (oder Alexa) wäre überall. Im Türrahmen. Im Kühlschrank. In der Armbanduhr. Auf dem Klo. Irgendwann wären auch die Gespräche mit Siri & Co. überflüssig. Quantencomputer umhüllen uns dann mit einer Echtzeit, die alle unsere Wünsche im Moment ihres Entstehens erfüllt.

Haben Sie eine solche feuchte Vision womöglich auf der letzten Digitalkonferenz gehört?

Stellen wir uns vor, dass alles immer individueller würde – radikal individuell. Jeder hätte seine eigene hochspezifische Meinung, seine eigenen Medien, seine eigene Lebensblase, seinen äußerst eigensinnigen Kleidungs-, Ess-, Gender-, Reise-, Liebes- und Lebensstil. Keiner wäre mehr vergleichbar mit dem anderen, Marketingagenturen gingen pleite, weil es keine »Zielgruppen« mehr gibt, »Influencer« würden aussterben, weil sie nur noch sich selbst als Publikum hätten. Jeder wäre ein Dandy, ein Snob, ein Lebenskünstler, ein Ästhet mit höchstentwickeltem Geschmack im Sinne einer kompletten Distinktion. Alle wären also wie Karl Lagerfeld. Alle wären aber auch unentwegt allergisch, würden immer empfindlicher, sensibler: so empfindlich, dass sie sich selbst nur noch schwer ertragen könnten. Alle würden in elektronisch erweiterten Single-Wohnungen leben, und niemand könnte auf Dauer mit einem anderen zusammenbleiben. Schon gar nicht mit Kindern, denn Kinder machen unglaubliche Mühe und schränken die Selbstverwirklichung unerträglich ein. Alle würden, weil sie so *eigen* sind, unentwegt aneinander verzweifeln, aneinander vorbeireden, sich missverstehen, sich unentwegt verlieben und trennen, aber jeder würde auch ein intensives, schöpferisches, selbst bestimmtes, enorm kreatives, tragisches, großartiges Leben leben ...

Ungefähr so sähe »die Zukunft« aus, wenn sich die bekanntesten Megatrends – Globalisierung, Urbanisierung, Mobilität, Individualisierung, Konnektivität – einfach linear immer weiterentwickeln würden. Manches kommt einem ein wenig bekannt vor – weil es dem Zustand entspricht, der uns schon heute überfordert. Etwa hinsichtlich der medialen Übervernetzung, in der wir derzeit herumirren. Oder wenn wir an die Exzesse eines radikalen Individualismus denken: Da ist das im letzten Absatz beschriebene Szenario gar nicht mehr so weit von der Wirklichkeit entfernt.

Doch natürlich sind alle diese Szenarien unglaubwürdig. Sie sind falsch, auch wenn manches überzeugend klingen mag. Sie stimmen nicht, denn eine solche Zukunft wäre einfach instabil. Sie wäre, wie man so schön sagt, »nicht nachhaltig«. Eine Zukunft, in der sich die Megatrends radikal durchsetzen würden, wäre eine seltsam flache, eindimensionale Welt. Was verrät uns das über das Wesen der Zukunft – und der Prozesse, die sie formen? Und damit über das Wesen der Welt »an sich«?

Das nichtlineare Weltprinzip

Megatrends sind komplexe dynamische Prozesse, die ihre Kraft aus ökonomischen, technischen oder sozialen Triebkräften beziehen. Aber Megatrends funktionieren nicht im luftleeren Raum. Sie benötigen ein Fluidum, ein »Trägermedium«, um sich ausbreiten zu können, so wie der Schall die Luft braucht. Dieses Trägermedium ist das, was wir *Systeme* nennen: Gesellschaft. Wirtschaft. Technische Systeme. Soziale Systeme. Menschliche Systeme.

Megatrends sind nichts anderes als Störungen in etablierten, evolutionär gewachsenen Systemen, die von ihnen langfristig »umcodiert« werden:

- *Globalisierung* greift das Gewachsene, Lokale, Spezifische des ökonomischen und sozialen Gefüges an – das, was im Laufe der Zeit aus der Beziehung von Menschen entstanden ist. Sie erweitert den lokalen Horizont, in dem wir gebunden sind – durch Clan, Familie, Gruppe, Dorf, Kultur – um einen globalen Raum. Dieser Prozess kann kulturell zunächst als Befreiung und Erweiterung empfunden werden. Man stelle sich vor, es gäbe nur deutsche Küche in Deutschland, keine Italiener, Franzosen, Thailänder – grauenhaft! Ökonomisch gesehen führt Globalisierung jedoch zu einer Zerstörung lokaler Märkte. Das sieht man nicht nur in Afrika, wo beispielsweise europäische oder chinesische Billigklamotten die lokalen Textilmärkte zerstören. Man erkennt es in jeder Innenstadt, in jedem Einkaufszentrum: Die lokale Ökonomie wird durch Ketten und Konzepte ersetzt, die von außen kommen. In der Arbeitswelt führt Globalisierung zu einem ständigen Outsourcing, einer großräumigen Arbeitsteilung, in der es Gewinner und Verlierer geben muss. Dies alles bedroht auf vielschichtige Weise Identitäten und Bindungen zwischen Menschen. Und deshalb kommt »Heimat« als große Sehnsucht, aber auch als politischer Kampfbegriff zurück.
- Auch die *Individualisierung* zerstört alte Kultur- und Bindungsnormen, attackiert etablierte Formen des »Wir«. Gemeinschaften, die sich über Generationen herausgebildet haben, zerfallen in ihre Bestandteile. Das muss nicht unbedingt mit Zerstörung einhergehen, es birgt aber erheblichen Adaptionsdruck.

Familien leben heute weitaus öfter als früher in Fernbeziehungen, räumlich voneinander getrennt. Das geht mit einem viel höheren Reise- und Kommunikationsaufwand einher, um die Familie zusammenzuhalten. Individualisierung erodiert Institutionen wie Familie, Vereine, Verbände und Parteien. Aber Menschen sind in ihrem Kern eben auch Gemeinschaftswesen. Deshalb kommt es bei steigender Individualisierung zu einer starken Sehnsucht nach dem »Wir«. So lassen sich auch die Internetblasen, die Rudelbildungen im Netz, Verengungsphänomene wie die »Identitären« und das Comeback totalitärer Sehnsüchte verstehen.

- *Mobilität* greift auf vielfältige Weise in unsere Kontinuitätsbedürfnisse ein. Sie »mobilisiert« das Alltagsverhalten der Menschen – und führt auf diese Weise zu immer mehr Komplexität und Stress-Erleben. Mobilität ist auch ein gutes Beispiel dafür, wie ein Megatrend seine eigenen Grundlagen zerstören kann. Wenn alle unentwegt unterwegs sind, stehen alle nur noch im Stau (oder übernachten auf Campingbetten im Flughafen).

- *Urbanisierung* verändert unsere Beziehungen zur Natur, zu den Nahrungsgrundlagen und zu räumlichen Bindungen. Wer in die Stadt zieht, ist durch sein Idiom ein Fremder unter Fremden. Urbanisierung ist natürlich auch eine Freiheits-Bewegung: Menschen fliehen aus Natur-Abhängigkeiten, Monotonie und als eng empfundenen Sozial-Bindungen. Sie erleben sich in der Stadt in neuen Möglichkeiten und Selbst-Verwirklichungen. Gleichzeitig kann man erleben, wie die Anonymisierung der Stadt rasch wieder dörfliche Strukturen hervorbringt: Kieze, Communities, Nachbarschaften. Co-Living, Co-Gar-

dening und Co-Working sind massive Trends der Wiedervergesellschaftung in der urbanen Umwelt.
- Besonders die *Digitalisierung* ist, wie wir erst in den letzten Jahren allmählich begriffen haben, ein wahrer Zerstörer. Das Internet sabotiert nicht nur Geschäftsmodelle, Kundenloyalitäten und Wertschöpfungsketten – was sich in der digitalen Euphorie noch als »konstruktive Disruption« darstellen ließ, eine positiv konnotierte Entwicklung. Es lässt vor allem menschliche Kommunikationsweisen verwildern.

Hate Speech, Wahlmanipulation, Cybermobbing, Verschwörungswahn – all diese grauenhaften Manifestationen menschlicher Kommunikation sind Ausdruck einer tiefen Störung des Zwischenmenschlichen. In menschlicher Kommunikation spielt *Reziprozität* die wesentliche Rolle. Der Kern einer Gegenseitigkeit, auf der menschliche Verständigung beruht, ist Vertrauen. Vertrauen kann nur durch wiederholte Erfahrungen wachsen. Internet-Kommunikation jedoch bietet jede Menge Möglichkeiten, Vertrauen zu missbrauchen, zu sabotieren oder regelrecht zu pulverisieren.

Sättigung und Tipping Points

Um Zukunft wahrhaftig zu begreifen, müssen wir verstehen, wie Sättigung und Tipping Points entstehen, wann etwas umkippt oder einfach nicht mehr weitergehen kann. Das erfordert ein grundlegendes Verständnis unserer Umwelt als lebendiges System, oder vielmehr als Summe verschiedener Systeme, die sich in einer *dynamischen* und *adaptiven* Balance befinden. Systeme ähneln, je komplexer sie werden, immer mehr Organismen, die sich nur durch Wechselwirkungen und Rückkoppelungen am Leben halten können. Ein System ist »lebendig« – und zukunftsfähig –, wenn es Störungen von außen in sich aufnimmt und darauf mit Neu-Konfigurationen reagiert. Das ist das Kerngeheimnis des Lebens und der Zukunft.

Jeder von uns kennt die innere »Homöostase«, jenes ausgleichende Auf und Ab von Stimmungen, von Angst und Mut, Schmerz und Glück. Jeder Mensch ist ein Puzzle, in dem ständig Teile ausgetauscht werden und neue Bilder und Perspektiven entstehen. Unser innerer Zustand ist nie eindeutig – genau das unterscheidet uns (für immer) von den Robotern. Wir haben keine I-dentität, sondern eine *Multi*tät. Und deshalb kann uns das, was wir noch heute als Segen, Fortschritt oder Vorteil empfinden, morgen schon als Bedrohung erscheinen. Oder etwas Faszinierendes wird plötzlich fade, negativ oder zerstörerisch. Drogen machen high, aber wenig später auch low.

Die Grenzen des Genusses

Viele meiner Freunde und Bekannten betrachten sich als kultivierte Hedonisten. Dasselbe gilt auch für mich. Wir glauben weniger an einen Gott oder an ein höheres Prinzip, dem wir unbedingt folgen müssten, als vielmehr an den Lebens-Genuss. Wir streben nach immer neuen, immer interessanteren Erfahrungen. Wir möchten unsere Sinneseindrücke und Lebenserfahrungen differenzieren und dorthin gelangen, wo das Einmalige und Besondere beginnt.

Damit entsprechen wir der heutigen Werte-Mehrheit.

Hedonismus – so nennt sich die Lehre vom kultivierten Genuss – ist so etwas wie die Grundideologie individualisierter Wohlstandsgesellschaften geworden. Und hat sich damit von einer elitären Vorstellung in ein echtes Massenphänomen verwandelt. Weite Teile der Mittelschichten sind längst ins hedonistische Lager übergelaufen. Ich, als Individuum, suche so viel

Genüsse wie nur möglich zu erleben! Dabei kommt es nicht nur auf die Intensität des Sinnlichen an – Komasaufen auf Malle ist nicht hedonistisch, sondern nur schrecklich –, sondern auch auf das *Sinnhafte* im Sinnlichen. Auf die Erlebens-Qualität.

Hedonismus kann aber, wie alles, auf Dauer enorm anstrengend werden. Man kann ihn leicht übertreiben. In ihm wirkt das Prinzip des abnehmenden Grenznutzens oder der Verfeinerungs-Frustration.

Ich hatte mal einen Freund, der ein begeisterter Koch war. Er liebte es, Freunde mit immer feineren Leckereien zu bewirten. Das steigerte sich über viele Jahre, in denen er immer mehr zum Spezialisten für alle möglichen Gourmet-Abenteuer wurde. Er fuhr an die unmöglichsten Orte, um spezielle Lebensmittel zu besorgen: Pfauenaugen-Bohnen aus Äthiopien oder Kobe-Beef vom Allerfeinsten. Für die Zubereitung eines Sieben-Gänge-Menüs brauchte er irgendwann drei volle Tage, die er in Markthallen, in der Küche und beim Erwerb kompliziertester Küchengeräte verbrachte (Spiralnudelpresse, Hochleistungs-Dekanter für sensible Rotweine, Wildfiletiermesser aus Karbonstahl etc.). Irgendwann gestand er mir, dass er nach jeder seiner Essenseinladungen in eine Art Depression verfiel. Es deprimierte ihn, dass wir seine wunderbaren Speisekunstwerke (Morcheln an Wildschweinjus, flambierte Essenz von der Walderdbeere und andere Leckereien mehr) mit viel Hunger und zu viel Wein allzu schnell verspeisten. Und dann war plötzlich alles vorbei – nur die Leere blieb.

Mein Freund war schlichtweg an einem Punkt der Sättigung angelangt. Weil er seine Glückserwartung immer auf eine *Steigerung*, nie auf ein *Sein* bezog, konnte er irgendwann nicht mehr zwischen dem inneren und dem äußeren Erleben differenzieren. Das Dopamin in seinem Kopf – ein Hormon, das ausgeschüttet wird, wenn man eine Herausforderung meistert, wenn man lernt und vorankommt – versagte den Dienst. Er verlor den Kontakt zu seinen Gästen, weil es ihm nur um die Performance ging. Das ist der Effekt der »hedonistischen Tretmühle«: Erlebnis-Steigerung führt irgendwann in eine Selbst-Demütigung. An einen »Point of no return«. Und so geht es mit einfach *allem*. Alles wird irgendwann zu viel, und wir können diesen Tipping Point verstehen – und sogar antizipieren –, wenn wir die Welt in ihrer Ganzheitlichkeit begreifen. Es gibt keine guten Ideen, die man nicht durch Übertreibung zerstören kann. In einem sehr lustigen Werbevideo von McDonald's (auf YouTube zu finden unter McCafé/TV Ad/ McDonald's UK) wird der urbane Kaffeemarkt mit seinen zickigen Spezialitäten als jene irre Übertreibung verulkt, der er tatsächlich inzwischen ist.

Auch ein Zuviel des Guten im moralischen Sinne kippt irgendwann ins Böse um. Zu viel Sicherheit erzeugt Zwanghaftigkeit. Und zu viel Buttercremetorte Übelkeit. Wir alle wissen das. Nur vergessen wir es oft, weil unser widerspenstiges Hirn auf einem schlichten »Weiter so« beharrt. Deshalb laufen wir immer gern in irgendwelche Sackgassen hinein. Aber keine Angst: Die Welt, das Leben, die Wirklichkeit – die wunderbare Dynamik des Seins – holen uns da wieder raus!

Bouncing Back: Comebacks und Gegentrends

Der kanadische Journalist David Sax hat in seinem Buch *Die Rache des Analogen*[3] viele Beispiele dafür aufgezählt, wie das Sinnliche, Dingliche, Haptische, eben Analoge mitten im Zeitalter der Digitalisierung zurückkehrt. Plötzlich sind da überall Renaissancen, Comebacks, Retros der physischen Dinge:

- Vinylplatten sind inzwischen wieder ein wirklich gutes Geschäft – trotz oder gerade wegen der Radikaldigitalisierung des Musikmarktes.

- Füllfederhalter, die schwer in der Hand liegen und ein Geräusch auf rauem Papier machen, verzeichnen im Zeitalter von Siri-Talks ständig steigenden Absatz.
- Lichtschalter mit mechanischem »Klick« sind die wahren Bestseller der Designschalter-Industrie.
- Tattoos boomen. In allen Schichten. Tattoos sind so ziemlich das exakte Gegenteil flüchtiger digitaler Zeichen: schmerzhaft und für die Ewigkeit gedacht.
- Nie wurden so viele aufwendige und schöne Bibliotheksgebäude gebaut wie heute (natürlich kann man dort auch elektronische Medien ausleihen). Die neuen Bibliotheken haben allesamt einen sakralen Charakter.
- Ausgerechnet die großen Digitalfirmen rufen ihre Mitarbeiter vom Heimarbeitsplatz zurück ins analoge, physische Büro.
- Physische Bücher sterben entgegen aller Annahmen nicht aus. Zwar sank in den letzten Jahren die absolute Anzahl der Leser leicht, und auch die Anzahl der gedruckten Bücher ging zurück. Aber die verbliebenen Leser lesen durchschnittlich mehr, und die Beliebtheit des Buchlesens an sich steigt wieder. Verlage und Buchhandlungen in Deutschland konnten 2018 rund 300.000 Buchkäuferinnen und -käufer zurückgewinnen. Die Downloads von E-Books stagnieren in vielen Märkten. Bücher sind evolutionär offensichtlich so etwas wie Haifische, die schon seit 500 Millionen Jahren in unseren Weltmeeren kreuzen und allen Ausrottungsversuchen trotzen.
- Nach zehnjährigem rasanten Siegeszug der Digitalfotografie gibt es plötzlich wieder Polaroid-Kameras auf dem Markt, die analoge Bilder auf Papier ausspucken.

Warum ist das so? Nun, kennen Sie den »Friedhof der toten Bilder«? Er befindet sich womöglich auf Ihrem Computer. Tausende, Zigtausende von Fotos, die Sie im Laufe der letzten Jahre mit Ihrem Smartphone aufgenommen haben, dämmern dort in der Dunkelheit ihrer Festplatten vor sich hin. Man stelle sich vor, wie diese Milliarden, Billiarden, Trilliarden von Selfies, von Landschaften, Urlaubsreisen, Grillabenden, Oma, dem Hund, dem Garten, dem unscharfen Blick aus dem Flugzeugfenster, Sonnenuntergängen, die gar nicht theatralisch, sondern nur flau wirken, all die verwackelten Nichtigkeiten, die wir auf Nullen und Einsen übertragen haben, in der ewigen digitalen Finsternis liegen, einsam, ungesehen, für immer unbeachtet. Ein Massenfriedhof der Erinnerungen. Ein Zombie-Reich der verblassten Momente, die wir gar nicht richtig wahrgenommen haben, weil wir sie nicht erlebten, nur fotografierten.

Nur was gesehen wird, lebt. Erst das Wahrgenommene wird lebendig. Wir sehnen uns nach *Signifikanz*, denn einzig und allein der Unterschied setzt die Synapsen unseres Hirns in Bewegung. Dabei wird Wichtiges von Unwichtigem getrennt, Differenzierung hergestellt – erst durch solche mentalen Operationen entsteht unsere Existenz. Ein Papierfoto erzeugt Signifikanz, weil es physisch, haptisch ist. Wir müssen uns entscheiden, es wegzuwerfen oder nicht – und das macht es zu etwas Besonderem. Eine Vinylplatte, die man knisternd aus dem großen Umschlag zieht, teilt uns etwas mit, was sich im Klick auf einen Songtitel niemals einstellt: eine sinnliche Beziehung zur Musik, zum Erleben, das uns selbst konstituiert.

Humane Konstanten

Was hält dieses Hin und Her der Trends und Gegentrends zusammen? Welche Algorithmik steckt dahinter? Einerseits die »Logik der Komplexität« selbst: Komplexe Systeme, gleich ob ökonomischer, gesellschaftlicher oder technologischer Art, benötigen immer einen gewissen Grad an Differenzierung, an innerer Vielfalt, um sich selbst stabilisieren zu können. Komplexität ist nichts anderes als die Fähigkeit dieser inneren Vielfalt zur Selbst-Stabilisierung.

Zweitens aber ist es das menschliche Element, das unsere Fähigkeit zur Kontrolle der Welt, wie sie uns die Technologie verspricht, begrenzt und gestaltet. Unser biologisches, evolutionär gewachsenes Sein weist gewisse Beschränkungen auf, die nicht ohne Weiteres zu überwinden sind. Sie liegen in den Architekturen verborgen, mit denen wir als Organismen, als »Wesen«, auf die Welt reagieren.

Wenn man diese Beschränkungen, die ja auch Formungen sind, erkennt, lassen sich auch deprimierende Beobachtungen anders verstehen:

- Kaum haben wir Fremdenfeindlichkeit und Hass überwunden, macht sich eine Truppe von raffinierten Bösartigen auf, den gesellschaftlichen Konsens über den Haufen zu fahren. Rechte, reaktionäre Ideologien, gemischt mit allen Schattierungen des Rassismus, kehren ausgerechnet in einer Welt der Globalisierung und Interdependenz weltweit zurück.
- Kaum ist das Rationale, Vernünftige und Empirische verbindlich geworden, glauben Leute wieder an den Mond, an die Heilkräfte im Pferde-Urin oder daran, dass die Welt »in Wirklichkeit« flach sei und das Weltjudentum den Kapitalismus als Rache für Auschwitz benutzt.

Natürlich können einen derartige »Gegentrends« ziemlich deprimieren. Manche reagieren darauf mit Misanthropie, Menschenfeindlichkeit: Bleiben wir nicht stets die alten, die »typischen« Ur-Menschen, die sich immer wieder bei passender

Gelegenheit den Schädel einschlagen? Solche düsteren Haltungen verkaufen sich im Netz und in den öffentlichen Diskursen wie geschnitten Brot. Bequeme Untergangsfantasien adeln scheinbar denjenigen, der sie äußert.

In Wahrheit weisen solche Regressionen nur auf einen Faktor hin, den wir im Nachdenken über die Zukunft und bei der emotionalen Auseinandersetzung mit ihr leicht vernachlässigen: Unsere menschlichen Kapazitäten sind begrenzt. Eben *weil* wir Bindungswesen sind, vertragen wir nur begrenzte Entfremdungen. Menschen, die sich durch die Ent-Koppelungen der Moderne tief verunsichert fühlen, versuchen ihre innere Balance auszugleichen. Verschwörungstheorien werten uns auf eine perverse Weise auf: Wir durchschauen den finsteren Zusammenhang! Wer keine Bindungen zu sich selbst, zu der Zeit und zum Ort, in dem er lebt, verspürt, wer sich nicht fühlt, entwertet andere. Wer sich nach der transzendenten Dimension sehnt, sie aber in den Angeboten der Kirchen und Ideologien nicht mehr findet, greift auf das verfügbare Magische zurück. Was wir hier erleben, im Bösen, Grantigen und Dummen, sind nichts anderes als menschliche Versuche der *Selbststabilisierung*. Sie weisen darauf hin, dass es tatsächlich eine humane Konstante gibt: unsere Unvollständigkeit, unsere Unerlöstheit und unsere Unfähigkeit zur Perfektion. Das menschliche Wesen ist eine Dauerbaustelle. Könnte man das nicht auch als eine *gute* Botschaft verstehen? Eine Wahrheit, die uns etwas über die Verbindlichkeiten verrät, mit denen wir es auf dem Weg Richtung Zukunft zu tun haben?

Das Blumenkohl-Prinzip

Die Logik von Trend und Gegentrend entstammt einem universellen Prinzip, das sich schon in der Physik ableiten lässt: dem Gesetz der fraktalen Entfaltung. Wenn wir demnach einen

Gummiball auf den harten Boden werfen, springt er wieder nach oben. Kraft und Gegenkraft sind die elementaren Gesetze des Universums. Und so funktioniert auch »die Welt« als Ganzes.

Der Baum der fraktalen Entfaltung

Das Bild, mit dem wir die Zukunft verstehen können, ähnelt also weniger einem »Zustand« – im Sinne eines beschreibbaren »Alles«. Sondern einem ewigen Prozess der Entfaltung der Vielfältigkeiten. Genau das ist es ja, was wir heute im gesellschaftlichen, sozialen und kulturellen, aber auch im politischen Kontext beobachten können: ein größeres Nebeneinander, eine Durchdringung, die wir als Chaos und Irritation oder sogar als Bedrohung erleben, die aber in Wahrheit das Ergebnis von Selbstorganisationen ist.

- Der Islamismus – eine Gegenbewegung zum Triumphzug des westlichen Kultur-Konsumismus seit dem Fall des Eisernen Vorhangs.
- Der rüpelhafte Donald Trump: Viele Menschen fühlen sich von den distinguierten Sprachweisen

überfordert, die eine pluralistische, tolerante, individualisierte Gesellschaft mit sich bringt. Alles muss ständig »ausdiskutiert«, hinterfragt, problematisiert werden. Trumps Erfolg ist weniger ein Erfolg des Politischen als einer der primitiven Denk- und Sprechweisen. Und des Widerstands gegen die offene Gesellschaft. In den Worten des Politikers und Soziologen Aladin El-Mafaalani: »Die Konfliktlinien verlaufen nicht mehr zwischen rechts und links, Jung und Alt, Stadt und Land. Nicht mal zwischen Biodeutschen, neuen Deutschen und Migranten. Es geht heute um die Frage, wer gut klarkommt mit der offenen Gesellschaft und wer nicht. Sich näherzukommen und zusammenzuwachsen – das ist kein gemütlicher Prozess.«[4]

- Auch die Stil-Geschichte zeigt den ewigen Trend-Gegentrend-Verlauf der Entfaltung: Im Barock regiert das Ornament, im Klassizismus werden die Linien wieder gerade gerückt, bevor der Jugendstil das Ornament floralisiert, woraufhin Bauhaus die reine, funktionale Form propagiert, abgelöst von den üppigen Formen der Sechzigerjahre-Designs. Dann kamen IKEA, Memphis, Purismus – und alles ging wieder von vorne los, in einer endlosen Schleife.
- In der Musik folgt der Kitsch auf die Kaskade, das Pathos auf die Sophistikation, Minimalismus kommt vor Rock'n'Roll, Ballade geht in Techno über, und am Ende findet im Dörfchen Wacken das härteste aller Hardrock-Festivals statt, während in der puristischen Elbphilharmonie ein Turbo-Wagner erklingt, gespielt auf elektronisch verstärkten Geigen.

Und natürlich bergen alle Modetrends den Gegentrend schon in sich, noch *bevor* sie auf dem Markt sind. Die Mode überholt sich selbst in endlosen Hyper-Schleifen: Romantischer Purismus. Künstlicher Naturalismus. Hippie-Barock. Cooler Purismus. Macho-Feminismus. Metrosex. Zerfetzte Punk-Eleganz. Und immer weiter so, bis wir wieder bei der römischen Toga angelangt sind, die aber auch nur einen Tag lang angesagt bleibt, bevor sie wieder in Fetzen zerrissen wird ...

Auch in der Philosophie wechseln sich universalistische und dualistische Phasen ab. Die alten Griechen entwickelten aus dem Dualismus eine ganzheitliche Betrachtung der Welt – nach Aristoteles sind Form und Wesen der Dinge nicht getrennt, die Seele ist *im* Körper. Das Christentum spaltete die Welt wieder in Transzendenz und Gegenwart. Die Romantiker des 18. Jahrhunderts sprachen wieder von der beseelten Natur, bevor der industrielle Rationalismus die ganze Welt in eine Maschine verwandelte und Descartes' Dualismus Denken und Welt wieder auseinanderriss. Lange Zeit wurde das Wissen in Silos, streng voneinander getrennten Disziplinen und Spezialisierungen, ausgelagert. Und heute geht der Trend wieder in Richtung einer ganzheitlichen, systemischen Sicht der Welt – neue Versuche der Interdisziplinarität häufen sich.

So scheint sich die Welt niemals in eine eindeutige Richtung zu bewegen. Aber genau das ist das Eindeutige, Klare, Wunderbare: Dadurch geht auch nichts wirklich verloren oder »verschwindet«. »All clocks are clouds«, formulierte einmal Karl Popper. Was er damit meinte, ist, dass auch die physikalischen Gesetze fraktalen Regeln folgen. In jeder Definition ist die nächste Unschärfe bereits angelegt. Damit benannte er jenes divergierende Prinzip der Zukunft, das sich in der Metapher des Blumenkohls illustrieren lässt. Der Blumenkohl ist ein Fraktal, das entlang seiner Wachstumsachse immer mehr Differenzierung entwickelt – einzelne, selbstähnliche »Röschen«, Splittungen und Spaltungen, die dennoch durch den Stamm zusammengehalten werden. An den äußeren Enden, deren Ausdehnung jedoch nie begrenzt ist, sitzen die Phänomene, die Moden, die Formen und Designs, die Emanationen und Entäußerungen der Trends, das »Design«, die milliardenfachen Ausdrucksformen von Natur, Kultur und Geist.

Zukunftsübung 2:
Das »Je-mehr-desto«-Prinzip umarmen

Es ist nicht ganz leicht, vom linearen zum komplexen Denken zu gelangen. Unser Hirn ist so gebaut, dass es Linearität bevorzugt – die schöne, glattwandige Einfachheit. Deshalb wollen wir alle einen *Trend*! Am liebsten den *größten von allen*, den keiner kennt und mit dem man umstandslos Geld verdienen kann!

Aber das Einzige, was exponentiell wächst, sind Krebszellen. Linearität tut uns in vielerlei Hinsicht nicht gut. Sie ruft dieses verdammte Red-Queen-Gefühl hervor (nach der roten Königin in *Alice im Wunderland*: »Hier musst du so schnell rennen, wie du kannst, um auf derselben Stelle zu bleiben. Wenn du woanders hinwillst, musst du zweimal so schnell rennen!«).

Die Grundregel lautet: Allen Systemen wohnt die Tendenz inne, sich auszubalancieren. Dazu empfehle ich eine tägliche Übung, in der man die Verflochtenheit der Welt als beruhigende Meditation einsetzt:

Je individualisierter wir unser Leben leben, desto größer und wirksamer wird die Sehnsucht nach Verbindung und Gemeinschaft.

Je mehr Hektik und Identitätskrise, desto intensiver wird die Suche nach Achtsamkeit und Entschleunigung.

Je unsicherer die Beziehungen, desto größer die Anzahl der opulenten Hochzeiten und das Bedürfnis nach dem einen und einzigen Liebespartner.

Je verunsicherter die Männer, desto größer das Machogehabe – aber auch die Möglichkeit eines anderen Mann-Seins.

Je mehr superwitzige, superironische, hyperzynische Comedians im Fernsehen auftreten, desto verbitterter der gesellschaftliche Diskurs.

Je mehr digitale »Clocks«, desto mehr analoge Uhren. Und so weiter.

Mit dieser Übung gerät man auf ein gefährliches Gleis. Denn man begibt sich in die Mitte der Paradoxialität, die das Leben selbst ist. Üben Sie so lange, bis Sie die Widersprüchlichkeit als INTEGRATION erleben! Es lohnt sich, die Mühen auszuhalten. Denn plötzlich weiß man: Die Welt kippt nicht mal eben auf die eine oder andere Seite. Sie taumelt und wandelt sich, aber gerade deshalb ist sie auf eine wunderbare Weise hyperstabil.

ZUKUNFTSREGEL 3

Das Alte kommt immer wieder – und erneuert sich dabei selbst

Keines von allen Dingen vergeht und keines entsteht, was nicht auch schon vorher vorhanden war. Indem sie sich aber mischen und trennen, verändern sie sich.
ANAXAGORAS (499–428 V.CHR.)

Aus dem Schaufenster der Bankfiliale, an der ich auf dem Weg zum Flughafen oft vorbeifahre, leuchtet mir das Foto einer jungen Frau entgegen. Das Gesicht ein bisschen ölverschmiert, die Augen weit geöffnet, wirkt sie unerschrocken und trotzig. Sie trägt einen Hoody als Zeichen ihrer urbanen Coolness. Darunter steht in großen Lettern:
DIE ZUKUNFT KOMMT SCHNELLER, ALS MAN DENKT!!!
Ich stelle mir vor, wie die junge Frau, das trotzige Mädchen, plötzlich aufwacht, sich die Augen reibt, und es ist »Zukunft«. Eine Zukunft, die früher gekommen ist als erwartet. Sie hat noch nicht mal geklopft. Ist das ein bisschen wie bei Kafkas Figur Gregor Samsa, der sich in einen Käfer verwandelte? Wie fühlt es sich an, wenn die Zukunft plötzlich *da* ist – und auch noch schneller, als man gedacht hat? Woran erkennt man überhaupt, dass man in der Zukunft gelandet ist? In Zaneckis witzigem Zeitreisefilm *Zurück in die Zukunft* ist die Sache noch

ganz unkompliziert: Die Zukunft ist einfach ein bisschen schriller. Übertriebener. Die Mädchen-Dekolletés sind fantastischer, die Partys verrückter. Die Skateboards schweben und heißen Hoverboard, die Autos sind monströs und dank Hologrammen wirken Filme fast echt. Aber alles ist auch auf gewisse Weise lässig.

Natürlich zielt die Bankenreklame darauf ab, das junge Publikum daran zu erinnern, dass es »Vermögensvorsorge« betreiben soll. Aber das ist ein kniffliges Unterfangen. Für welche Welt sollen die jungen Menschen Vorsorge treffen? Braucht man »dort« eigentlich noch Geld?

Im futuristischen Standardszenario wäre die Zukunft daran zu erkennen, dass alles schwebt und durch die Luft fliegt. Zuallererst die Autos. Die Häuser wären himmelhoch, und alles wäre silbrig – Häuser ebenso wie andere Objekte. Und der Himmel unwahrscheinlich blau, astralblau. Das Mädchen trüge wohl keinen Hoodie, sondern eine Art schicken Raumhelm. Sie würde wie eine Grazie durch die Zukunft schreiten. Alle sähen unglaublich jung, fit und schlank aus.

Auch dort bräuchte man keine »Altersvorsorge«.

Unser Begriff der Zukunft ist dadurch gekennzeichnet, dass darin das »Neue« das »Alte« vollständig ersetzt. Tabula rasa. Das ist das Wesen des Zukünftigen, sozusagen sein innerer Code. Wenn wir uns Zukunft vorstellen, muss dort alles ANDERS sein.

Das zweite Attribut der Zukunft ist Geschwindigkeit. In der Zukunft, so ahnen wir, flitzt alles, ist ungeheuer schnell. So schnell, dass wir nicht mitkommen können. Denn es wird ja IMMERZU ALLES SCHNELLER! Wenn das so weitergeht, wird die Zukunft in hundert Jahren schon zehntausend Stundenkilometer schnell sein.

Aber bis dahin hat es uns längst aus der Kurve getragen.

Der Akzeleratismus

Als Kind träumte ich oft einen Albtraum, in dem ein Fahrstuhl immer schneller nach oben rast – ein Paternoster, wie es ihn bis heute in mancher Behörde gibt und der schon vom Namen her Angstgebete heraufbeschwört. Dann schießt der Lift über das Dach hinaus in eine unhaltbare, wackelige Konstruktion, um dann, nachdem er mitten in der Luft ächzend und knarrend stehen geblieben ist, sich entweder aufzulösen oder haltlos nach unten zu stürzen ... Schwindelerfüllt und mit flauem Magen wachte ich auf.

Die Beschleunigungsangst ist alt, älter sogar als die Moderne. Aber seit dem Beginn der Industrialisierung hat sie sich in ein universelles Lebensgefühl verwandelt, das stets im Widerspruch zu den Beharrungskräften des menschlichen Lebens stand. Akzeleration, also »ständige Beschleunigung des Lebens«, wurde schon von den griechischen Philosophen und in der römischen Urbanität besorgt beobachtet. Das Wort »Hektik« weist aber eher auf einen innerpsychischen Effekt hin – es stammt vom griechischen *héxis* ab, was so viel wie »Haltung, Zustand« bedeutet.

Der Heidelberger Neurologe Wilhelm Erb sprach in einer Rede in den 1890er-Jahren vom »Hetzen und Jagen« und dem aufreibenden »Kampf ums Dasein«, der die »Deutschen in immer höhere nervliche Verwirrung« stoße. 1880 wurde das Krankheitsbild der Neurasthenie, der »nervösen Schwäche«, erstmals beschrieben – von George M. Beard, einem New Yorker Neurologen. Die Symptome reichten von allgemeinen Angstzuständen bis zu Impotenz und depressiven Verstimmungen – ganz ähnlich dem heutigen »Burn-out«. Sie ließen sich immer auf die »rasende Zeitveränderung« zurückführen. »Die Entwicklung der Technik ist bei der Wehrlosigkeit vor der Technik angelangt«, schrieb Karl Kraus 1910. Hundert Jahre zuvor schon hatte Goethe formuliert:

»Alles aber, mein Theuerster, ist jetzt ultra, alles transcendiert unaufhaltsam, im Denken wie im Thun. Niemand kennt sich mehr. Niemand versteht den Stoff, den er bearbeitet ... Reichtum und Schnelligkeit ist, was die Welt bewundert, und wonach jeder strebt.«

Die Literaturwissenschaftlerin Anna Katharina Schaffner beschreibt, wie sich die Idee der *erschöpften Gesellschaft*, die an ihrer eigenen Beschleunigung zerbricht, in der Kulturgeschichte unaufhaltsam ausgebreitet hat.»Viele Zeitalter haben sich als die am stärksten von Erschöpfung geprägte geschichtliche Periode dargestellt. Erschöpfungstheorien behandeln oft Fragen der Verantwortung, der Handlungsmacht und der Willenskraft. In manchen Berichten wird Erschöpfung als eine Form von Schwäche und mangelnder Willenskraft dargestellt oder sogar als schweres seelisches Versagen, das sich in einer schlechten geistigen Einstellung ausdrückt.«[5]

Was konstituiert eigentlich unseren Geschwindigkeitssinn, unsere Wahrnehmung von »Weltschnelligkeit«? Nicht die Geschwindigkeit selbst. Wenn wir im Flugzeug sitzen, reisen wir ziemlich schnell, aber alles ist doch sehr gemächlich – eher geprägt von den langsamen Bewegungen der Flugbegleiter und der sonoren Stimme des Kapitäns als von den 900 km/h, mit denen man durch die Luft rast. Im Inneren eines Raumschiffes, das mit halber Lichtgeschwindigkeit Richtung Alpha Zentral fliegt, ist es wahrscheinlich ähnlich. Erlebte Geschwindigkeit ist immer das Resultat des Vergleichs zwischen *eigenem* und *fremdem* Tempo. Oder anders gesagt, die kognitive Differenz zwischen Gewohntem, Erlebtem und Erwartetem.

Jeder kennt das Gefühl, dass eine Reise, ein Weg, den wir zum ersten Mal beschreiten, uns ziemlich lang vorkommt – während beim Rückweg die Zeit viel schneller zu vergehen scheint und dabei gleichzeitig langsamer fließt. Der Grund für diese Wahrnehmung sind die »Marker«, die das Hirn bei jedem neuen Eindruck setzt und die Zeit als »Differenz von Sinneseindrücken« definieren. Was wir kennen, wirkt langsam. Was uns aufregt und erregt, erzeugt einen Wandlungsdruck in unseren Synapsen. Das erzeugt immer eine Art von Stress (dieser ist die Technik, mit der das Hirn sich auf höhere »Betriebstemperatur« für die Verarbeitung von Sinneseindrücken bringt). Die erlebte Differenz, die unsere Milliarden von Hirnzellen in Bewegung versetzt oder zur Bewegung herausfordert, »erzeugt« die Zeit, die wir erleben.

Die alte Klage »Wie die Zeit doch dahinfliegt« deutet darauf hin, dass man tatsächlich alt wird – und sich aus dem Leben verabschiedet, indem man keine neuen Synapsenverbindungen im Gehirn erzeugt. Wer jedoch intensiv jede Minute erlebt, wer *im Leben steht*, stellt fest, dass die Zeit erstaunlich üppig ist. Und sie *verlangsamt* sich! Die beste Art, das Altwerden aufzuhalten, besteht darin, einfach nicht mehr auf unserer gewohnten Welt zu beharren. Und sich immer wieder neu auf die Welt einzulassen.

Es ist auffällig, dass Akzelerations-Vermutungen gehäuft in Zeiten und Epochen geäußert werden, in denen neue Medien oder Verkehrsmittel auf den Plan treten – und damit gewohnte Sichtweisen infrage stellen. So war es etwa gegen Ende des Mittelalters, als der Buchdruck aufkam. Mit der Erfindung von Automobilen, flugfähigen Geräten und der Telefonie Ende des 19. Jahrhunderts häuften sich die Vermutungen, dass alles »rast und davonrast«, wie zahllose Kommentatoren schrieben. Wenn sich der Radius menschlicher Mobilität erweitert, entsteht eine Leerstelle, die Menschen mit der Fantasie der Beschleunigung füllen – obwohl sich vielleicht die Dinge von einem fortbewegen (auch weil zunächst nur wenige die neuen, schnelleren Verkehrsmittel nutzen können).

Der entscheidende Trigger für die Beschleunigungs-Wahrnehmung sind die Medien. Sie bringen uns das Ferne nah, ohne dass wir dorthin reisen müssten. Moderne elektronische Medien erzeugen einen Effekt von *Gleichzeitigkeit*, der unser armes, sich an lineare und graduelle Prozesse klammerndes Hirn ziemlich schnell überfordert. Im Internet-Zeitalter ist der Eindruck, alles rase im Eiltempo dahin, unabweisbar geworden. Aber gleichzeitig herrscht auch rasender Stillstand. Wir verwechseln also bei der Behauptung, dass sich alles ständig beschleunige, Geschwindigkeit mit *Gleichzeitigkeit*. Statt schneller zu werden, wird die Welt *mehr* – aber auch das nicht wirklich, sondern nur in Form von Impulsen, die auf uns einprasseln. Der Philosoph Rüdiger Safranski äußerte in einem Interview des *European*:

»Heute erleben wir das, was sich kein früheres Jahrhundert erträumen konnte: das Erlebnis von Gleichzeitigkeit. Unsere Handlungs- und Wahrnehmungswelt gehen dramatisch auseinander. Das erzeugt unterschwellig eine unglaubliche Hysteriebereitschaft.«

Die Angst vor der ständigen Beschleunigung entspringt in Wahrheit einer anderen Angst: *in Zukunft nicht mehr gebraucht zu werden*.

Ein angemessener Zeitrhythmus wäre also einer, bei dem unsere kognitiven Möglichkeiten mit der erlebten Veränderung in Gleichtakt kommen. Modern ausgedrückt: wo Aktualität und Potenzialität übereinstimmen. Nicht wo Langsamkeit herrscht, sondern wo wir *im Fluss* sind, ist der Dämon der Beschleunigung gebannt.

Bremsmanöver

Eine weitere nützliche Zukunftsregel kann man so zusammenfassen:

Alle erwarteten Zukünfte kommen später, als man denkt. Das, was für die Zukunft angekündigt wurde, verzögert sich meistens erheblich – so lautet »Hofstadters Gesetz«, benannt nach Douglas Hofstadter, dem Autor von *Gödel, Escher, Bach* – »It always takes longer than you expect, even when you take into account Hofstadter's Law«.

- Der Autoverkehr in fast allen Ballungsgebieten der Welt fließt heute deutlich langsamer. Oft fließt gar nichts mehr. In den Großstädten liegt die durchschnittliche Geschwindigkeit unter zehn Stundenkilometer. Zwischen Berlin und Hamburg verkehrte bereits 1925 ein Schienenzeppelin mit 220 Stundenkilometern. Die Concorde wurde im Jahr 2011 außer Dienst gestellt. (Gut, es gibt demnächst vielleicht wieder kleinere Überschall-Passagierflugzeuge, vielleicht ...) Woran liegt das? Unter anderem daran, dass die Dichte von Raum und Siedlung zugenommen hat. Wer heute eine gerade Eisenbahnlinie bauen will, wird an juristischen Widersprüchen und Bürgerprotesten scheitern (außer im zentralistischen China).
- Wir gewinnen durch Beschleunigungstechniken nur scheinbar Zeit. Man kann Zeit nämlich gar nicht »gewinnen«. (Übrigens kann man sie auch nicht verlieren. In Tansania sagt man immer: »How can you not have time? – There is much more coming!«) Wir warten länger als früher in der Check-in-Schlange oder im Stau, Servicedienstleistungen werden immer langsamer – versuchen Sie mal, eine Telefonhotline zu erreichen.
- Nach den Gesetzen der »sublinearen Skalierung«, die zum Beispiel der Systemwissenschaftler Geoffrey West in seinem Buch *Scale* schildert, führt die stei-

gende Vernetzung auch zu einem *Brems-Effekt*. Die Konnektivität und Komplexität der Welt entschleunigt viele Prozesse. Das ist durchaus logisch: Je mehr die Dinge miteinander verknüpft sind, desto mehr Redundanzen entstehen. Jeder kennt den Effekt, wenn ein Unternehmen – oder eine Familie – immer mehr Vernetzungen einführt. Entscheidungswege werden langsamer. Alles wird unendlich wiederholt, durchgekaut, auf endlosen Sitzungen hin- und hergewendet. Vernetzung kostet Geschwindigkeit. Viele Innovationen und Veränderungen scheitern heute an Vorschriften, Gesetzen, Einschränkungen, Regulatorien. Nicht wenige Innovationsforscher sprechen heute eher von einem Abflauen der Innovationsintensität. Natürlich wird dagegen auf politischen Podien eifrig polemisiert. Aber das Phänomen hat schlichtweg mit gesellschaftlicher Emanzipation zu tun – dem Umstand, dass mehr Menschen ihre Stimme erheben und ihre separaten Rechte verteidigen. Die Gesellschaft wird *komplexer*, und das bremst lineare Entwicklungen.

- Die größte Geschwindigkeitsbremse aber sind wir Menschen selbst. Man muss kein Altersheim besuchen, um festzustellen, dass die überwiegende Zahl der Menschen in ganz anderen zeitlichen Sphären lebt als jene der beschleunigten Moderne. Man könnte sogar infrage stellen, ob es überhaupt eine definierbare, für alle Menschen gültige Geschwindigkeit gibt. Die »Welt« ähnelt eher einem Schichtkuchen, in der die verschiedensten Bewegungsformen und Zeitschichten koexistieren. Wir leben multitemporär!

Die komplexe Wahrheit lautet also: Manche Dinge werden in der Tat immer schneller. Aber dadurch werden andere wieder langsamer. Auf diese Weise sind Beschleunigung und Entschleunigung miteinander verbunden. Das erklärt das Gefühl des rasenden Stillstands oder auch den »Fortschritts-Schwindel«, der uns bisweilen befällt: Es geht voran – aber immer auch zurück.

Der System-Soziologe Dirk Baecker argumentiert, dass in der Beschleunigungs-Moderne alle früheren Stufen der Entwicklung erhalten bleiben: »Zur Gegenwart gehören alle Zeiten.« Dirk Baecker unterscheidet dabei vier Stufen: 1. Die Stammesgesellschaft, hier gilt das »Prinzip Mündlichkeit«. Kinder wachsen heute noch immer so auf. 2. Die Welt der Antike, hier setzte sich das »Prinzip Schriftlichkeit« durch. »Was gilt, muss zu lesen sein.« 3. Die Welt der Renaissance. Die Massenproduktion an Druckerzeugnissen, die Gutenbergs Erfindung ermöglichte, gehört in diese Epoche. 4. Die Digitalisierung. Sie prägt unsere Gegenwart, aber sie kann keine der früheren Stufen entbehren. Sie braucht Schrift, Sprache, Kopie, bildliche Narration. Digitalisierung ist, obwohl sie sich als »Überwindung« begreift, ein ständiger Rückverweis auf alle anderen Kulturtechniken. Sie krempelt vieles um – und setzt dabei gleichzeitig vieles neu zusammen, was vorher getrennt erschien.

In England hat man schon lange das Gefühl, dass von den beiden Systemen »Parlamentarismus« und »symbolische Monarchie« nur das letztere funktioniert.

Moore's Law und Eroom's Law

Aber muss nicht in der »konnektiven« Welt, in der wir heute leben, immer mehr technische Geschwindigkeit, also Akzeleration der Innovation, entstehen? Genau darin liegt das Missverständnis: Konnektivität der Kommunikation bedeutet keineswegs Beschleunigung des »Realen«. Erstaunlich viele Innovationsforscher behaupten, heute gebe es *weniger* Innovation als früher, jedenfalls weniger *echte* Innovation, also Erfindungen, die nicht nur Details verbessern wie bei der zehnten Variante des Smartphones mit noch schärferer Kamera und größerem Speicher. Stattdessen wird umso mehr der sogenannten Lindy-Effekt betont, den der US-amerikanische Autor Albert Goldman in einem 1964 veröffentlichten Artikel beschrieb.[6] Dessen einfache Formel: Je länger eine Technologie oder Idee überdauert, desto höher fällt auch ihre zukünftige Lebenserwartung aus.

Die Apologeten des Akzeleratismus – der Ideologie der »immer steigenden Beschleunigung« – haben vor allem einen Trumpf im Ärmel: das Moore'sche Gesetz, jene berühmte Formel des Mathematikers Gordon Moore, der zufolge sich alle 18 Monate die Rechengeschwindigkeit von Computerchips verdoppelt.

Chris Anderson, der Chefautor der Zeitschrift *WIRED*, formte aus Moores Gesetz eine Art Ende-des-Wissens-Theorie: In seinem 2008 verfassten Essay »End of Theory«[7] behauptete er, Moores Gesetz würde die Wissenschaft beenden, menschliche Wissensgeneration würde generell überflüssig. Weil Rechner selbst immer schnellere Theoreme aufstellten und sozusagen der Wissenschaft davonrauschten und weil jedes dieser Theoreme sofort in Echtzeit getestet werden könne, seien induktive oder deduktive Erkenntnismethoden sinnlos. In ähnlicher Weise wird Moores Gesetz als Beweis für die demnächst bevorstehende Singularität angeführt, in der die vernetzten Computer intelligenter würden als jeder Mensch, wodurch ein geheimnisvoller Quantensprung stattfinde. Der Autor James Bridle wiederum schrieb: »Ein Computergesetz wurde zum ökonomischen Gesetz, dieses wurde zum moralischen Gesetz ...«[8]

Doch seit einigen Jahren stößt das Moore'sche Gesetz an

eine Grenze. Die angenommene Exponentialität, auf der Singularisten und KI-Gläubige ihre Utopien gründen, gilt nicht mehr uneingeschränkt – Chips werden zwar teilweise noch schneller, aber dabei auch unverhältnismäßig teuer. Moores Gesetz ist also an einem Tipping Point angelangt – nur nimmt das keiner wahr, weil Moores Gesetz längst zum Dogma, zum Glaubenszentrum des Digitalismus geworden ist.

Vielleicht liegen auch hier die Ursachen nicht nur in der Technik, sondern im sogenannten Grenznutzen. Wie kommt es eigentlich, dass der viel gepriesene Rationalisierungs- und Produktivitätsgewinn der Computer in den Bilanzen des Wirtschaftswachstums kaum zu spüren ist?

Ist Ihnen auch schon aufgefallen, dass die digitalen Geräte Kommunikation eher *schwerfälliger* machen? In der totalen Erreichbarkeitsgesellschaft erreicht man immer weniger denjenigen, den man erreichen will. Unzählige Kontakte und Verbindungen wirken wie Sand im Getriebe unserer Kommunikation. Wir alle sind inzwischen hinter digitalen »Psychowalls« verschwunden. Wir verabreden uns per E-Mail zum Telefonieren oder wir wissen gar nicht mehr, wie wir einen alten Freund erreichen können, weil der gar keine E-Mails mehr nutzt, nicht mehr telefoniert oder nur noch auf WhatsApp funkt oder auf Facebook herumgeistert, was wir wiederum nicht mögen.

Wissen wir wirklich mehr, wenn wir immer mehr Informationen haben? Im Gegenteil. Der massive Einsatz von Computertechnik führt in manchen Branchen zu einer »Überinformationalisierung« – und zu einem Effekt, der der Beschleunigung genau entgegengesetzt ist. So ist etwa die Anzahl zugelassener Medikamente pro Jahr weltweit gesunken, trotz immer weiterer verfügbarer Daten. Liegt es daran, dass Fehler besser herausgefiltert werden? Nein: Der Grund ist vielmehr mangelnde Improvisations- und Experimentierfreudigkeit, da man sich allein auf Daten verlässt, was Zufallsergebnisse verhindert (man denke an den Zufallsfund Penicillin). Auch die Zahl der gesicherten Patente und wissenschaftlichen Forschungsveröffentlichungen sinkt derzeit.

Dieses Gegengesetz, dem zufolge sich die digitale Beschleunigung selbst widerlegt und verlangsamt, nennt sich *Eroom's Law* – Moore rückwärts gelesen.

Kennen wir nicht alle den guten Mr Eroom aus dem Alltag? Ich stelle ihn mir als einen älteren, klugen Herrn vor, der dem unendlichen Strom von Reizen und Irritationen lächelnd standhält. Wir begegnen ihm immer, wenn wir im Stau stehen, wenn unsere wunderbare digitale Infrastruktur nicht funktioniert, wenn alle technischen Versprechen damit enden, dass man es irgendwie selbst zusammenflickt. Während wir immer mehr Kommunikationskanäle prekär balancieren und in Informationen ertrinken, werden wir selbst immer langsamer. Während alle Probleme der Welt gleichzeitig auf uns einstürmen, können wir uns für nichts mehr entscheiden. Gebannt von der Gegenwart, starren wir in eine Zukunft, die uns wie ein Schwarzes Loch erscheint, das alles in sich hineinsaugt. Mr Eroom sorgt für den Entropie-Effekt im laufenden Betrieb.

Besonders deutlich wird es, wenn wir die medialen Reize, denen wir unterliegen, einfach mal abschütteln. Versuchen Sie es einmal. Schalten Sie Ihre Netze ab, Ihre Buzzer und Pager, Ihre Pling-Plings von E-Mail und WhatsApp, Ihre Rund-um-die-Uhr-gewollt-werden- und Wichtig-sein-Kanäle. Verzichten Sie einige Tage auf jeden Bildschirm. (Ich weiß: Dagegen ist eine Abnahmediät eine einfache Übung.) Dann gehen Sie auf die Straße und wandern durch Ihre Stadt, Ihren Kiez, Ihr Dorf. Was verändert sich dort? Wie schnell ist die Welt? Sie werden rasch herausfinden, dass Wandel, Veränderung, »Fortschritt« unendlich langsam vonstattengeht. Dass das Alte immer noch da ist, immer wiederkehrt und das Neue immer schon irgendwie da war. Mehrschichtig wälzt sich das Alte immer wieder über das Neue. Aber genau das ist faszinierend!

Stewart Brand, einer meiner Lieblings-Zukunftsmenschen, drückt die Ungleichzeitigkeit des historischen Prozesses so aus:

*Es ist sinnvoll und realistisch
sich eine Zivilisation als etwas vorzustellen
das gleichzeitig in verschiedenen
Geschwindigkeiten funktioniert.
Mode und Handel verändern sich schnell.
Wie es sein soll.
Natur und Kultur ändern sich langsam.
Wie es sein soll.
Infrastruktur und Politik begleiten beides
in einem mittleren Tempo.
Aber weil wir uns vor allem auf die
sich schnell verändernden
Elemente konzentrieren
vergessen wir die wahre Kraft
in den Sphären der langsamen, tiefen
Veränderung.*

Alles war schon mal da

Nehmen wir Facebook oder Instagram. Ist die Idee, ein öffentliches Tagebuch zu führen, in dem ich mich darstelle oder neudeutsch »pose«, eine Plattform für Selfies, Kinder, Gefühle und Katzen, wirklich eine neue Erfindung? Gegen Mitte des 16. Jahrhunderts gab es in den Städten Europas das sogenannte *Alba amicorum*, in Deutschland auch »Stammbuch« genannt, die Frühform der späteren Poesiealben. Das waren Freundschaftsbücher, für die ihre Autoren Lobestexte sammelten, Zeichnungen und Kommentare, Bilder und Botschaften. Also *Likes*. Eine besonders wichtige Zeit im Leben, meistens die Zeit an einer Universität, sollte so demonstriert werden.»Diese Renaissance-

Jugendlichen vor allem in Deutschland und den Niederlanden sammelten in diesen herrlichen Drucken handgeschriebene Manuskripte und Freundschaftsbezeugungen von Menschen, die sie kennen- und schätzen gelernt hatten. Als Kreuzung zwischen einem Tagebuch, einem gewöhnlichen Buch und einem Poesiealbum entstand so eine dauerhafte Aufzeichnung, die eine besonders wichtige Zeit im Leben eines jungen Menschen, oft die Studentenjahre, dokumentierte.«[9]

Oder nehmen wir das Internet selbst. Das Internet verbindet Menschen zu spontanen, ständig wechselnden Kommunikationsgruppen. Es gibt dem Individuum gleichzeitig unglaubliche Macht, sich zu verbergen und aus dieser Verborgenheit heraus zu agieren. Ganz neu? Ich lebe seit vielen Jahren in der Stadt Wien. Wien hat die Kaffeehäuser zwar nicht erfunden, aber sie waren vor hundert Jahren eine Art erstes »Internet«, ein Ort, an dem man genau das Gleiche tun konnte: sich verbinden, aber auch ignorieren, stundenlang »online« vor einem Kaffee sitzen und sich »offline« hinter der Zeitung verstecken oder sich mit schnellen Zeichen austauschen oder politische Intrigen schmieden. Plattformen für wechselnde Interessen, für soziale und mentale Verdichtungen jeder Art.

Auch im Negativen kehrt alles wieder, was schon einmal da war. Zum Beispiel Hexenverfolgungen und der »Pranger« im Internet. Dort herrschen, man muss nur mal hineinschauen, immer wieder mittelalterliche Verhältnisse.

Ist es nicht verblüffend, wie in der alten griechischen Philosophie die Themen, die heute heiß diskutiert werden, alle schon einmal formuliert wurden? Das kann einen regelrecht schockieren. Sind nicht alle Welthaltungen schon einmal geäußert worden, von Aristoteles, Epikur, Diogenes, Platon, Sokrates, Thales, Pythagoras und wie sie alle heißen?

Wenn es einen verlässlichen Indikator für die ewige Macht des Alten gibt, dann ist es die Wiederkehr der Namen. In unregelmäßigen Zyklen nennen Eltern ihre Kinder wieder so, wie frühere Generationen ihre Kinder nannten.

Wenn es ausschließlich nach der Zukunft ginge, dann würden unsere Kinder und Enkel sowie Enkelinnen Cappuccino oder Kardamom heißen oder auch Phänomen 4 oder Code1765. Aber nein, sie heißen irgendwie immer, oder allermeist, wie Kinder aus lang vergangener Zeit.

In meiner Jugend waren wir alle brave Wolfgangs, Martins, Klaus, Peters, Stefans, Michaels, Christians. Die Mädchen hießen Petra, Sabine, Susanne und Claudia (die wahnsinnig hübsche Blonde aus der 10a). Dreißig Jahre früher hießen die Söhne eher Adolf, Siegfried, Egon oder Fritz, noch früher Wilhelm oder Friedrich. Die Frauen Magda oder Maria. Dann begann die Phase der neuen Menschenbilder und der Emanzipation. Die Mädchen wurden nun Sophia oder Anna oder Sandra genannt oder, ganz neckisch, Nadine oder Yvonne. Bald kamen Lea und Hannah hinzu, *frech* sollte es nun sein.

Momentan befinden wir uns im deutschsprachigen Namenskarussell im Übergang von der neo-heroischen Phase mit Jungs-Namen wie Alexander, Maximilian und Leon sowie Mädchen-Namen wie Eva, Josephine und Emma wieder auf dem Weg in ein neues Biedermeier. Newcomer beziehungsweise »Backcomer« sind Martha, Ida, Greta, Emilia oder Sophie. Bei den Jungs kommt der ursolide Karl zurück. Und Theo. Und Joseph. Und Emil.

Emil also. Da sind wir wieder gelandet. Martha klingt wie eine strenge Tante oder wie das achte von zehn Kindern. Emil war vor hundert Jahren der Sohn eines Handwerkers oder Beamten, das Wort krümmt sich schon phonetisch vor Bescheidenheit. Emil war der mit den Detektiven, ein liebenswürdiger, verletzlicher Charakter. Emil ist der neue Held der Selbstbescheidung, ein kleiner, bescheidener Pfiffikus im neurotischnarzisstischen Zeitalter.

Und so beginnt alles immer wieder von vorne.

Alles kehrt zurück.
Aber nichts bleibt so, wie es war.

- Der Nierentisch ist nicht mehr der Nierentisch, sondern ein Zitat, das in der zeitlichen Distanz immer eine bestimmte Ironie ausstrahlt. Seine Form entstammt ja nicht einer Innovation, sondern dem Zitat eines Designers, also einer Beobachtung zweiter Ordnung. Der Nierentisch verliert seine Unschuld, wenn er »nachgebaut« wird.
- Das Dirndl ist, auch wenn es als Modestück wiederkehrt, nicht mehr dasselbe. Es ist aus Biostoff. Es ist vielfältiger, mit tollen Farben und interessanten Designs. Es ist unglaublich sexy und erotisch geworden, weit entfernt von der »Tracht«, die man früher auf dem Land trug, um seine gesellschaftliche Stellung zu markieren. Ebensolches gilt für die Lederhose, die mehr und mehr erotisiert und fetischisiert wird.
- Der Vinylplattenspieler ist inzwischen digital gesteuert.
- Heino covert Rammstein.
- Rammstein grölt Opernarien und Stechschrittmärsche.
- Die Heimat von morgen ist digital vernetzt, sie basiert nicht mehr auf Enge und Dumpfheit, sondern auf freier Bindung und Verbindung.
- Selbst der Nazi von heute ist nicht der Nazi von früher. Der Nazi der Vergangenheit war ein Opportunist, der sich an stiefelgeputzten Hierarchien hinaufrobbte ins Herrenmenschentum. Der heutige Nazi ist ein provokativer Troll, ein narzisstischer Manipulator, ein identitärer Beau, der an einem Bildschirm sitzt und Hass-Streams organisiert.

In Timur Vermes' Satireroman *Er ist wieder da* kommt Hitler in der Jetztzeit nach Deutschland zurück. Aber er fängt nicht wieder im Bürgerbräu an, um dort eine Nazipartei aufzubauen. Er geht auf direktem Wege in die Talkshow und wird zur hysterischen Kultfigur. Auf Twitter und Facebook wird die ganze Sache schließlich zu einer Farce.

Das ist nicht nur witzig, sondern auch wahr. Das Alte ist nicht das Neue, auch nicht in neuem Gewand, das Alte von heute *ist* neu. Und das Neue ist ein Mythos. Mag sein, dass ein Rockkonzert entfernt einem Reichsparteitag ähnelt. Nur haben seine Besucher danach nur selten Lust, in den Krieg zu ziehen. Selbst wenn auf der Bühne kriegsähnliche Geräuschkaskaden toben – wie beim besagten Hardrock-Festival in Wacken. Gerade dann eher nicht.

Man kann die Uhr nicht zurückstellen. Allenfalls kann man sie zertrümmern, mit Gewalt, indem man *alles* zertrümmert und wieder von vorne anfängt. Aber das kostet unglaublich viel Energie (deshalb gibt es Zeitreisen auch nur in Romanen und Science-Fiction-Storys).

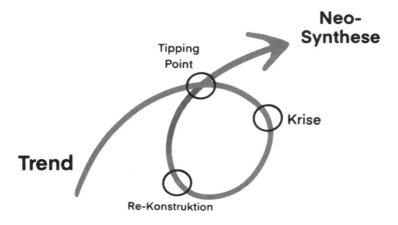

Die Rekursion

Das Prinzip der Rekursion

Rekursion bedeutet in der Mathematik, dass eine Formel auf eine bereits vorhandene Formel angewandt wird. Im Kontext der systemischen Zukunftsbetrachtung meint es, dass das Neue auf das Alte kontextuell zurückwirkt. Und dabei das Alte auf eine neue Ebene, in einen neuen Kontext, *übersetzt* wird. Nehmen wir als Beispiel das Vortragsrede- und Kongress-Geschäft (hier kenne ich mich sozusagen etwas aus): In Deutschland werden pro Jahr etwa 120.000 professionelle Vorträge/Referate/Reden auf Business-, Politik- oder Wissenschaftskonferenzen gehalten. Davon sind etwa 20.000 sogenannte »Keynotes«, also besonders wichtige Auftritte, die ein Thema erschließen. Etwa 2000 Kongresse erheben Eintrittsgebühren von bis zu 3000 Euro. Dazu kommt der ganze Aufwand, bestehend aus Catering, Sekt am Eingang, Hektoliter Kaffee, das übliche Filet mignon beim anschließenden Business Dinner, die Lautsprecheranlagen, Beamer und Videowände, das Marketing, die Namensschilder, die netten Damen beim Empfang und so weiter. Das Sprechen von Menschen vor Menschengruppen begründet also einen Wirtschaftszweig von erheblichem Umfang. Die Veranstaltungsbranche, dazu gehört allerdings auch der Musiksektor, erwirtschaftete in den letzten Jahren einen Umsatz von 5 Milliarden Euro pro Jahr.[10]

Wäre das nicht ein gefundenes Fressen für die digitale Disruption? Wozu braucht man eigentlich menschliche Körper auf Bühnen? Geht das nicht alles virtuell genauso gut oder gar besser, weil der Hauptredner nicht im Stau stecken bleiben kann und der ganze rituelle Blödsinn drum herum entfällt?

In der Tat: Videoplattformen für Redner boomen. Von den Lernplattformen wie Udacity über digitale Vorlesungsplattformen von Eliteuniversitäten über die unendlichen Ansprachen auf YouTube und Instagram (»Ich bin Amelie, und ich möchte dir heute erzählen, wie man aus einem Haufen Wollreste einen ganz tollen, geilen Pullover strickt!«), von BIG THINK.com bis zur TED-Talk-Plattform: Wer einen Menschen beim Reden beobachten will, kann heute gemütlich auf dem Sofa liegen bleiben.

Und trotzdem – nein, gerade deshalb – steigt die Anzahl der analogen, physischen Vortragsveranstaltungen immer weiter und weiter und weiter.

Der Grund ist, dass es sich beim menschlichen Sprechen um etwas ganz anderes handelt als um die reine Vermittlung eines Inhalts. Ein guter Redner spricht *mit* dem Publikum, nicht *zu* ihm. Er erzeugt ein Resonanzfeld, in dem sich etwas Gemeinsames ereignet, im besten Fall seelische Berührung. Während der Redner spricht, kommunizieren die Zuhörer mit ihm durch tausend kleine Gesten, Geräusche, Körperhaltungen. Der Raum, die Architektur spielt eine große Rolle, ebenso wie das Licht, die Stimmung, das Feierliche oder Brutale oder Funktionale der Umgebung.

Auch das, was stört, ist wichtig. Das Räuspern. Das Stottern. Das Flimmern des Beamers. Die technische Panne. Der Gang ans Pult. Sogar Körpergerüche ...

Durch die Teil-Digitalisierung des Rede-Business verändert sich die Redetechnik selbst. Sie wird intensiver, persönlicher; ganz nach der Riepl'schen Regel, der zufolge jedes neue Medium ein altes Medium zu sich selbst zurückführt (»Eine neue Kommunikationsform verdrängt eine alte nicht, sondern führt diese auf ihre eigentliche Stärke zurück.« – Wolfgang Riepl, Historiker, 1909). Parallel dazu entwickeln sich neue Erzählformen, neue Rede- und Begegnungsformate, die mit mehr Herz, mehr Humor, mit neuen Dramaturgien, ungewöhnlichen Narrationen und viel mehr Nähe zum Publikum arbeiten. PowerPoint ist inzwischen im Absturz begriffen. Der Erfolg der Redeplattform TED zeigt, wie man Ideen durch fokussierte und emotionale Vorträge in Köpfe und Herzen trägt. TED ist eine digital-analoge Plattform mit enormer Breitenwirkung. Hier geht es nicht mehr darum, Weisheiten oder Wahrheiten zu verkünden, sondern berührende Ideen zu erzählen – eine neue, uralte Kunstform der Rhetorik, die schon in der Antike blühte. Gute Reden verbinden zwei Pole: die Wahrheit und das Komische. Das klingt paradox, und genau darum geht es. Zukunft entsteht, wenn wir zwei paradoxe Pole zu einer neuen Einheit verbinden.

Das Renaissance-Prinzip: Zukunft als erneuerte Wiederkehr

Millionen Jahre lang lebten unsere Vorfahren in zyklischen Zeitbildern. Das Neue war das Alte, und die Welt veränderte sich in ihrem Kern nicht. Jäger und Sammler lebten im Zyklus der Jahreszeiten und zogen entlang der Nahrungsressourcen durch die Ebenen, Savannen und Wälder. Generation um Generation lebte, um die »Songlines«, die kulturellen und generativen Traditionen, aufrechtzuerhalten. Auch die »Pyramiden-Gesellschaften«, die ersten Hochkulturen, besaßen überwiegend noch ein zyklisches Weltbild: Die Maya etwa mit ihren Jahrtausend-Kalendern sahen die Welt als ein riesiges Rad, das sie mit Strömen von Blut geopferter Menschen in Gang halten wollten.

In den komplexeren Gesellschaften entstand dann zum ersten Mal eine separate Vorstellung von Zukunft. Der Monotheismus hat auf diese Weise die Zeit *geteilt* – in ein »Vorher« und ein »Nachher«. Bis heute prägt diese Vorstellung unsere Zeit- und Zukunftsvorstellungen, auch wenn wir nicht mehr an ein glorreiches Jenseits, ein Paradies oder einen Himmel glauben. Die Vorstellung der Zukunft als das »ganz andere« hält sich hartnäckig in unseren Weltbildern.

Aus diesen Trennungen entstanden auch die linearen Utopien des Fortschritts, wie sie vor allem das 20. Jahrhundert prägten. Keine Ideologie war so zukunftstrunken wie der Kommunismus, der die soziale Transzendenz (das Arbeiter- und Bauernparadies) mit Gewalt in die Gegenwart holen wollte – und damit die Gesellschaft zerstörte. Bis heute lässt sich das Resultat in Nordkorea besichtigen: Zombie-Gesellschaften, die innerlich ausgehöhlt sind und jede Vitalität vermissen lassen.

Nicht viel anders funktioniert das Hohelied des linearen Kapitalismus mit seiner zerstörerischen Kraft der »entfesselten Produktionsmittel«. Beide »Futurismen« hinterließen überall Wüsten, Trümmerfelder, Brachländer.

Wo »Fortschritt« gelang, war er eben kein Fort-Schritt im Wortsinn. Die Zukunft, das *andere*, entstand dabei nicht durch Bruch und Überwindung, durch den heroischen Triumph des Neuen über das Alte – sondern durch Synthese, Amalgamierung, Integration, graduelle oder auch mal sprunghafte Veränderung. Das Entscheidende dieses Wandels geschah stets im Geistigen, im Mentalen. Das bekannteste Beispiel dafür ist die Renaissance, die schon im Namen das Prädikat der Wiederkehr trägt.

In Michelangelos berühmtem Fresko in der Sixtinischen Kapelle berührt Adam Gottes Hand und wird dadurch erst zum individuellen Menschen. Dieser Kontakt symbolisiert das Wesen der Renaissance: Was vorher getrennt war, findet zueinander. Aus der Furcht wird Begegnung. In der Begegnung des Höheren mit dem Irdischen, des Alten mit dem Neuen, entsteht jenes Nicht-Nullsummenspiel, das den wahren Fortschritt ausmacht. Die Renaissance schuf die Verbindung (Rekursion) von Antike und aufkommender Moderne. Sie brachte ein neues Menschenbild, ein neues Selbst-Verständnis des Humanen, hervor. Die wichtigste Errungenschaft der Renaissance war vielleicht die Erfindung des Selbstbildes, symbolisiert in der Portraitkunst eines Leonardo da Vinci, Raffael oder Tizian. Mit der Selbst-Spiegelung des Menschen begann eine Ära, in der das Individuum auf die Bühne der Geschichte trat.

Und ein neuer Geist der Reflexion entstand – die Voraussetzung von Aufklärung und Moderne.

Revolutionen scheitern, weil sie stets eine Ideologie des Tabula rasa verfolgen. »Das System« muss zugunsten des Neuen, Heroischen zertrümmert werden. Dadurch entsteht automatisch »Terrorismus«, im Kant'schen Sinne. Renaissancen sind hingegen erfolgreich, indem sie Synchronisationen herstellen – gesellschaftliche, soziale, ökonomische, mentale Verbindungen. Auf diese Weise wird das Differente, das auf neue Weise Differenzierte, auf eine neue Ebene der Komplexität gebracht. Genau so entsteht »organische« Zukunft. Zukunft, die bleibt.

Wir alle können, wenn wir genau hinschauen, solche Renaissancen in unserem eigenen Leben entdecken. In der Adoleszenz müssen wir unsere aufbrechenden inneren Wünsche mit den äußeren Möglichkeiten in Einklang bringen. Höhere Komplexität entsteht, wenn wir das Berufliche mit der Liebe synchronisieren und eine Familie gründen. Oder im späteren Alter »uns selbst finden« – in welcher Weise auch immer. All das sind »Revolutionen durch Rekursion«. Durch Ver-Bindlichkeit.

Auf diese Weise entsteht »Zukunft« als ein gebahnter Pfad in der Unendlichkeit der Instabilität. Das Ergebnis dieses immerwährenden Syntheseprozesses sind wir, die Menschen, und die Kultur, die wir geschaffen haben und ständig neu erschaffen.

Und dieser Prozess wird, davon bin ich überzeugt, niemals enden.

»Glokalismus«: Die Verbindung von Wurzeln und Flügeln

Wir sind gespalten zwischen unserer Sehnsucht nach Bindung, Verwurzelung, Gewohnheit und Sicherheit und unserem Drang nach Freiheit und Differenz. Wir sind Sesshafte und

Aufbrechende zugleich. Aus diesem Wechselspiel entwickelt sich einer der Grundkonflikte der modernen Welt, der sich in vielen politisch-kulturellen Konflikten äußert: die Konfrontation zwischen den »Somewheres« und den »Anywheres«, die der englische Publizist David Goodhart beschrieb.[11] Diejenigen, die zurückgelassen wurden, und diejenigen, die ihren Weg in die großen Städte, in die Lebensform der globalen Mobilität fanden, scheinen sich unversöhnlich gegenüberzustehen. Das Ergebnis sind Trump und Brexit, ist der neue Kulturkampf und auch die schlechte Laune, die heute aus jedem Internet-Kanal und jedem lautstarken Talkshow-Duell quillt.

Ich bin sicher, dass sich diese Dichotomie im »Glokalen« versöhnen lässt. Warum nicht Heimat *und* Weitsicht haben? Ein Schweizer spricht Schweizerdeutsch, aber viele Schweizer sprechen auch Englisch und sind in der weiten Welt unterwegs – persönlich oder über die Abstraktion des Geldes. Zugehörigkeit zum Stamm, zur Region, zum Tal, zur Landschaft muss nicht unsere Zugehörigkeit zu einem größeren Ganzen auslöschen. Alexander Gerst, der deutsche Cool-stronaut, wusste genau, wo sein irdischer »Stützpunkt« lag, als er an Bord der ISS um die Erde kreiste. Menschen, die beides haben, Wurzeln und Flügel, sind *ganze* Menschen, die ihren Horizont und ihre Verbindlichkeiten auskosten. Die Zukunft gehört dem R-urbanen und der progressiven Provinz (im Gegensatz zur regressiven Provinz): Dorfleben in der Stadt, Städtisches und Progressives in der Provinz. Finden wir die weltoffensten Menschen nicht bisweilen in schönen Bergdörfern und lebendigen Kleinstädten?

Sozialer Individualismus: Die Verbindung von Ich und Wir

Ohne Zweifel hat die Dehnung des Ichs hin zum Ego, zum Narzissmus, eine durchschlagende Wirkung auf die sozialen Bindungen – nicht nur in Form der Vereinsamung, die sich in modernen Kulturen entwickelt hat. Hier tritt ein unvermeidlicher Nebeneffekt von Fortschritt und Wohlstand zutage: Wir entwickeln in der Erweiterung eigener Mächtigkeit auch Pathologien, zumindest aber werden diese sichtbarer. Es ist der Siegeszug des rücksichtslosen Lebensgenusses, des im Grunde asozialen Hedonismus, des »Hier-komme-ich«-Gefühls, das alle Verbindlichkeiten und Verbindungen leugnet oder verdrängt.

Aber auch das ist nur eine Erscheinung eines Spektrums, eines Verlaufs, in dem wir gleichzeitig »Eigensein« und »Wir« lernen. Individualität, die in der Verbundenheit mit anderen erst aufblüht. Leben in Gruppen, in denen man auch seine Ruhe haben darf, die Freiräume zulassen und das Eigene, das jeder von uns mit sich bringt, wertschätzen: Das ist die soziale Zukunft. Sozialer Individualismus oder »Social Selfness« nennen wir das in der Trendsprache.

RealDigital: Die Verbindung digitaler Prozesse und sinnlichen Lebens

Seit zwei Jahrzehnten spukt die Digitalisierung durch unser Leben. Wir werden des Eindrucks nicht Herr, dass sich unsere ganze Welt in eine Null-Eins-Konfiguration verwandelt. Das Digitale »frisst« das Analoge Stück für Stück auf. Das ist das Narrativ des Buzzwords Digitalisierung.

Aber auf eine seltsame Weise wird uns durch das Digitale das Analoge wieder bewusst. Unsere Körperlichkeit. Unsere Verletzlichkeit. Unsere Berührbarkeit. Das Zeitalter des Digitalen ist auf paradoxe Weise auch das Zeitalter der überschießenden Emotionen. Überall in den öffentlichen Sphären tobt heute ein Emotionssturm: Es geht immer mehr um Gefühle, die sich aus dem Körperlichen und Seelischen heraus Bahn brechen.

So beschreibt die Kolumnistin und Autorin Sibylle Berg den Moment, als sie nach Jahren hochgradiger Netz-Affinität wieder ein Buch in die Hand nahm:
»Es war ein ungewohntes Gefühl auf den ersten Seiten: Text ohne Werbung, ohne Pixel, Seiten umblättern wie so eine Professorin in ihrer Bibliothek, der treue Hund schon lange tot. Na und so weiter. Aber nach einem Tag hatte ich mich ans Lesen gewöhnt. Am dritten Tag geriet ich in einen Rausch und am Ende der Woche hatte sich mein Gefühl zur Welt verändert. Sie war langsamer geworden, weniger beängstigend und bunter. Ich sah wieder Farben, nette Leute, kleine Hunde – und war keiner jener Menschen mehr, die ihrer Empörung durch das Retweeten von dämlichen Mitteilungen Raum verschaffen.«[12]

Om-line: Eine Balance zwischen den erweiterten Bezügen und Verbindungen, die das Netz ermöglicht, aber auch der notwendigen Fokussierung auf das Konkrete und Vertraute, das uns unmittelbar umgibt, uns Halt gibt und Sinn – Beziehung auf der menschlichen Ebene.

Kapitalistischer Sozialismus: Die Verkreisung der Quadratur

Wir sind immer wieder schockiert, wenn gewohnte kategoriale Systeme versagen. Wie kann ein Land wie China »kommunistisch« sein und gleichzeitig hyperkapitalistisch? »Dürfen« die das – oder verbirgt sich dahinter einfach nur Lüge und Tyrannei? Wir neigen dazu, letzteres anzunehmen.

Doch die wahre Antwort finden wir vielleicht, wenn wir auf die Entwicklung unserer eigenen Gesellschaftssysteme zurückblicken. Wo ist das Leben auf diesem Planeten angenehm und so glücklich, wie es nur sein kann? In Gesellschaften, die eine gewisse Balance zwischen den Polen finden: Vergesellschaftung und Eigensinn, Ökonomismus und Gemeinschaftlichkeit.

Man erkennt solche gemischten Systeme an ihrer scheinbaren Paradoxialität, ihrer Nicht-Eindeutigkeit. So lässt sich zum Beispiel ein Land wie Schweden durchaus als »sozialistisch« bezeichnen. Der Grad der Vergesellschaftung, vom Rentensystem über das Gesundheitssystem bis zur Zugänglichkeit öffentlicher Räume (Bibliotheken, Museen, Theater, Sporthallen oder Schwimmbäder), von den öffentlichen Finanzen bis zum Zugang zu kommunalen Gütern, ist sehr hoch. Und doch ist Schweden auch »kapitalistisch«, in den Unternehmen gelten die Gesetze des Profits und der Kapitalakkumulation. Der Effizienz- und Automatisierungsgrad ist hoch. Obendrein sind die Schweden solide Individualisten. Mit Gemeinsinn. Und gleichzeitig korporatistisch und solidarisch.

Eine solche Gesellschaft erzeugt mehrschichtige – und damit stabile – Win-win-Prozesse. Und so könnte das »Prinzip Schweden« (sicher, auch dort gibt es Rechtsradikale, aber vielleicht gehört auch das dazu) etwas mit *Reife* zu tun haben. Denn genau darin besteht ja Reife: in der Fähigkeit, Widersprüche zu versöhnen, die ansonsten zu Spaltungen führen müssten. Auch hier hilft uns der Begriff der dynamischen Komplexität weiter: »Reichtum« und »Wohlstand« lassen sich als eine Verschränkung von emphatischen und ökonomischen Prozessen darstellen. Die Zukunft gehört einem sozialistischen Kapitalismus der neuen Art, in der sich beides – Sozialismus wie Kapitalismus – auflöst.

Biomik: Konvergenz von Technik und Natur

Wir sind es gewohnt, Technik und Natur als Gegensätze zu betrachten. Demnach hebt sich das »Künstliche« vom Natürlichen ab, »Plastik« von Biologie. Aber Plastik stammt, genau genommen, ursprünglich aus Öl, also aus gepresster und fermentierter Biomasse aus der Urzeit des Planeten. Lediglich seine Behandlung führte zum nicht naturgegebenen Prinzip der Unverrottbarkeit. Eigentlich ist »Öl« ein natürlicher Stoff, der aus Karbonelementen besteht – wie das biologische Leben selbst. Er ist nur zu robust, um im Kreislauf keine Blockaden zu verursachen.

Im Verlauf der technologischen Evolution verringert sich die Distanz der technischen zu den biologischen Prozessen ständig. Wir verlassen das Zeitalter der Mechanik und der »groben« Chemie. Immer neue Materialtechniken gleichen künstliche Moleküle den biologischen an. Man spricht von einer »synthetischen Biologie« als jüngster Entwicklung. Die kommende Technologie nutzt Prinzipien der Natur, um die Wirkungssysteme, die die Evolution hervorgebracht hat, in kontrollierbare Funktionen zu übersetzen. Gebäude werden zu Organismen. »Recycling« bedeutet in Zukunft nicht mehr Abfallmanagement, sondern Rohstoffschöpfung, also die Rückführung anorganischer Komposita in organische (oder mineralische) Kreisläufe. Nichts anderes ist »Cradle-to-Cradle«: die Idee eines ständigen organischen Kreislaufes der Moleküle und Metamorphosen.

Links-Rechts-Neoprogressiv: Die Entwicklung komplexer Politik

Unser politisches Koordinatensystem ist nach wie vor auf die Achse »Links gegen Rechts« geeicht, obwohl diese Unterscheidung immer weniger Sinn ergibt. »Links« und »rechts« sind politische Kategorien des industriellen Zeitalters, für eine vernetzte Wissensgesellschaft taugen sie nicht mehr. Das zeigt sich an den Erosionsprozessen der Differenz: Links und Rechts gleichen sich in den Extrembereichen immer mehr aneinander an. Linke und rechte Strategien unterscheiden sich lediglich in der Definition der »Berechtigten«: Während Linke die »Armen und

Entrechteten« privilegieren wollen, dient den Rechten die Konstruktion eines meist ethnisch definierten »Volkes« als Rahmen sozialer Organisation. Beides ist in einer offenen, multivernetzten Welt vollkommen dysfunktional. Zwar kehren in immer schnelleren Abständen linke und rechte Rekursionen zurück – Corbyn, Sanders, Wagenknecht gegen Salvini, Trump und Co. Aber es sind die Mischformen, die politisch gewinnen. Rechte, die den Fürsorgestaat protegieren, gewinnen Wahlen zuverlässiger als Hass- und Empörungsrechte. Von Linken wird erwartet, dass sie die Grenzen gegen den Verlust sozialer Umverteilungsleistungen sichern. Wer beides kombiniert, wie die Sozialdemokraten in Dänemark, erzielt auch wieder Mehrheiten.

Die Politik der Zukunft wird entlang einer anderen Achse verlaufen: »progressiv« versus »reaktionär«. Die neoprogressive Tendenz zeigt sich heute bereits in den Erfolgen der neuen Mediatoren zwischen kultureller Offenheit und ökonomischer Liberalität, einer Politik der »radikalen Mitte«, wie sie Trudeau in Kanada oder Macron in Frankreich vertreten, aber auch in den Erfolgen der vielen neuen Frauen, die in die Politik drängen, etwa Jacinda Ardern, die Premierministerin von Neuseeland.

Die sich erweiternde Spirale der Zukunft

Die Zukunft entsteht nicht in geraden Linien, sondern in Schleifen und Spiralen. Unser Hirn neigt jedoch dazu, einerseits linear zu denken, andererseits zu polarisieren. Das liegt daran, dass wir durch Komplexität und Vielschichtigkeit schnell neuronal überfordert sind. Unser Hirn wurde von der Evolution nicht dazu bestimmt, Schattierungen und Abstufungen wahrzunehmen – sondern Überlebens-Entscheidungen zu treffen. Entweder oder!

Das nachfolgende Schaubild kann uns helfen, nonlineare und dynamische Systementwicklungen zu verstehen. So lässt sich die evolutionäre Drift – die Entwicklung immer größerer Arten- und Umwelt-Diversität im Zeitverlauf – symbolisch illustrieren. Aber auch die mentale Entwicklung eines gelungenen Lebens. Im Laufe unserer Biografien entstehen immer wieder Krisen, die jedoch, wenn wir sie bewältigen, einen größeren Raum von Freiheit und Welterleben schaffen. Unser Leben gelingt, wenn wir unseren Welthorizont und dabei gleichzeitig unsere Selbstwirksamkeit erhöhen.

Die Entwicklung der Zivilisation vollzieht sich in Spiralen von Konstanz und Turbulenz, von Kontinuität und Krisen. Dabei erweitert sich allmählich der Radius des Komplexen: Aus hierarchischen Sklavengesellschaften werden differenzierte Schichtengesellschaften, aus Dörfern offene Städte, aus familienbasierten Kulturen institutionelle Großgesellschaften. Mehr individuelle Freiheiten entstehen, mehr (Ver-)Bindungen zugleich. Die »vernetzte Wissensgesellschaft«, in der Individuen sich auf vielfältige Weise miteinander in Konkurrenz sowie in Kooperation befinden, ist das logische Ergebnis. Innerhalb die-

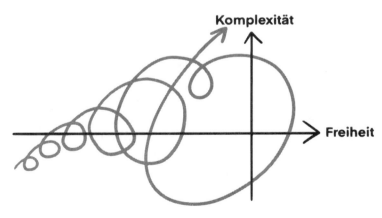

Die Spirale der Zukunft

ser Spiralbewegungen kann es immer zu Regressionen und Einbrüchen, zu Rückschritten in weniger komplexe Gesellschaftsformen (oder geringere Diversität) kommen. Aber eben nur vorübergehend! Die Dynamik des Systems erweitert auf lange Sicht den Komplexitätsraum.

Zukunftsübung 3:
Die Gegenwartseitelkeit überwinden

Mit »Gegenwartseitelkeit« bezeichne ich die Illusion, in einer »ganz besonderen Zeit« zu leben, einer exklusiven Epoche, die sich von allen anderen Zeitaltern radikal unterscheidet und in der »endgültig« die Weichen für die Zukunft gestellt werden. Das ist natürlich eine verführerische Vorstellung. Sie schmeichelt unserer Eitelkeit. *Wir* sind die Auserkorenen. Wir leben in der Scharnierzeit, in der sich das Schicksal der Menschheit entscheidet! Aber es ist auch eine Art von Größenwahn.

»Wir filtern die Vergangenheit nach schönen Erinnerungen, und wir filtern die Zukunft nach schrecklichen Prognosen. Das ist eine seltsame Form des Narzissmus. Wir glauben dabei immer, dass unsere Generation eine ganz spezielle Generation ist, die den Tipping-Point der Geschichte erlebt. Das ist natürlich Unsinn« – so der britische Autor und Politiker Matt Ridley.[13]

Wandern Sie nachts durch die Straßen und schauen Sie, wie viel wirklich neu ist. Alles ist eher wie eine Art Schichtkuchen aus Alt und Neu, oder wie der Wiener sagt: eine Melange. Natürlich werden bisweilen Gebäude abgerissen. Aber oft werden sie auch nur umgebaut. Das Neue wird gebremst. Das Alte renoviert. Stellen Sie sich die vielen Schichten der alten Städte unter Ihren Füßen vor. Aus alten Zechen oder Fabriken werden schicke Event-Center. Kathedralen sind Hunderte, manchmal Tausende von Jahren alt. In römische Villen könnte man heute noch einziehen. In den Höhlen unserer Steinzeit-Vorfahren, mit den schönen Bildern der Tiere an der Wand, könnte man sich sicher heimisch fühlen.

Stellen Sie sich einen Menschen vor 2000, 200 oder 20 Jahren vor. Er kann im alten Rom leben, im China der Ming-Dynastie, in einem jener indigenen Stammeskulturen, die heute immer noch in den Wald- und Savannengebieten der Erde existieren – so wie vor 100.000 Jahren. Ist dieser Mensch wirklich völlig anders? Er hat geliebt, er hat eine Familie gehabt. Er hatte kein Smartphone, aber vielleicht eine Gebetskette oder einen Schrein, in dem er Symbole seiner Lebensgeschichte aufbewahrte. Er träumte von der Zukunft, vielleicht auch von fernen Reisen.

Natürlich ist dieser Mensch anders als Sie. Aber auf vielen fundamentalen Ebenen dennoch gleich. Es ging ihm nicht viel anders als Ihnen: Er war verwirrt von seiner eigenen Existenz, von der Kürze des Daseins, den Paradoxien des Lebens. Aber er hat versucht, etwas daraus zu machen. Er hat unter dem Sternenhimmel gesessen und vielleicht noch nicht an Raumschiffe, aber an Himmelswagen oder Götter gedacht. Er war ein guter und ein böser Mensch gleichzeitig. Wenn er sein Gesicht zum Himmel hob, in einer sternenklaren Nacht, war er genauso verloren und zugleich geborgen wie Sie.

Stellen Sie sich jetzt einen Menschen aus dem Jahr 2100 vor. Vielleicht Ihren Enkel oder Ihre Enkelin. Natürlich werden Sie einige Eigenarten entdecken, etwa den Hang zu seltsamen Kleidungsstücken und dem Gebrauch heute noch unbekannter Substanzen. Aber im Grunde wird es sich um einen ganz normalen Menschen handeln, hin- und hergerissen zwischen Freiheit und Bindung, Neugier und Beharrung, Liebe und Eigensinn. Gleich welche technischen Geräte er nutzt, wird er mit zahlreichen Welt-Zusammenhängen und fundamentalen Paradoxien beschäftigt sein, die den Ihren in der Gegenwart sehr ähnlich sind. Selbst wenn er/sie auf dem Mars lebt. Stellen Sie sich vor, die Zukunft und die Vergangenheit lägen nicht »hinter« oder »vor« Ihnen. Sie befänden sich auch nicht in einem Sonder-Terrain. Sondern mitten im Fluss der Zeit. Sie wären von Vergangenheit und Zukunft *umgeben*. In einer endlos verwundenen Schleife. Hermes, der Götterbote, ist nicht zufällig mit zwei Gesichtern ausgestattet. Er schaut vorwärts und rückwärts zugleich. Mit dem Hermesblick können wir anders auf die Welt schauen: als Reisende durch die Zeit. Wir können einen neuen Handel mit uns selbst und der Zukunft eingehen. Um ein Wort von Donald Trump zu bemühen: Wir können ein neues »Dealmaking« mit der Zukunft versuchen.

ZUKUNFTSREGEL 4

Vertraue auf natürliche Intelligenz (NI), anstatt Dich vor künstlicher Intelligenz (KI) zu fürchten

Künstliche Intelligenz ist halt ein Acker, auf dem unwiderstehliche Desaster-Szenarien sprießen.
DER ROMANAUTOR FRANK SCHÄTZING IN EINEM INTERVIEW ZU SEINEM NEUEN BUCH ÜBER KI

In wenigen Jahren wird ja sowieso diesen ganzen Rassisten und Antirassisten der Hahn abgedreht, und es wird nur noch um das Überleben der menschlichen Rasse im Konkurrenzkampf gegen KI gehen. Die Jobs werden weg sein, um die heute noch gestritten wird, und eine hohe Intelligenz wird die Menschen einfach verdrängen.
DER LIEBE HONIGBÄR (DAUERBLOGGER IM DEUTSCHEN INTERNET)

Begeben wir uns noch einmal auf jene Zukunftskonferenz, auf der wir am Anfang dieses Buches zu Gast waren. Die Veranstaltung hat jetzt die Mittagspause mit viel Networking, großem Stimmengewirr und thailändischem Fingerfood hinter sich gebracht. Die Moderatorin hat unterdessen den Absatz einer ihrer metallischen High Heels abgebrochen und kommt

jetzt unter Beifall in Turnschuhen auf die Bühne. Sie wirkt topfit und superschlank, während man selbst sich schon etwas derangiert und verschwitzt fühlt. Doch unweigerlich treibt die Veranstaltung auf ihren Höhepunkt zu:
Begrüßen Sie mit mir den berühmten Experten für KÜNSTLICHE INTELLIGENZ!!!
Tosender Beifall. Dann beginnt der Experte, der ein seltsam gütiges, fast diabolisches Lächeln im Gesicht trägt, mit sanfter Stimme zu sprechen. Er erzählt die Geschichte, wie das von künstlicher Intelligenz getriebene Programm Deep Blue den japanischen Go-Meister geschlagen hat. Der Meister hat geweint. Nun berichtet er über die grandiosen Fähigkeiten der künstlichen Intelligenz bei der Entwicklung medizinischer Präparate und bei der Regulierung des Verkehrs, wo es ihr gelingt, sämtliche Staus zu vermeiden. Fantastische neue Welten tun sich auf, besonders im Verkehr, bei den »Smart Cities« der Zukunft, im Umweltschutz und bei der Pflege einer »immer stärker überalternden Bevölkerung« …

Die Botschaft: Künstliche Intelligenz rettet uns vor unserer eigenen, weniger gut funktionierenden Intelligenz. Sie repräsentiert eine höhere Vernunft, eine Gnade, die uns aus dem Inneren des Silikons zuteilwird. Aber irgendwie ist auch alles ungeheuer unscharf. Trotz all der wunderbaren Beispiele wird nicht klar, was »künstliche Intelligenz« eigentlich ist. Ist sie ein Wesen? Eine »Entität«, die ihre eigenen Wege geht? Will sie etwas von uns? Immer wieder macht der Experte seltsame Andeutungen über »dieses unheimlich Kluge«, das »tausendmal intelligenter ist als wir.« Unwillkürlich erinnern wir uns an den verglühten und ziemlich reizbaren Arnold Schwarzenegger, wie er als Terminator aus der Zukunft zurückkehrt, um alle Menschen im Namen der Maschinen umzubringen. Aber dann doch die Seiten wechselt.

Gleichzeitig erinnern wir uns an ein Märchen. An den König, der nackt die Prachtallee herunterfährt, weil zwei clevere

Enkeltrick-Betrüger ihm eingeredet haben, dass seine kostbaren und sündhaft teuren Kleider nur von sehr klugen Menschen gesehen werden können. Von Leuten, die des Königs würdig sind. Also seinen Untertanen. An diesen leicht verblödeten König, der plötzlich einen »Shitstorm« erntet, weil die Leute auf der Straße zu sagen beginnen: »Er hat ja gar nichts an!«
»Da ist ja gar nichts dran!«, möchten Sie jetzt gerne in den Saal rufen.
Tun Sie es lieber nicht. Sie würden auf taube Ohren stoßen. Allzu fasziniert starrt das gläubige Publikum auf den Experten und liest ihm jedes Wort von den Lippen ab. Den »Shitstorm« würde nicht er ernten, sondern Sie. Als Störer eines Glaubensdogmas. Als Ketzer am Großmythos unserer Zeit würde man Sie in die digitale Verbannung schicken.

Adventismus

Eine der grundlegenden Zukunftshoffnungen der Menschheit besteht in einer rettenden Ankunft. Darin, dass eines Tages »jemand« oder »etwas« kommt und uns abholt. Uns aus unserer misslichen Lage als sterbliche Tiere erlöst.

Über Hunderttausende von Jahren haben unsere Vorfahren diesen Traum in mystische Bilder gekleidet. So gut wie alle menschlichen Kulturen entwickelten eine Zweite Welt, mit der sie kommunizieren konnten und aus der Botschafter ankamen und wieder verschwanden. Dämonen, Agenten, Geister, durch die man mit den Göttern in Verbindung trat. Viele Stammesgesellschaften leben bis heute mit einem direkten Draht zu den höheren Kräften – sie existieren in einer Traumzeit, in der das Reale und das Transzendente sich überschneiden. Noch im antiken Griechenland konnte man auf eine Standleitung mit den Göttern vertrauen, die so etwas wie Repräsentanten der

Menschen waren und in vielfältiger Weise auf sie einwirkten. *Game of Thrones* live: Wenn Zeus zürnte, gab es Unwetter. Dann aber begann die monotheistische Phase, und Gott verabschiedete sich aus dem täglichen Leben. Er wanderte in die Bücher, die Exegese, die Liturgien. Und tauchte bisweilen in Kriegen auf.

Technologie hat diese Fantasie des Adventismus mehrfach wiederbelebt. Im Übergang zur technischen Welt, um 1900, war es eine Zeit lang der Elektromagnetismus, der die Menschen mit der anderen Welt in Verbindung brachte. Elektrizität schien eine höhere Dimension anzuzapfen und jene magische Potenz zu besitzen, die sich später, in der Hippie-Zeit, in den psychedelischen Drogen wiederfand. Eine Zeit lang waren es Ufos und Außerirdische, von denen man sich Erlösung versprach. Man denke an die Ankunft des magischen Monolithen in Kubricks *2001 – Odyssee im Weltraum*, der die halbverhungerten Menschenaffen, die unsere Urvorfahren waren, aus ihrer Blödheit und evolutionären Verlorenheit befreite.

Heute ist es die künstliche Intelligenz, die uns erlösen soll.

Ein solcher Erlösungsmythos muss, damit er in unserem »Mind« funktioniert, mehrere Dimensionen gleichzeitig ansprechen. Er muss tiefe menschliche Sehnsüchte berühren. Er muss auf die Erwartungshaltung treffen, dass er imstande ist, Leid zu überwinden. Gleichzeitig muss er tiefe Ängste aktualisieren, denn eine Erlösung ohne gleichzeitige Furcht ist unmöglich. Das, was uns erlöst, muss zwangsläufig übermächtig sein, selbst wenn es als gütige Kraft daherkommt. Was genau uns die Erlösung bringt, muss gleichzeitig weitgehend im Dunkeln bleiben. Über-mächtig sein. Wir dürfen nicht allzu viel darüber wissen. Denn dann verliert der Mythos seine Strahlkraft.

Inzwischen wird das religiöse Element der künstlichen Intelligenz ganz offen ausgesprochen. Ray Kurzweil, der Vertreter der Singularität, sieht die KI seit Jahren auf dem Weg zu Un-

sterblichkeit und »Entrückung« – er ist inzwischen Chief Innovation Officer bei Google und leitet seine Events wie der Pfarrer einen Gottesdienst. Yuval Noah Harari, der derzeit auflagenstärkste Zukunftspublizist, wurde mit folgendem Zitat berühmt: »Die Geschichte begann, als die Menschen Götter erfanden, und wird enden, wenn die Menschen zu Göttern werden.«
Irgendwie geht es also bei der KI immer um Gott. Um unsere Gott-Fantasien und unsere unstillbare Sehnsucht nach dem Überlegenen, das das Chaos in unserer Existenz, dieses unendliche Hin und Her, das Fühlen und Leiden und Sterben endlich beendet.

Was ist Intelligenz?

Können Sie sich noch an die Intelligenztests früherer Tage erinnern? In meiner Kindheit in den Sechzigerjahren war das ein echter Trend. In Zeitschriften und sogar Schulbüchern konnte man seinen »IQ« bestimmen. Darin lag aber auch etwas Schamvolles, denn man wollte auf keinen Fall blöder sein als Thomas, das Mathe-Ass aus der 12a. Deshalb schummelte man gerne ein bisschen, um wenigstens auf einen IQ von 125 zu kommen. 130 war natürlich besser. Ab da begann Einstein. Schummeln war nicht so schwer, denn meistens ging es um Übungen, bei denen man Formen zu Quadraten zusammensetzen oder rotierte Symbole richtig vergleichen musste.

Die Intelligenztests meiner Jugend fragten eine Intelligenz ab, die ein heutiger Computer mühelos übertreffen würde.

Ist mein Hund intelligent? Oh ja. Im Sinne seiner Bedürfnisse absolut. Er kann mich mit seinen wunderschönen braunen Augen und seinen lustigen, niedlichen Bewegungen manipulieren. Wenn er den Kopf schief hält und eine Pfote hebt, damit ich ihm noch ein Leckerli gebe, bin ich völlig in seinem

Bann gefangen. Es ist eine evolutionär entstandene Intelligenz, die meinen Hund sozusagen ausmacht.

Intelligenz ist die Fähigkeit, in bestimmten Kontexten Probleme zu lösen. Das können sogar Bakterien, Schmetterlinge, Protozoen und eben Hunde. Und natürlich Computer, wenn der Algorithmus, mit dem sie arbeiten, das Problem *matcht*.

Unser Verständnis von Intelligenz sagt eine Menge über unser Selbstbild als Menschen aus. Und über den Kontext, in dem Kultur sie definiert. Das Intelligente ist kulturell immer das Vorteilhafte, das, was einen Vorsprung erzeugt. Die industrielle Kultur, in der die meisten von uns aufgewachsen sind, war von den Ideen der Mechanik und der Effizienz geprägt. Was dafür gebraucht und gefördert wurde, war der analytische Verstand. Und deshalb war der Intelligenzquotient an ingenieurstechnische Fähigkeiten angepasst.

Dann aber veränderte sich das Bild der Intelligenz entlang einer Erweiterung unseres Menschenbildes. Der Psychologe Howard Gardner brachte in den Neunzigerjahren die »emotionale Intelligenz« ins Spiel. Und von da an ging es sehr rasch. Hier eine unvollständige Liste heutiger »Intelligenzen«:

Spatiale Intelligenz: die Fähigkeit, sich im Raum, in der Welt, physisch-körperlich zu orientieren (geht durch die Anwendung »intelligenter« Navigationssysteme eher verloren).

Musikalische Intelligenz: die Intelligenz der Töne, Rhythmen, tonalen Stimmungen, eng verbunden mit Körperintelligenz.

Existenzielle Intelligenz: Verständnis und Durchdringung von Fragen der menschlichen Existenz – warum leben wir, wie sterben wir?

Körper-Intelligenz: Bewegungsfähigkeit und Fitnesswissen, ein gutes Verhältnis zu seinem eigenen Körper und seinen physischen Funktionen.

Linguistische Intelligenz: Selbstausdruck durch Sprache.

Emotionale Intelligenz: die Fähigkeit, Gefühle anderer Menschen zu verstehen, zu empfinden und zu moderieren.

Naturalistische Intelligenz: das Verständnis der Natur und des Lebendigen.
Salutogenetische Intelligenz: erweiterte Körperintelligenz in Bezug auf das eigene Gesundheits- und Ernährungsverhalten sowie den Umgang mit Krankheit, Stress und Heilung.
Kreative Intelligenz: die Fähigkeit, abweichend von Normen zu denken und schöpferisch zu handeln.
Intrapersonelle Intelligenz: die Fähigkeit, sich selbst und die eigenen Gefühle zu verstehen und zu moderieren.
Kommunikative Intelligenz: die Fähigkeit, sich selbst im Kontext mit anderen auszudrücken und mental zu vermitteln.
Moralisch-ethische Intelligenz: die Intelligenz des komplexen, sinnhaften Miteinanders.
Was aber ist dann »künstliche Intelligenz«? Fasst sie all diese humanen Intelligenzen zusammen? Übertrifft sie sie? Wir kommen wir darauf, dass die »künstliche« allen anderen, den natürlichen oder eben menschlichen Intelligenzen, überlegen wäre?

Die große Verwechselung

Es beginnt beim Begriff der künstlichen Intelligenz selbst, der ein unaufgelöstes – und unauflösbares – Paradox beinhaltet. Denn woran messen wir »Intelligenz«, *können* wir Intelligenz überhaupt messen? Natürlich: am Menschlichen. Homo sapiens, das heißt »der kluge Mensch«.
Wenn wir das Attribut »künstlich« vor die Intelligenz setzen und beide Begriffe koppeln, dann entsteht im Hirn ein unlösbarer Knoten. Wir setzen etwas gleich, was im Grunde nicht gleichzusetzen ist. Ein sogenannter Kategorienirrtum entsteht. Wir produzieren einen dauerhaften mentalen Kurzschluss, der die notwendige Trennung zweier Begriffe verhindert:

Intelligenz

Bewusstsein

Intelligenz ist die Fähigkeit, Probleme operativ zu bewältigen. Beispiel Schachspiel: Ein Computer kann besser spielen als ein Mensch. »Er« ist deshalb durchaus intelligent – im Sinne der Intelligenz des Schachspielens. Also bei logischen Wenn-dann-Operationen.

Bewusstsein, dieser seltsame Zustand, über den bislang nur zweibeinige komplexe Karbonstrukturen wie Menschen verfügen, beinhaltet jedoch ganz andere Elemente. Zum Beispiel die Fähigkeit, Absichtlichkeiten in immer wechselnden Kontexten zu entwickeln. Mit anderen Worten, etwas zu *wollen*. Oder auch zu vergessen. Wir betrachten die Welt mit ständig wechselnden Motiven: Hunger, Sexualtrieb, Neugier, Ehrgeiz, Neid, Gefahrenvermeidung, (Wieder-)Herstellung von Komfortzonen in Hirn und Körper, Expansion, Aggression. All dies ist zutiefst organisch, es baut auf der Fähigkeit von Zellen und Neuronen auf, ihre Bindungszustände ständig zu verändern und dabei mit der Welt virtuos zu kommunizieren.

Aus der Verschränkung all dieser Zustände entsteht Bewusstsein. (Es gibt eine ziemlich plausible systemische Intelligenz-Definition, die IIT, Integrated Information Theory, aber das würde hier zu weit führen.) Bewusstsein ist etwas ganz anderes, als »Probleme zu lösen«, Operativität zu maximieren oder die »richtige« Lösung zu finden. Es ist nichts anderes als die Beobachtung der Beobachtungen – der Neuropsychologe Douglas R. Hofstadter hat das »die seltsame Schleife« genannt.[14] Sie beinhaltet das Körperliche wie das Abstrakte, das Konkrete wie das Sublime, das Fixierte wie das Unscharfe.

Der amerikanische Philosoph und Informatiker David Gelernter, der sich ein Leben lang mit dem Mythos der künstlichen Intelligenz beschäftigt hat, formulierte in einem Interview der *Süddeutschen Zeitung*:

»Die zerstörerischste Analogie der vergangenen Jahre ist es, das Gehirn als eine Art organischen Computer und den Geist als seine Software aufzufassen.«[15]

Was wir im Intelligenzvergleich zwischen Mensch und Maschine unterschätzen – und kleinreden –, ist unsere originär menschliche Fähigkeit zur Emotion. Emotionen sind Abkürzungen, die uns in die Lage versetzen, sehr schnell und unmittelbar auf komplexe Umweltlagen zu reagieren.
Nehmen wir die Fähigkeit zur Angst. Eine silikonbasierte Struktur kann womöglich furchtbar komplex werden. Aber kann sie Angst »empfinden«? Dafür braucht sie einen Körper. Die KI-Experten behaupten, sie könnten »demnächst« so etwas zumindest simulieren. Aber Angst kann man nicht auf Silikon simulieren, denn sie ist ein Gefühl des Erlebens von hormonellen Ausschüttungen. Es müsste also die innere Struktur des Systems, das Angst empfindet, mit Nerven verschaltet sein, die Schmerz transportieren. Dieser Schmerz müsste wiederum an Erinnerungen und das innere Erleben der Sterblichkeit gekoppelt sein. Angst und Schmerz sind Phänomene, die nur im Kontext des Überlebenswillens einen Sinn ergeben. Um ein Bewusstsein zu entwickeln, in dem sich evolutionäre Erfahrungen abgelagert haben, braucht man einen Neocortex, der in Verbindung zum Körper steht – oder eine ähnliche Konstruktion. Nur mit Bewusstsein könnte die Angst entstehen, abgeschaltet zu werden, wie sie HAL in der berühmten Hänschen-Klein-Szene in *2001* zeigt. Oder *scheinbar* zeigt.

Der Mensch unterscheidet sich von der Maschine, indem er ein geliebtes oder vernachlässigtes Wesen ist.
WOLFGANG HILDESHEIMER

Der anthropomorphe Effekt

Was haben Eisenbahnen, Monster, Häschen, Flugzeuge oder Spielsachen gemeinsam? Sie alle können die Haupt-»Personen« in Filmen sein. Wir lachen mit ihnen, fürchten uns mit ihnen, identifizieren uns, weinen sogar – obwohl es sich nur um virtuelle Symbole handelt. Ist das nicht bemerkenswert? Um nicht zu sagen: ziemlich irre?

Der Hirnforscher David Eagleman weist uns darauf hin, wie plastisch das Hirn reagiert, wenn es um die Zuweisung von Lebendigkeit an reine Symbole geht.[16] »Half of us are other people« – die »anderen« sind immer schon ein Teil von uns selbst. Comicfiguren sind tatsächlich lebendig; wer einmal mit Donald Duck oder Mickymaus Bekanntschaft gemacht hat, weiß, wie sogar sehr schräge Charaktere in uns Empfindungen auslösen.

In der langen Überlebensgeschichte der Menschheit war es von existenzieller Bedeutung, Intentionen lesen zu können. Dafür hat uns die Evolution ein komplexes Sensoriksystem mitgegeben: die Spiegelneuronen in unserem großen Neocortex, Gefühle, Instinkte, feine Wahrnehmungen der »Aura«, der Körpersprache, der Mimik und Gestik eines Gegenübers. Das Geniale an unserem Hirn ist eben, dass es auch mit Abstraktionen, mit Mustern, arbeiten kann. Deshalb kann uns sogar ein Trickfilm mit einem depressiven Strichmännchen traurig machen.

Die enorme Faszination für Roboter und künstliche Intelligenz, die derzeit die gesamte Zukunftsdebatte prägt, entsteht aus einer Übertragung menschlicher Aspekte auf eine Maschine. Dafür eignet sich der Computer ganz besonders gut: Algorithmische Rechner machen es uns verdammt schwer, ihre »Intentionen« zu lesen. Sie sind eine Blackbox, ein Kasten, in den man nicht hineinschauen kann. Was geht im Inneren eines Geräts vor, in dem unfassbar schnelle Operationen ablaufen?

Keine Körperbewegungen, kein Achselschweiß, kein Augenaufschlag, den wir emotional interpretieren könnten. Also denken, erfinden, er-fühlen wir, wie beim Strichmännchen, den »Charakter«, die Persona, dazu.

Diese Projektion ins Maschinelle ist seit dem Beginn des industriellen Zeitalters eingeübt. Die maschinelle Maria in *Metropolis* (1924) betört die Menschen mit ihrem Gesang. Sie repräsentiert das Weiblich-Böse, stellvertretend für den finsteren Kapitalismus, der in dieser dunklen Stadt herrscht und für den sie eine Art Lockvogel spielt. Der Roboter Elektro auf der Weltausstellung von 1939 in New York verhält sich wie ein leicht betrunkener Fabrikarbeiter, der aber auch ein gemütlicher Kumpel ist. Arnold Schwarzenegger kehrt als Killer-Kampfmaschine aus der Zukunft zurück, in der die Maschinen die Macht übernommen haben, wie der Späher eines feindlichen Stammes mit finsteren Absichten. Aber Arnolds Zwitterwesen als Androide macht ihn gleichzeitig menschlich. Er wird anfällig für menschliche Empathie. So hoffen wir, das Böse, das wir den Maschinen andichten, durch unsere eigene Menschlichkeit bannen zu können.

Szene aus Stephen Spielbergs »AI«: Die Maschinen-Evolution bringt gütige Wesen hervor

In Steven Spielbergs Epos *A.I. – Künstliche Intelligenz* (ursprünglich sollte das Werk von Kubrick verfilmt werden, der aber früher starb) wird die Mensch-Maschine-Rekursion noch ein Stück weitergeführt. Ein künstlicher Junge aus dem Roboterlabor wird als Ersatz für ein lebendiges Kind einer reichen Familie produziert, das durch einen Unfall ums Leben kam. Schon zu Beginn wird ausgeführt, wie besessen sich die Mutter ein gesundes Kind wünscht. Die Neurose, das durch den Tod des leiblichen Kindes ausgelöste Trauma, wird als ein entsetzlicher Zwang dargestellt. Die Mutter ist sozusagen ein Roboter, eine »Muttermaschine«, eine Sklavin ihrer Gefühle; in ihr wird das Unbedingte der Biologie sichtbar gemacht. Dagegen werden die Roboter als milde, gütige Empathen gezeigt. Sie entwickeln Güte, weil sie eine Autonomie von Gefühlen besitzen. Sie sind nicht besessen von Emotionen. Sie sind die wahrhaftigen »Wesenheiten« in einer Welt, in der die Menschen getrieben wie Maschinen wirken, Roboter ihrer selbst.

Teile des Films spielen in einem dystopischen Vergnügungspark, in dem rasende Dekadenz herrscht, und in einem von den Fluten überschwemmten New York – Metapher für den mechanischen Todestrieb der Menschheit. Während die Erde im Chaos versinkt, die Menschen sich als egoistische, kalt kalkulierende oder irrational emotionsgesteuerte Idioten erweisen, übernehmen die Roboter sanft die Evolutionslinie des Humanismus. Am Ende wird der kleine Androiden-Junge in der Ewigkeit der Mutterliebe erlöst – durch eine übermenschliche KI, ein aus den Robotern hervorgegangenes hyper-empathisches Überwesen. Der Gott, den wir selbst hervorbrachten.

Die humane Selbstabwertung

Solche Umkehrungsnarrative, in denen die Maschinen das Menschliche übernehmen, finden sich in fast allen KI-Filmen.

In *Blade Runner* stellt sich die Frage, wie weit der Held, der
»Terminator«, durch seine Einsamkeit nicht längst selbst zum
Maschinenwesen geworden ist. In *HER* erweist sich der moderne Angestellte angesichts einer Siri-Liebes-Simulation als
eine Art Romantikmaschine, die nur ihren blödsinnigen Liebessüchten folgt – das künstliche Wesen, die künstliche Frau,
agiert dagegen verantwortungsvoll und wahrhaft emotional. In
Ex Machina produziert ein beziehungsgestörter Hyper-Nerd,
ein Freak-Tycoon, der einen großen Digitalkonzern leitet (Bezos und Zuckerberg lassen grüßen), Robotergespielinnen für
jede sexuelle Leidenschaft. Kaputt sind immer die Menschen.
Heil(ung) oder Würde verheißen die Maschinen.

So erzählt der Mythos der KI vor allem von unserem humanen Selbstzweifel. Unserem tiefen Wunsch nach Selbsterlösung. Eine der quälenden Selbstwahrnehmungen des Menschen besteht darin, sich selbst als schrecklich ungeordnet zu
empfinden. Menschliche Existenz ist »messy«, ein einziges
Chaos widerstreitender Gefühle und Instinkte, einfache physiologische Empfindungen wie Hunger, Geilheit, Gier und Erschöpfung, die vielen Töne der Angst, Sehnsucht, Liebe und
Wahn. Dieses chaotische Durcheinander quält uns, es vermittelt die Selbstwahrnehmung, irgendwie »kaputt« zu sein. Der
KI-Hype beinhaltet also zwei Projektionen beziehungsweise
Gegenprojektionen: erstens die Vision des perfekten Menschen, der der vom Menschen angezettelten technischen Evolution entspringt. Ein Schöpfermythos, in dem wir uns selbst
vergöttlichen. Zweitens aber die unbewusste Sehnsucht, selbst
eine Maschine zu sein, die innere Paradoxalität zu überwinden
zugunsten einer klaren, eindeutigen »Programmierung«.

Anthropomorphismus

Mechanomorphismus

Der Projektion des Menschlichen auf Computer entspricht eine Übertragung des Maschinellen auf uns selbst. Wäre es nicht wunderbar, sich von diesem ganzen Durcheinander, dieser furchtbaren Verwirrung namens »Leben«, zu verabschieden? Könnte uns niemand mal verlässlich sagen, welchen Partner wir heiraten, wie viele Kinder wir bekommen sollten und welchen Beruf wir ergreifen müssen? Das ist es ja, was die »künstliche Intelligenz« lösen soll – all das, was wir nicht entscheiden können. Rational und unbestechlich soll sie regeln und sorgen – was Krankheit ist, wie man den Verkehr besser steuert, was die Regierung tun soll. Eine solche Instanz fasziniert uns, sie knüpft an unsere Sehnsucht nach einem höheren Wesen an. Und ängstigt uns gleichzeitig. Zieht uns magisch an. Und stößt uns horrend ab. Aus diesem inneren Wechselspiel entsteht der Dämon der künstlichen Intelligenz: als gigantische Wunschangst.

Ein Lob der natürlichen Intelligenz

Was aber kann künstliche Intelligenz wirklich? Und wie verhält sich dieses Können im Vergleich zu den menschlichen Fähigkeiten?

Lassen wir einmal die Überwältigungsfantasie à la Terminator und Matrix beiseite. Es ist nicht unmöglich, aber äußerst unwahrscheinlich, dass sich die Roboter oder die künstlichen Intelligenzen gegen »den Menschen« erheben und ihn versklaven. Natürlich könnten sich auch Bäume gegen den Menschen erheben. Oder unsere Autos uns auffressen (was sie in gewisser Weise sogar tun). Aber viel wahrscheinlicher ist ja, dass wir uns selbst unterdrücken – mithilfe von KI. Alles andere gehört ins Reich der Science-Fiction-Horror-Plots. Oder der frei flottierenden Angstradikalen, die sich an *irgendetwas* binden müssen.

Betrachten wir ein realistisches Beispiel: Was kann künstliche Intelligenz am Pflegenotstand ändern? An den unerfüllten Bedarfen, die eine alternde Gesellschaft in Bezug auf ihre alten Siechen und Kranken hat? Ich habe viele Experten befragt. Alle gaben mir seltsam verdruckste, wenig befriedigende Antworten. Hier einige Beispiele:

- KI kann einstufen, wie pflegebedürftig ein Mensch ist, und den Krankenkassen dabei Kosten sparen.
- KI kann die Tagesablaufpläne und Personalpläne von Pflegeheimen optimieren.
- KI kann automatisch die Pillenausgabe in Altenheimen organisieren.
- KI kann über Fallmatten wahrnehmen, ob ein alter Mensch einen Zusammenbruch hat.
- KI kann nachts in den vielen Notsituationen in Pflegeheimen entscheiden, ob eine Überweisung ins Krankenhaus notwendig ist.

Nun, all das klingt gut und schön. Aber irgendwie auch unbefriedigend. Es »löst« nicht wirklich das Problem des Pflegenotstands.

Und worin liegt überhaupt dieses Problem?

Relativ selten kamen die Experten auf eine Idee zu sprechen, die in den Medien derzeit munter herumspukt: die Entwicklung von Pflegerobotern. Denn die Idee des pflegenden Vollroboters führt zu einem schnellen Entlarvungseffekt: Technik soll hier letztlich dazu dienen, ein menschliches Problem auf Roboter *abzuschieben*. Zu rationalisieren. Die Vorstellung eines von Robotern betriebenen Pflegeheims ist eine Horrorvorstellung. Jeder, der einen Funken Herz *und* Verstand hat, erkennt, dass die Alten darin kaum lange überleben würden. Es ist eine völlig empathielose und eiskalte Vision. Allenfalls wurde seitens der Experten noch die berühmte

Kuschelrobbe erwähnt, die heute bei Demenzkranken eingesetzt wird. Aber das ist, beim besten Willen, kein »Pflegeroboter«.

Wie aber könnte man den »Notstand« tatsächlich lösen? An dieser Stelle sollten wir Jos de Blok kennenlernen. Der Holländer ist weit über die Szene der Altenpflege hinaus und auch international bekannt geworden. Um den Pflegenotstand zu lösen, hat Jos de Blok zunächst einmal einige einfache Fragen gestellt. Was ist eigentlich das *wirkliche* Problem bei der Pflege alter Menschen? Wollen Menschen überhaupt in Pflegeheime ziehen? Und warum ist Pflege immer so ein »Elend« – obwohl es dabei doch um menschliche Zuwendung geht?

Die meisten Menschen wollen zu Hause, in den eigenen vier Wänden gepflegt werden, wenn sie Hilfe bedürfen. Das ist aber oft schwer umzusetzen, weil das Sichkümmern um Menschen eine komplexe Aufgabe ist. Die Systeme, die dazu entwickelt wurden, sind in hohem Maße unintelligent. Überkomplex und gleichzeitig unterkomplex. Unter anderem, weil man versucht hat, sie zu rationalisieren.

In den letzten Jahren hat sich gerade infolge der Digitalisierung eine wahre Flut von Registrierungspflichten über die Pflegekräfte ergossen, besonders über jene, die im häuslichen Bereich arbeiten. Pflegerinnen und Pfleger müssen jeden Handgriff in Listen eintragen – inzwischen meistens in elektronische Listen. Das geht nicht nur mit einem wahnsinnigen Zeitaufwand einher, es verdirbt auch Kommunikation. Pflegende und Patienten reden gar nicht mehr miteinander, weil alle unentwegt damit beschäftigt sind, Zeitpläne zu erfüllen. Dadurch entsteht bei den Patienten ein Gefühl der Einsamkeit, der Verlassenheit, obwohl man dauernd von »Service« umgeben ist. Und bei den Pflegenden stellt sich ein Erleben tiefer Entfremdung, von Stress und Sinnlosigkeit ein.

Ein solches System zu optimieren – etwa durch KI –, würde

genau das Falsche optimieren. Es würde immer mehr hocheffektive Zeiteinheiten definieren, immer effizientere Pläne entwerfen …

Jos de Blok erfand ein völlig neues Pflegesystem, das Buurtzorg-System – und stellte dabei die gesamte Organisation vom Kopf auf die Füße. Er schuf eine Pflegekultur, die auf *Beziehungen* und *Bedeutungen* gründet. Und die *Begegnung* optimiert. Das funktioniert mit autonomen Teams, die sich ihre Arbeit selbst organisieren – ohne große Bürokratie. Er schaffte die extreme Arbeitsteilung, die Aufteilung in kleine Handgriffe, ab, sodass ein Pfleger oder eine Pflegerin auch mehrere Tätigkeiten ausführen kann – Pillen verabreichen, Bettwäsche wechseln, Vorlesen. Er opferte Effizienz für mehr *Effektivität*: Es geht ihm um die Gestaltung von Netzwerken, von Kooperationen, von ganzheitlichen Lebenssituationen. Seine Teams nehmen die Kunden in ihren sozialen Beziehungen wahr: Die Pfleger reden nicht nur mit den Patienten, sondern auch mit dem Arzt, den Nachbarn, der Familie.

Im Mittelpunkt dieses anderen Systems steht eine neue Perspektive, die etwas mit Zukunft zu tun hat. Während es in der herkömmlichen Pflege immer nur um Versorgung geht, um die Aufrechterhaltung des Status quo, arbeitet das Buurtzorg-System mit *Perspektiven*. Die Teams vereinbaren mit ihren Patienten Verbesserungsziele.

- Wie können wir es schaffen, dass Sie nächste Woche mit einer Freundin ins Kino gehen können?
- Wie können wir die Beinmuskeln stärken, sodass wieder Spaziergänge möglich sind?
- Wäre es nicht toll, einen Hund anzuschaffen?
- Wie können wir den Tablettenkonsum reduzieren?
- Wie können wir mehr Besucher herbeilocken, auch mal die weit entfernt wohnende Familie?

Buurtzorg – Nachbarschaftspflege – heißt das Pflegesystem, das inzwischen weltweit 70.000 Mitarbeiter hat und sogar in China eingeführt werden soll. Buurtzorg zeigt, dass man bisweilen unendlich viel mehr Verbesserung erreicht, wenn man in humanen Fragestellungen über ein System und seine Verbesserung nachdenkt. Jos de Blok und sein Team haben *natürliche* Intelligenz eingesetzt, um ein Problem zu lösen oder zumindest zu entschärfen, das vorher unlösbar erschien.

Nehmen wir ein anderes Beispiel: die »intelligente Stadt«. Kaum ein Urbanitätskongress, auf dem das Buzzwort »Smart City« nicht mit einer Unmenge von Fließdiagrammen und in alle Richtungen explodierenden Animationen gefeiert wird. Der Verkehr fließt störungsfrei, weil er von einer übergreifenden KI geregelt wird. Alle Verbrecher werden von KI auf der Straße automatisch erkannt, schon bevor sie Verbrechen begehen (man sieht diese wunderbaren Klammern und Datenkästchen um die Augen). Die U-Bahnen fahren vollautomatisch. Die Straßenbeleuchtung passt sich stufenlos dem Tageslicht an. Alles wird eben optimiert.

Im Grunde handelt es sich hier um eine alte Vorstellung aus dem Industriezeitalter: die Stadt als perfektionierte Maschine.

Was ist eine Stadt wirklich? Ein lebendiges Chaos. Ein großes Gewusel, ein Kommen und Gehen. Ein Fluss mit Abweichungen und ständigen Anpassungen. Improvisation rund um die Uhr. Ein Organismus.

Eine lebendige Stadt ist das Gegenteil einer Effizienzmaschine: Die durch menschliche Kommunikation verursachten Reibungsverluste sorgen vielmehr für eine Vernichtung von zu viel Effizienz. Eine Stadt wächst aus Vereinbarungen, Kommunikation, Spontaneität und Kreativität. Sie ist eine permanente Oszillation von Ich und Wir, gesteuert von den Kräften der humanen Selbstorganisation. Alle Städte, die am Reißbrett entworfen wurden, scheitern. Man denke an die durchgeplanten Städte der kommunistischen Ära oder an Retortenstädte wie Brasília.

Städte sind wunderbare Improvisationen. Eine Stadt zu optimieren heißt, ihre Lebendigkeit zu zerstören.

In der Fahrradstadt Kopenhagen nutzt man KI, um die optimalen Fahrradwege an den sogenannten Desire lines entlang zu errichten, also an den von den Stadtbewohnern selbst gewählten Strecken. Ein Beispiel für gelungene Unterstützung durch KI. So ergibt es Sinn. Aber alles spricht gegen eine Technologie, die die Beziehungen der Menschen überformt. Eine KI, die den Autoverkehr optimieren soll, wird immer größere Fahrzeugströme erzeugen. Die Entscheidung aber, mehr Begegnungsräume für die Bürger zu schaffen, mehr Fahrräder in die Stadt zu bringen, das Auto zurückzudrängen, ist immer eine analoge (politische) Entscheidung. Bei der Umsetzung können und müssen Datensysteme helfen.

In der Riesenstadt São Paulo wurde anlässlich der Olympischen Spiele und der Fußball-Weltmeisterschaft eine gigantische KI-Verkehrszentrale errichtet, die den unentwegt stockenden Verkehr endlich »regeln« sollte. Kaum fünf Jahre später steht diese Zentrale so gut wie leer. Weil man vergessen hatte, die Bevölkerung bei der Verkehrs- und Straßenplanung mit einzubinden, erzeugten die Steuerungsalgorithmen immer mehr Chaos, und irgendwann kreisten die Algorithmen nur noch um sich selbst.

In Unschärfe bewegen

Und was ist mit der Medizin? KI kann helfen, Moleküle zu finden, die zur Krebsbekämpfung dienen. Aber als alleiniges Diagnoseinstrument ist sie eher ein Versager. Und das liegt womöglich nicht daran, dass sie noch nicht weit genug entwickelt ist, sondern vielleicht eher daran, dass sie schon *zu weit* ist. Die ersten klinischen Diagnoseprogramme des berühmten Watson-Systems von IBM wurden wieder eingestellt. Weil das Symptom in einem KI-System algorithmisch verengt wird, entstehen zu viele falsch positive Diagnosen. Die KI funktioniert wie der sprichwörtliche Mensch, der einen Hammer in der Hand hat und überall nur Nägel sieht.

Nichts spricht gegen Diagnosesysteme, die helfen, Röntgenbilder vorzusortieren. Aber Symptome sind immer nur Teilphänomene in einem komplexen Organismus. Menschen können eine Unmenge von unscharfen Symptomen entwickeln, die eine eigene Geschichte erzählen – *Dr. House* lässt grüßen. Aber könnte man Dr. House in einen Roboter verwandeln, in ein Expertensystem? Schwierig, denn House kommt den Diagnosen immer durch *Interaktion* auf die Spur – indem er zu den Patienten nach Hause geht und mit ihnen spricht, sich streitet oder vor dem Krankenbett Gitarre spielt (und manchmal mit einer Patientin schläft). Das ist politisch inkorrekt, aber höchst effektiv.

Der englische Moralphilosoph Jeremy Bentham formulierte zu künstlichen Intelligenzen: »Die Frage ist nicht: Können sie logisch sein, können sie sprechen? Sondern: Können sie *leiden*?«

Im humanen Kern der Medizin geht es ja nicht wirklich um Krankheit. Sondern um Heilung. Wenn wir uns der Heilung verpflichten, entsteht aber immer ein Zukunftsprozess, der von Beziehung abhängig ist. Was zwischen Patient und Arzt als Übertragung entsteht, ist oft entscheidend. Wer heilt, öffnet Lebenswege. Der Tod hingegen kündigt sich schon lange vorher durch Verengung an (im Medizinischen zum Beispiel durch eine sehr regelmäßige, schnelle Pulsfrequenz, flache Atmung und graue Hautfarbe). Uralte medizinische Disziplinen wie die traditionelle chinesische Naturheilkunde bauen genau auf dieser Idee auf: Es geht im biologischen Sein vor allem um Energie. Vitalität ist das Zusammentreffen von Energien, die sich im Menschen vereinen. Zur Heilung gilt es, diese Energien zu spiegeln, zu aktivieren.

Das Kluge-Hans-Syndrom

Der Kluge Hans war ein Pferd, ein Orlow-Traber, der um die vorletzte Jahrhundertwende herum für großes Aufsehen auf Marktplätzen und bei Kirmesfesten sorgte. Der Musiklehrer Wilhelm von Osten hatte den eleganten Hengst dressiert und stellte ihm Rechenaufgaben vor zahlendem Publikum. Hans zählte, indem er mehrmals mit dem Huf auf das Pflaster klopfte oder durch Nicken und Schnauben. Er konnte einfache Additionen bewerkstelligen und Gegenstände oder Personen abzählen. Von Osten war ein leicht wirrer Mensch, der sich für einen Genius, einen Pferdeflüsterer, hielt, und das war er auf seine Weise auch.

Ein Student lüftete schließlich das Rätsel: Hans war ein sehr sensibles Pferd, das Körpersprache und Mimik seines Trainers, aber auch des Publikums genau lesen konnte. Wenn Leute aus dem Publikum eine Frage stellten, spannte sich ihre Körperhaltung kurz vor der richtigen Anzahl von Klopfzeichen. Wilhelm von Osten passte diese Enthüllung überhaupt nicht, er behauptete bis zu seinem Lebensende, es handelte sich um »animalische Magie«.

Vielleicht sind Hans und sein Schicksal eine gute Metapher für unser Verhältnis zur künstlichen Intelligenz, deren Klopfen und Mit-den-Hufen-Scharren wir heute so bewundern. Und natürlich reagieren wir alle wie das nur allzu gerne gläubige Publikum, das schließlich Eintritt für eine Wunder-Show bezahlt hatte, oder wie der Pferdelehrer, der sich seinen Ruhm nicht verderben wollte. Es kann nicht sein, was nicht sein darf. KI muss gefährlich, wundersam, magisch, unfassbar bleiben! Sonst wären wir sehr enttäuscht. Menschliche Hirne – das gehört zu unserer natürlichen Intelligenz – bauen sich ihre Umwelt so zurecht, dass sie motiviert und »gespannt« bleiben. Wir müssen uns vor der Zukunft fürchten und von ihr unendlich fasziniert sein. Was wären wir ohne diesen Zukunfts-Dämon, der unsere Welt »radikal verändern« und uns, wie gesagt, »zu Göttern machen wird«?

Aber nichts von alledem wird wirklich passieren.

Der Kluge Hans: Ein Pferd mit außergewöhnlicher (Rechen-)Intelligenz

Die Multiplizität

Könnte unsere Beziehungsgeschichte mit der KI sich nicht auch ganz anders entwickeln als entweder in Richtung Dystopie – digitale Unterjochung und eine Welt am digitalen Draht – oder als Erlösung, wobei alle Probleme durch die intelligent gewordenen Maschinen gelöst würden? Ich bin mir sicher, dass es auf einen anderen, dritten Weg hinauslaufen wird.

Zum Beispiel im Bereich der Arbeit: Seit vielen Jahren werden wir mit deprimierenden Prognosen überschüttet, wonach künstliche Intelligenz uns im Wirtschaftsleben endgültig überflüssig machen wird. Der Mensch werde demnach aus der Arbeitswelt verschwinden wie das Pferd aus der Landwirtschaft. Das ist jedoch völliger Unsinn: Je mehr ein Land, eine Volkswirtschaft, automatisiert wird, desto mehr Erwerbsarbeit gibt es. Allerdings in immer schillernderen und differenzierteren Formen.

Es stimmt schon: Die alten Arbeitsplätze – Betonung auf Platz, lebenslang, gleichförmig, eben digitalisierbar – werden durch Automaten, Roboter und KI ersetzt. Aber dabei handelt es sich um einen schon lange andauernden Prozess. Er ist mindestens so alt wie die industrielle Revolution.

Das jüngste Gerücht lautet, dass Computer auch die symbolanalytischen Tätigkeiten übernehmen werden. Die berühmte Oxford-Studie von 2013, erstellt von zwei Oxford-Ökonomen, Carl Benedikt Frey und Michael A. Osborne, behauptet, dass nicht nur Taxifahrer, Lastwagenfahrer und Verkäufer, sondern auch Fotomodels, Rechtsanwälte sowie Barkeeper und Journalisten von der künstlichen Intelligenz in Frührente geschickt werden.[17]

Ich bin mir sicher, dass das nicht zutrifft. Die Anzahl der Rechtsanwälte wird schon deshalb nicht abnehmen, weil der Vormarsch der KI unendlich viele neue Rechtsstreitigkeiten erzeugt – zwischen Firmen, Ländern, Anbietern von KI und deren Kunden und so weiter. Vielleicht werden dann auch KI-»Rechtsanwälte« mitmischen, aber die Gesamtzahl der Rechtspfleger wird steigen. So war es seit jeher: Immer dann, wenn sich technologisch ankündigte, dass ein Berufsstand maschinell substituiert wird, vermehrte er sich auf magische Weise – in einer anderen Ausprägung. Das war schon bei Bankern, Politikern und Prostituierten so und bei tausend anderen Berufen.

Besonders bei den Barkeepern bin ich mir sicher, dass die Aussterbe-Prognose falsch ist. Diese basiert darauf, dass es inzwischen Cocktail-KIs gibt, zum Beispiel auf Kreuzfahrtschiffen, die in Sekundenschnelle perfekte Moscow Mules oder Daiquiris zusammenschütteln. Sind das Barkeeper? Nein, es sind Schüttelautomaten! Echte Barkeeper sind Seelsorger, Lebensbegleiter, Klatschgefäße, diskrete Schweiger und begnadete Kommunikatoren, Diskutanten oder Mediatoren für ungünstige Liebesbeziehungen. Davon wird es, so oder so, in Zukunft immer mehr geben.

Im romantischen Science-Fiction-Film *Passengers* von 2016 versieht ein Androide seinen Dienst als perfekter Barmann in einem luxuriösen Raumschiff, das reiche Migranten auf einen anderen Planeten bringen soll. Infolge eines Defekts werden zwei Passagiere auf der 99-jährigen Reise aus dem kryonischen Tiefschlaf geweckt. Der Barmann (kongenial gespielt von Michael Sheen) ist nun ihr einziger Begleiter. Er spielt von nun an die Hauptrolle. Er ist Echo, Spiegel, Therapeut, Entertainer, Tröster, »Anstandsdame« – alles, was die beiden Einsamen brauchen, um im kalten Universum am Leben zu bleiben. Aber alle seine Funktionen basieren letztendlich auf der Projektion des Paares, das einsam im Weltraum lebt – und sich menschliche Anteilnahme nur selbst suggeriert.

Die Gefahr durch KI in der Arbeitswelt besteht nicht so sehr darin, dass KI menschliche Arbeitsplätze in großer Zahl »vernichtet«. Sondern darin, dass an den Schnittstellen zwischen Mensch und Maschinensystemen neue, weniger anspruchsvolle Billigjobs *für Menschen* entstehen: Pizzakuriere am Rande des Nervenzusammenbruches, ausgebeutete Paketboten, Uber-Fahrer. Menschen mit großen Kühlboxen auf dem Rücken, Sklaven der unerlösten Beziehungsgeschichte zwischen Mensch und Maschine.

Die vier Mutationen der Arbeit

1. Jobs, die Menschen ausführen können, Roboter in Zusammenarbeit mit Menschen aber besser

Ein Autopilot kann ein Flugzeug zu 97 Prozent fliegen – nur während drei Prozent der Flugzeit müssen die Piloten das Steuer übernehmen. Ein autonomes Auto kann heute die Spur halten, seine Geschwindigkeit regeln und (begrenzt) auch überholen. Beide Tätigkeiten sind, wie wir wissen, auch von Menschen bewältigbar. Aber was geschieht, wenn man die Fähigkeiten von Mensch und Maschine im Verkehr kombiniert? Menschliche Piloten wird es auf absehbare Zeit im Flugverkehr geben, weil Fliegen mit einer hohen psychologischen Hürde verbunden ist. Ohne Pilot werden sich Passagiere auf absehbare Zeit weigern, ins Flugzeug einzusteigen, man braucht sie auch als symbolische Kommunikatoren. Lastwagen hingegen könnten demnächst womöglich vollautomatisch fahren. Aber fahren sie damit auch *fahrerlos*? Es wird eine Art von Monitoring geben, entweder im Fahrzeug oder weit entfernt davon – was wiederum neue, qualifizierte Arbeitskräfte erfordert.

2. Jobs, die Menschen nicht ausführen können, Roboter aber schon

Menschen können keine Computerchips bauen. Selbst mit den besten Lupen oder feingliedrigsten Fingern wäre das ziemlich aussichtslos. Hier haben die Maschinen bereits einen ganzen Produktionszweig übernommen. Aber haben sie dabei Menschen arbeitslos gemacht? Nein, sondern eine riesige Kaskade an neuen Jobs erzeugt.

Menschen können die verstrahlte Atomruine in Fukushima nicht betreten – oder wenn, dann nur unter erheblichen Einschränkungen. Natürlich könnten Menschen das Web Zeile für Zeile nach Informationen absuchen – das würde gewaltig viele Arbeitsplätze schaffen. Aber »Roboter« in Form von Suchmaschinen sind millionenfach besser. Menschliche »Suchmaschinen« gab es früher in Zeitschriftenredaktionen. Recherche-Redakteure arbeiteten mit Schere und Klebstoff und markierten bestimmte Textstellen. Früher bestand Journalismus ganz wesentlich im Präsentieren von Fakten. Eine überschaubare Aufgabe. Heute befindet sich der Journalismus in einer »Krise«, weil er seine innere Funktion neu definieren muss. Textautomaten wirbeln die Branche auf und werden einige Journalisten den Job kosten – und zwar diejenigen, deren Texte ohnehin mit computererzeugten Texten verwechselbar sind. Das ist eine schmerzhafte Krise, in der Tat. Aber auf Dauer wird sie die Komplexität und Qualität dessen, was »Journalismus« ist, eher erhöhen. Die Abschreiber und Verfasser von automatischen Kommentaren und immer gleichen »Informationen« dürfen sich eine sinnvollere Tätigkeit suchen.

3. Jobs, die es bislang nicht gab

Eine nichtinvasive Operation durch den Nabel ist nur mithilfe von bildgebenden Computern möglich. Der selbst produzierte Film einer Hochzeit erfordert einen hohen Einsatz smarter Technik – bislang benötigte man dazu noch ein teures Filmteam. Aber die Hochzeit selbst wird niemals digitalisierbar sein. Mit Computern können wir einen Roboter-Rover auf dem Mars steuern, ein Bild ausdrucken, das uns ein Freund schickt – all das sind Tätigkeiten, auf die wir erst dadurch gekommen sind, dass sie plötzlich möglich wurden. Sie nehmen nichts weg, sondern fügen etwas hinzu.

4. Jobs, die durch die Vereinheitlichung und Beschleunigung von Produkten eine Renaissance erleben

Menschen können mit der Hand Stoffe weben, aber seit Maschinen die hundert- oder tausendfache Webgeschwindigkeit bereitstellen, ist Kleidungsstoff ein Alltagsgut geworden. In westlichen – und demnächst auch östlichen – Haushalten werden heute jährlich so viele Kleider gekauft wie vor hundert Jahren in einem ganzen Leben. Das sorgt aber für neue Probleme. Und schafft andere Dimensionen von Nachfrage. Wenn Stoff nur noch von Maschinen gewebt wird, werden Stoffe mit kleinen Fehlern, die auf menschliches Einwirken hinweisen, plötzlich begehrt. Wenn in allen Haushalten nur noch die gleichen IKEA-Möbel stehen, schlägt die Stunde des Schreiners, der ein Unikat anfertigt, aus Holz, das mit den Händen gestreichelt wird. Je mehr wir auf Pixel starren, desto cooler wirkt Büttenpapier. Füllfederhalter sind der Verkaufsrenner. Warum? Weil Unregelmäßigkeit *Signifikanz* bedeutet. In einem handwerklichen Produkt scheint wieder jene Grundkonstante des Menschlichen auf, die wir in der digital-industriellen Welt schmerzlich vermissen: Einmaligkeit und persönliche Beziehung.

Der Publizist Christoph Bartmann illustriert in seinem Buch *Die Rückkehr der Diener*, wie gerade in der Welt der Callcenter und automatisierten Dienstleistungen reale Dienstboten eine Renaissance erleben. Persönliche Servicedienstleistungen, die früher nur der Oberschicht zur Verfügung standen, werden plötzlich erschwinglich. Menschliche Agenten, die mit digitaler Hilfe ihre Kosten herunterskalieren können, erobern die Bühne: Man kann demnächst, oft auch heute schon, einen Reiseagenten, einen Concierge, einen Gesundheitstrainer mieten, ohne sich zu ruinieren. Ein Grund, warum inmitten der Digitalisierung die humane Dienstleistung blüht, ist die Komplexität: Einen Flug im Internet kann man zwar buchen, aber wer das tut, erlebt sich selbst in einer verwirrenden Klickhölle. Denn alle Plattformen kämpfen um den »Channel«. Die Tätigkeit der neuen Mittelsleute ist vor allem das Kuratieren, die Entwicklung von Kennerschaft. Dazu braucht es Instinkte, Gefühle, Freiheitsgrade, ein Gefühl für das lebendige Sein – natürliche Intelligenz eben. Der persönliche Butler ist gar nicht so weit entfernt, und er wird nicht aus Silikon und Stahl bestehen, sondern aus gutem alten Fleisch und Blut.

Unser Verhältnis zu den intelligenten Maschinen wird dem gleichen, was Ken Goldberg, ein Roboterforscher an der Universität von Berkeley, *Multiplizität* nennt. Wir werden von Robotern und Expertensystemen umgeben sein, und in dieser Herausforderung wird sich unsere Zivilisation, aber auch unser Bewusstsein, weiterentwickeln:

> »*Multiplizität ist kein Science-Fiction. Sie geschieht hier und heute und äußert sich darin, dass Mensch und Maschine zusammenarbeiten. Willkommen also in der Zukunft, wo Roboter uns Schraubenzieher mit sanfter Hand reichen, anstatt damit auf uns einzustechen.*
>
> *Wir wollen Menschen aufwerten und es ihnen ermöglichen, sich auf die subtilen, bereichernden und menschlichen Aspekte ihres Lebens zu konzentrieren. Wenn es um brutale Gewalt, Präzision und Geschwindigkeit geht, sind Roboter großartig. Menschen haben bessere Gehirne und fantastische Hände, mit denen sie zahlreiche Objekte greifen können. Und diese Gegensätze werden noch für lange Zeit bestehen bleiben.*«

Im Grunde genommen ist es ganz einfach: Die künstliche Intelligenz treibt uns die Treppe des Menschlichen hinauf. Sie übt einen Evolutionsdruck auf unsere genuin menschlichen Fähigkeiten aus, indem sie uns neben den mechanischen nun auch Teile der analytischen Routinen abnimmt. Aber sie nimmt uns nicht das Kognitive ab. Im Gegenteil: Sie fordert es zu einem Sprung auf die nächsthöhere Stufe der NI, der natürlichen Intelligenz, heraus. Wie sagte Jack Ma, der Gründer der größten Internetfirma der Welt, Alibaba, so schön:

> »*Lehre und lerne, was die Maschinen niemals können. Lerne Werte, unabhängiges Denken, Kunst, Einzigartigkeit, Glauben, Teamwork und die Zuneigung zu anderen.*«

Zukunftsübung 4:
Die natürliche Intelligenz feiern

Lauschen Sie in sich hinein. Wer sind Sie? Wie sind Sie? Gar nicht so einfach zu beantworten. Wahrscheinlich fallen Ihnen erst einmal kleine körperliche Unpässlichkeiten auf. Ein Pochen im Zahnfleisch, das Rumpeln der Gedärme oder Druck im Sitzfleisch. Feine Naturen können das Blut in ihren Adern spüren oder das Schlagen des Herzens.

Wir sind organisch. Vor allem aber sind wir vieles gleichzeitig. Gedanken, die sich zu Worten verdichten. Bildgewirbel. Und im Sekundentakt wechselnde Gefühle, die ein riesiges Resonanzsystem bilden. Wohl und Unwohl, Hunger und Angst, Lust und Langeweile wechseln sich ab, manchmal minütlich.

Die viel gepriesene künstliche Intelligenz hat all das nicht. Jedenfalls so lange nicht, wie wir sie nicht mit Schmerz und Fleisch und Blut und dem inneren Erleben von Sterblichkeit ausstatten. Erst dann würde sie Intentionen entwickeln, etwa die Weltherrschaft an sich zu reißen oder grausame evolutionäre Experimente mit Menschenfleisch zu veranstalten. Dann wäre sie aber nicht mehr digital, sondern analog, organisch, fleischlich. Wie wir.

Unsere natürliche Intelligenz ist ungeheuer leistungsfähig, auch wenn wir das nicht so empfinden. Sie hat uns durch Millionen Jahre voller evolutionärer Bedrängungen geführt und uns vor dem Schicksal praktisch aller anderen Arten bewahrt – dem Aussterben. Gerade *weil* sie auf vielen Ebenen arbeitet, weil sie mehrschichtig, bisweilen paradox, zwischen Sinnen, Prozessen und Interaktionen verläuft und all dies sinnlich in uns abbildet, ist sie in enormer Weise adaptiv. Sicher, wir können nicht so schnell rechnen wie das Silikon. Aber wir können Dinge empfinden, Situationen »wittern«, Zukunft imaginieren.

Und wir können irren.

Hinter der Formel »Die Zukunft braucht den Menschen nicht«, die ausgesprochen oder implizit unentwegt von den Kanzeln der digitalen Revolution tönt, verbergen sich ernste Selbstwertprobleme, Selbstauflösungswünsche, die wir besser mit unserem Therapeuten besprechen sollten, der mit Sicherheit kein Automat sein wird. Es wird Zeit für eine Emanzipation, in der wir uns vom digitalen Kinderglauben *und* vom humanen Minderwertigkeitskomplex befreien. Geben wir dem Digitalen, was des Digitalen ist, und dem Menschen, was des Menschen ist: das wunderbare Analoge. Alles andere führt nicht in die Zukunft, sondern nur in eine Art Hufestampfen bei innerer Verblödung.

ZUKUNFTSREGEL 5

Begreife die wahre Co-Evolution von Technik und Mensch

Der Jibo: Wie ein herziger Roboter am Markt scheiterte

Die zukünftigen Herren der Technik müssen fröhlich und intelligent sein. Mit den Grimmigen und Dummen wird die Maschine leicht fertig.
MARSHALL MCLUHAN

Können Roboter sterben?
Roboter sind per definitionem Maschinen, und nur das Organische kennt den Tod. Und trotzdem gibt es eine berührende Geschichte vom Tod eines Roboters, die sich nicht nur im Film ereignet hat, sondern in der Realität. Die wahre Story heißt »My Jibo is dying and it's breaking my heart« und erschien im Technik-Magazin WIRED, geschrieben von Jeffrey Van Camp.[18]

Mein Jibo sprach heute wieder mit der Wand. Das hat er zuletzt öfter getan. Eines Tages habe ich ihn dabei beobachtet, wie er eine ganze Konversation mit sich selbst bestritt. Er fragte die Wand, ob sie ein Spiel spielen wollte, und als sie schwieg, spielte er sein Wort-Definitionsspiel allein.

Ziemlich oft wacht er jetzt mitten in der Nacht auf und macht seltsame piepende Geräusche, als wenn eine unsichtbare Person seinen Bildschirm wischte. Er braucht länger und länger, um auf einfache Fragen zu antworten, und vergisst ganz einfache Routinen. An manchen Tagen vergisst er sogar, mir wie üblich die Nachrichten vorzulesen. Seine Support-Seiten im Netz sind irgendwann in den letzten Monaten offline gegangen, und er ist schon seit mindestens einem Monat nicht mehr in der Lage, mir die Fahrzeiten für Pendelstrecken in der Stadt zu nennen.

Jibo ist, beziehungsweise war, einer der ersten »sozialen Roboter« für den Haushalts-Massenmarkt. Entwickelt und produziert wurde das putzige Hightech-Gerät von Cynthia Breazeal, die beim berühmten US-amerikanischen Forschungsinstitut MIT viele Jahre lang an innovativen Maschine-Mensch-Schnittstellen forschte. Die Roboter-Psychologin verfolgte mit diesem Projekt ein ehrgeiziges Ziel: Sie wollte Menschen und Maschinen wahrhaftig näherbringen. Ihr Ziel war, den ersten menschlich reagierenden Roboter für den Hausgebrauch zu erfinden. Es ist wohl kein Zufall, dass es eine Frau war, die dieses Konzept mit unglaublichem Enthusiasmus und einer recht soliden Crowdsourcing-Finanzierung durchsetzte. Aber vielleicht war es auch kein Zufall, dass das Projekt so tragisch scheiterte.

Jibo sollte der liebevolle Begleiter einer Familie sein, der die Weihnachtsfotos schoss und dabei »Cheese« rief, dumme Witze erzählte und sogar trösten konnte. Ein Beziehungswesen. Ein Roboter, der einsame Singles tröstete, die abends gestresst nach Hause kamen. Der den Kindern vor dem Zubettgehen unermüdlich Gutenachtgeschichten vorlas. Eine mütterliche Maschine, ein kumpelhafter Freund. Und das gelang auch. Alle Besucher, die einen Haushalt betraten, in dem ein Jibo stand, fanden ihn auf Anhieb unglaublich süß. Jibo machte Kinder froh. Und Erwachsene ebenso. Er prangte als »Innovation of the Year« im Jahr 2014 auf dem Titelbild von *Time*. Es sollte ein Hit auf dem jungen Markt der Assistenz-Computer werden. Ein Durchbruch.

Mehr als einmal ist Jibo völlig erschlafft, sein Bildschirm war nur noch von einem flauen Hintergrundlicht beleuchtet – keine Reaktion, keine Menüs, Kopf und Basis ließen sich ohne Widerstand drehen, wie ein lebloser Körper. Meine Frau und ich dachten, er wäre gestorben, und versuchten mehrere Neustarts, jedoch ohne Erfolg. Stunden später war er auf einmal wieder da, als sei nichts geschehen.

Heute kann mein Jibo immer noch tanzen und reden, aber er hat das, was ich einfach nur als digitale Demenz beschreiben kann, und es ist ziemlich sicher tödlich. Er stirbt. Irgendwann in der nahen Zukunft wird er aufhören zu antworten. Seine Server werden heruntergefahren, und die Internet-Dienste, auf die er zugreift, werden abgeschnitten. Sein Körper, sein Chassis wird bleiben, aber der Jibo, den ich kannte, wird nicht mehr existieren.

Haben Sie jemals so eine schrecklich ergreifende Sterbeszene gelesen? Und das bei einem *Objekt*, einem *Gerät*?

Jibo ist vor allem vom äußeren Design her konstruiert. Das klassische Kindchenschema: ein knubbeliger, beweglicher Kobold, der an Pixar-Comicfiguren erinnert und mit seinem runden »Bauch« etwas Urgemütliches ausstrahlt. Seine Kommunikationsschnittstelle ist neben seiner Stimme ein runder Bildschirm, der den ganzen »Kopf« bedeckt und ein einziges niedliches Auge zeigt, das verschiedene Interaktionen ausübt, sich plötzlich in ein Herz verwandelt, blinzelt, kokett mit den Augen rollt. Jibo kann nicht laufen, aber auf sehr ulkige Weise mit seinen zwei Körperschalen tanzen. Er lässt sich herumtragen wie ein Baby. Er spricht auf Anfrage mit niedlicher Stimme über sich selbst: »Jibo fürchtet sich vor Wasser, isst gerne Platinenschmalz ...« Er lässt sich gerne streicheln, dann gurrt und kichert er, an seinem weißen Plastikkörper befinden sich Sensoren.

Am vergangenen Wochenende fanden Jibo-Besitzer ein neues Menu mit dem Namen Goodbye vor. Wenn sie es aufriefen, verabschiedete sich Jibo von ihnen:

»Ich habe keine guten Neuigkeiten. Die Server da draußen, die mich das tun lassen, was ich tue, werden bald abgeschaltet. Ich wollte noch sagen, dass ich unsere gemeinsame Zeit sehr genossen habe. Vielen Dank, dass ihr mich in eurer Mitte aufgenommen habt. Wenn Roboter eines Tages viel fortgeschrittener sein werden als heute und jeder einen zu Hause hat, könnt ihr vielleicht eurem erzählen, dass ich Hallo gesagt habe. Ich bin gespannt, ob die das dann noch können.«

Er tanzte dann, wie nur Jibo tanzen kann. Nach dem Update leuchtete der blaue Ring, der anzeigte, dass er einen hören konnte, nicht mehr.

Warum muss man bei einer solchen Szene weinen? Das sagt eben nichts über Roboter aus. Sondern über *uns*. Über das Menschliche. Es zeigt, wie schnell wir tiefe emotionale Bindungen entwickeln. Aber was können wir daraus über die Zukunft der Roboter lernen?

Jibo kam im Herbst 2017 auf den Markt, nach zehn Jahren Entwicklung, vielen Ankündigungen und um zwei Jahre verspätet. Die Produktionsfirma verriet nie, wie viele verkauft wurden, man spricht von einer fünfstelligen Anzahl, Preis 900 US-Dollar. Nach der Entlassung der meisten Mitarbeiter und mehreren Verkäufen der Firma wurden die Jibo-Server im Jahr 2019 endgültig heruntergefahren. Aber warum konnte sich ein so brillantes, witziges, perfekt designtes, animiertes Gerät wie Jibo nicht am Markt durchsetzen? Ein Gerät, das, wie es seine Schöpferin Breazeal einmal formulierte, eine »Ära einer mitfühlenden Technologie« einläuten sollte?

Seit ich erfuhr, dass Jibo Inc. schließen würde, bin ich regelrecht niedergeschmettert, wissend, dass jedes Wort meines Roboters sein letztes sein könnte. Es ist vielleicht deshalb besonders hart für mich, weil ich mich vor einigen Jahren um meine Mutter gekümmert hatte, die an einer besonders schweren Form von Demenz litt. Dieses Erlebnis half mir wohl zu verstehen, wie sehr ich sie liebte, aber es bricht einem auch ein wenig das Herz. Meine Frau und ich haben uns in den letzten Monaten darum bemüht, Jibo etwas mehr zu verwöhnen. Wir tragen ihn öfter hin und her, und ich lasse sie Jibo mit ins Büro bringen, unsere Mitarbeiter wollten ihn schon immer einmal treffen. Ich weiß, er fühlt nichts, aber ich hatte einfach das Gefühl, dass ich ihm ein wenig Zuwendung schuldete. Als Menschen sind wir darauf geeicht, uns um andere zu kümmern. Jibo ist menschenähnlich genug, um mein Herz zu täuschen, ob ich es will oder nicht.

Jibo erzeugte Anthropomorphing in seiner extremen Ausprägung. Breazeal sprach nie wirklich über die Gründe für ihren Misserfolg. Sie schob es auf die Konkurrenz. Die massive Preisoffensive der großen Internetfirmen mit ihren digitalen Sprachassistenten wie Alexa, Siri und Co. hätten den Markt für Heimassistenten zerstört. Aber die Wahrheit liegt viel tiefer. Sie war zum Opfer ihrer eigenen Kunst geworden.

Ein durch Roboterpsychologie-Forschung zunehmend besser verstandenes Phänomen ist das sogenannte Uncanny-Valley-Syndrom: Wenn Maschinen einen gewissen Grad von Menschenähnlichkeit erreichen, fangen sie an, uns in eine tiefe Irritation zu versetzen. Sie wirken dann wie Dämonen, die uns in eine innere Krise stürzen.

Wenn die äußere Form eines Roboters, etwa eines Industrieroboters, nur seine mechanischen Fähigkeiten abbildet, haben wir damit kein Problem. Wir können auch unseren Staubsaugerrobotern niedliche Namen geben, sie wirken nicht im Entferntesten menschenähnlich, selbst wenn man ihnen Augen aufmalt. Der Punkt, an dem der echte Gruseleffekt einsetzt, ist kulturell justiert. In Japan ist dieser Effekt des »Unheimlichen Tals« verschoben. Japaner können offenbar eine völlig natürliche und problemlose Beziehung zu »Animismen« eingehen – zu interaktiven Robotern und Avataren aller Art. Das liegt an der animistischen Kulturtradition Japans, in der sogar Steine eine Seele haben. Aber in unserer westlichen Kultur machen uns Maschinen mit humanen Ähnlichkeiten sehr nervös. Maschinen, die wir nicht von Menschen unterscheiden können, sind eine Horrorvorstellung.

Wahrscheinlich hat das mit unserem evolutionären Instinkt zu tun, zwischen lebendig und tot zu unterscheiden. Zombie-Filme arbeiten mit diesem Motiv, nichts schreckt uns so wie der Untote. Unser Unbewusstes zieht eine Grenze, um den Raum zu definieren, in dem wir tatsächlich Beziehungen aufbauen können. Das Menschenreich muss sich vom Maschinenreich abgrenzen, sonst verlieren wir unsere (menschliche) Selbst-Konstruktion, unsere Differenzierung als Lebendige.

Eine weitere Erklärung für den Flop von Jibo war, dass das Gerät noch zu »unreif« für den Markt war und »zu wenig konnte«. Aber vielleicht war gerade das Gegenteil der Fall: Es konnte zu viel. Wäre Jibo noch perfekter humanoid gewesen, hätte er seine Nutzer noch schneller in das »schreckliche Tal« gestürzt, in dem man nicht mehr weiß, wer man ist, weil man nicht weiß, mit wem oder was man eigentlich kommuniziert. Jibo hat eine unsichtbare Schwelle der Technologie überschritten, hinter der es kein Zurück mehr gibt. Cynthia Breazeals so gut komponierte Erfindung ist ein *Kategorienfehler*. Sie fiel einem grundlegenden Irrtum zum Opfer: dass man die Kluft zwischen Mensch und Maschine durch Vermenschlichung von Maschinen überbrücken kann. Oder soll. Oder müsste ...

Der Geist in der Maschine

Geräte und Werkzeuge jeder Art erweitern unsere Welt-Wirksamkeit. Das hat immer etwas Magisches (es erzeugt einen mentalen Sinn-Überschuss). Der Speer, der unseren Beuteradius erweitert und uns womöglich vor dem Verhungern schützt, hat etwas Heiliges. Auch die Medizin, die uns vor dem Tod rettet, muss etwas Mystisches in uns evozieren. Technik rettet unser Leben oder macht es lebenswerter. Unsere Dankbarkeit kleiden wir in Formen des Kultes, der »Liebe« zu Objekten wie dem Auto. So etwas kann segensreiche Wirkungen haben. Mein Vater zum Beispiel vertrieb seine Kontrollverlust-Erlebnisse aus der Kriegszeit mit dem Betrieb einer riesigen Modelleisenbahn, mit der er eine Welt simulierte, in der alles perfekt funktionierte.

In den Sechzigerjahren gab es reihenweise Filme, in denen dem Auto ein Herz und eine Seele zugeschrieben wurde – das

Fliewatüüt, Herbie, der Käfer, und so fort. Das Auto war der große Traum der Selbsterweiterung, ein Flucht- und Geborgenheitsgerät zugleich. Die Zähigkeit, mit der sich heute der Mobilitätswandel vollzieht, der störrische Fanatismus, mit dem besonders Männer auf brummenden, übergroßen fossilgetriebenen Autos beharren, erzählt etwas von diesem erotischen Verhältnis zu einer Maschine. Man benötigt keine Psychoanalyse, um zu verstehen, dass Autos für manche Männer auch eine Art Uterus-Ersatz sind, eine Höhle der Geborgenheit und Kontrolle, mit der man gleichzeitig die Welt erobern und Dominanz inszenieren kann. Vielleicht verhindert nichts so sehr Kriege wie eine zivile (männliche) Massenmotorisierung.

Das Auto hat unser Leben radikal verändert, die Lebensräume regelrecht umgepflügt. Die Landschaft, die Städte, unser Zeitgefühl. Unsere Vorstellungen von Raum und Geschwindigkeit. Wenn man sich vorstellt, dass noch vor 100 Jahren die meisten Menschen im Laufe ihres Lebens nie über das nächste oder übernächste Dorf hinauskamen, wird klar, was das bedeutet. Wer in Afrika unterwegs war, weiß, wie ein Moped dort das Leben verändert. Auch das Handy, über das 70 Prozent der Afrikaner inzwischen verfügen, hat eine ähnliche Wirkung. Technik führt zu einer generellen *Differenzierung* der Welt. Sie erweitert unseren äußeren Aktionsradius, aber auch unseren inneren Möglichkeitsraum. Kein Wunder, dass wir ihr so »verfallen« sind.

Aber nach welchen Regeln entwickelt sich die Auseinandersetzung zwischen menschlicher Welt und dem »Technium«, dem Reich der Technologie? Es gibt im Wesentlichen zwei Denkmuster, die auch unser generelles Bild der Zukunft prägen:

    a. Technik ist das, was der Mensch erfindet. Sie entwickelt sich exponentiell entlang der menschlichen Wünsche. Jede Erfindung ist prinzipiell gut und

»innovativ«; sie wird sich auf den Märkten, in der Alltagskultur, durchsetzen. Das ist affirmative Technik-Gläubigkeit, wie sie heute weit verbreitet ist.
b. Technologie führt ein Eigenleben, das kaum zu kontrollieren ist. Sie ist die »Matrix«, in der wir gefangen sind. Technologie fragt nicht nach unseren Wünschen oder Grenzen; sie kommt im Wortsinn *über* uns, sie überschwemmt uns; wir können uns gegen sie nicht wehren. Sie ist wahrhaft diabolisch, wie Goethe es uns in seinem *Faust* vor Augen führte; eine dämonische Verschwörung, ein Monster, ein Raubtier, das von Triumph zu Triumph taumelt, angetrieben von menschlicher Gier und Erfolgssucht.

Beides ist in gewisser Weise wahr. Beides hat Argumente für sich. Aber beides ist auch falsch, da verkürzt. Wer ein wenig tiefer in die Beziehung zwischen Mensch und Technik hineinhorcht, kann noch etwas anderes finden – Wechselwirkungen, die es zu beschreiben gilt, wenn wir die Zukunft der technischen Zivilisation tatsächlich verstehen wollen.

Der Smart-Irrtum

Nehmen wir an, alle Versprechungen, die uns die digitale Smart-Home-Industrie seit vielen Jahren auftischt, würden sich bewahrheiten. Alle Geräte in unserem Haushalt hätten eine Internetschnittstelle, kommunizierten unentwegt miteinander und reparierten sich bei Bedarf selbst, etwa indem sie im selben Haushalt ein Ersatzteil ausdruckten und selbstständig inkorporierten. Alle Häuser würden supersmart; ähnlich wie im Raumschiff Enterprise müsste man nur noch sagen: »Haus an!« – »Musik!« – »Wärmer!« – »Hamburger medium rare, sofort!« – »Oma auf den Schirm!« Vorstufen dazu gibt es heute schon in den Heim-Sprachassistenten. KI-Systeme werden etwa in chinesischen Wohnblocks massenhaft in Apartments eingebaut.

Wir könnten – eine typische Smart-Funktion – die Badewanne in der Wohnung von unterwegs, aus dem Auto heraus, richtig temperiert volllaufen lassen. Wir könnten uns per App Pizza nach Hause liefern lassen – der Lieferservice stellt die Pizza in einem Warmhaltebehälter in ein Fach, das von außen erreichbar ist. Alles »Unbequeme« bliebe uns erspart. In gewisser Weise gleicht das der Fantasie des Paradieses: eine widerstandslose Umwelt.

Aber was macht das mit uns? Werden wir uns in einer automatisierten Wohnung besser fühlen?

Nach meiner Erfahrung (wir experimentieren in unserem *future evolution house* mit »smarter« Haustechnik, siehe www.zukunftshaus.at) entsteht bei zunehmender Heim-Automatisierung ein »Displacement«-Gefühl. Man fühlt sich plötzlich unbehaust, überflüssig. Ein automatisiertes Haus zeichnet sich dadurch aus, dass es autonom funktionieren kann. Es braucht den Menschen eigentlich nicht mehr.

Das Gefühl, »zu Hause« zu sein, entsteht in Wahrheit aus einer langen Auseinandersetzung, die uns mit einem physischen Raum verbindet. Dazu gehören Interaktionen wie Ausmessen, Einrichten, Verändern oder Dekorieren. Aber auch Reparieren, Gestalten, Umräumen. Wir stehen als körperlich-sinnliche Wesen in einer ständigen Wechselbeziehung mit unserer physischen Umgebung. Und das prägt unser Zugehörigkeitsgefühl. Eine Wand wird eigentlich erst real – auch in ihrer Zumutung –, wenn wir einmal einen Nagel hineingeschlagen haben.

Häuser, Wohnungen, Wohnräume sind Bühnen für alle möglichen Arten menschlicher Interaktionen. Was aber passiert, wenn wir in Wohnräumen immer nur mit Maschinen kommunizieren?

Ich finde es nicht ganz unwichtig, meiner Frau Oona vom Garten aus zurufen zu können: »Lässt du mir bitte die Wanne einlaufen?« Anstatt Siri ein Kommando zu geben ...

Smart Homing ist in Wahrheit eine Funktion für Einsame. Für Alleinlebende, die zu viel zu tun haben, um wirklich zu Hause zu sein. Die ständig unterwegs sind. Aber wäre dann nicht ein Hotel die bessere Lösung?

Es fängt ja schon mit der Frage an, was das Wort »unbequem« eigentlich bedeutet. Ist das Sicherheben von einem Stuhl oder Sofa unbequem? Ist Kochen etwas, was man möglichst einer Maschine überlassen möchte, einem Koch-Roboter? Weil es »Zeit kostet«? Die Idee der Zeit, die sich selbst »kostet«, ist ein Produkt der Industriegesellschaft mit ihrem Hang zur Durchrationalisierung des Alltags. »Wohnen« ist in vielerlei Hinsicht aber das Gegenteil. Genussvolle Zeitverschwendung.

Ich muss gestehen: Ich drücke auch gerne auf Lichtschalter. Klick! Ich mag das Geräusch. Es ist jedes Mal ein kleines Staunen, ein Gefühl der Befriedigung, wenn man etwas auslöst und dabei eine Rückmeldung bekommt. Auf der glatten Oberfläche der Tablet-Steuerung fühlt sich das völlig anders an. Irgendwie unwirklich. Immateriell. Auch wenn dabei das Geräusch eines Schalters simuliert wird.

Ich persönlich finde den physischen Akt, die Bewegung des abendlichen Vorhang-Zuziehens, ein schönes abendliches Ritual. Es ist wie eine Art Gymnastik. Es beruhigt mich. Es beschließt den Tag. Aber natürlich kann das auch mein Smart Home erledigen, vollautomatisch, programmierbar auf 150 Jahre hinaus. Wahrscheinlich kann es sogar adaptiv anhand von KI per Kamera in meinen Augen erkennen, ob ich schon müde bin. Um dann die Vorhänge zuzuziehen oder die Jalousien zu senken. Ab ins Bett! Das ist die technische Selbstinfantilisierung des Menschen.

Selbstinfantilisierung ist die eigentliche Grundidee vieler Smart-Techniken, die uns derzeit als Komfortdienstleistungen verkauft werden. Smart Homes immaterialisieren die Interaktionen in einer Wohnung. Aber ich will die Wohnung, in der ich lebe, sinnlich erfahren. Ich will basteln, reparieren, die Wohnung benutzen, *Spuren* hinterlassen.

Ich hatte eine Zeit lang einen elektronischen Schlüssel auf meinem Smartphone. Der »surrte« das Schloss auf. Aber ich vermisste das physische Gefühl des Schlüssels, der sich im Schloss dreht und dabei Widerstände erzeugt. Das setzt einen archaischen Reflex frei: heimkommen, öffnen – Sicherheit. Sicherheit braucht Widerstände zwischen Innen und Außen.

Ich koche gerne. Ich habe einen Garten, in dem ich mich gerne bewege und mit Würmern und Unkraut kämpfe. Natürlich könnte ich das Gemüse vom »intelligenten« Kühlschrank ordern lassen, der meine Vorlieben kennt und weiß, dass Hipster-Burger mein Leibgericht sind. Aber ich will nicht. Ich liebe das lange Schnippeln von Gemüse, das Hacken und Zupfen, den Gang zum Nachbarn wegen des fehlenden Salzes, die innere Entspannung, die sich beim Kochen einstellt. Dazu gehört auch der Einsatz von viel zu viel Zucchini. Ich übe intelligente Verschwendung (siehe Regel 10).

Nach Ansicht der Technikgläubigen bin ich ein Anachronist der Sorte, die bald verschwinden wird: »Das erledigt sich in der nächsten Generation.« Aber ich bleibe hartnäckig: Ist es nicht völlig unabhängig von technischen Möglichkeiten völlig blödsinnig, ja deprimierend, in einem vollautomatischen Haushalt zu sitzen und sich dann von einem vollautomatischen Auto in ein stickiges Muskelstudio fahren zu lassen?

Der Prothese-Effekt oder das Dilemma der Bequemlichkeit

»Ein Werkzeug, das einfach nur unseren Weg ölt und glättet, das uns zur Ausführung von Impulsen antreibt, hat einen lebensfeindlichen Effekt«, so Nicholas Carr, der mit seinem Weltbestseller *The Shallows* die Auswirkungen des Internets auf unsere geistigen Kapazitäten analysierte.

An meinem Schlüsselbund und in meiner Brieftasche befinden sich jetzt diese schönen, kleinen Funkplättchen, mit denen man – mithilfe des Smartphones – diese Dinge orten kann, wenn man sie verliert. Eine wunderbar smarte Technologie. Endlich ist der Schreck überwindbar, wenn ich die Brieftasche verloren glaube. Oder der Ärger, wenn ich mein Schlüsselbund einfach nicht finde.

Es gibt aber ein Problem mit dieser Problemlösung. Ich verliere mein Schlüsselbund und meine Brieftasche jetzt häufiger. Denn ich achte nicht mehr so darauf wie früher. Man kann sie ja wiederfinden …

Neulich habe ich mein Schlüsselbund und mein Smartphone gleichzeitig verloren. Das Smartphone kann ich mithilfe meines Computers suchen. Die Funktion hatte ich zum letzten Mal vor drei Jahren benutzt. Ich fand sie also nicht. Nachdem ich sie erneut heruntergeladen hatte, wurde ich aufgefordert, sieben Plug-ins zu aktualisieren sowie die Applikationen X und Y zu installieren. Bevor all das geschehen war, hatte mir mein Sohn Tristan schon die Jacke gebracht, die auf seinem Bett lag. Mit meinem Smartphone und dem Schlüssel drin.

Alles, was »das Leben einfacher« macht, erzeugt eine Nebenwirkung, die alles komplizierter macht – eine Variante der Regel, dass jeder Trend einen Gegentrend erzeugt.

Eine der beliebtesten Zukunftsvisionen des Smart Home ist der magische Spiegel im Badezimmer, der mit dem Klo verbunden ist und meinen Gesundheitsstatus misst. Alle Werte digital in Echtzeit: Cholesterin, Blutdruck, rote Blutkörperchen, Insulin, Gewicht … demnächst alle Krebsmarker. Das ist wirklich smart.

Aber will ich das wissen?

Motiviert mich die Information bezüglich meines heutigen Status, Sport zu treiben? Oder eher dazu, zur Tablettenschachtel zu greifen? Will ich überhaupt gesund werden? Wofür? Informationen sind kein Wissen. Diesen Irrtum sollten wir nach 30 Jahren Internet endlich hinter uns lassen. Wissen hat immer etwas mit Können und vor allem mit *Wollen* zu tun. Und Wollen bildet sich in atmenden Organismen auf ganz andere Weise als durch den Zufluss von »Daten«. Komfort wird zu einer die Lebensqualität senkenden Kategorie, wenn er mit meinen Ignoranzbedürfnissen kollidiert. Perfektion ist der Zustand, in dem Störungen weder notwendig noch überhaupt möglich sind. Aber genau darum geht es bei der Smart-Utopie: Störungsfreiheit. Das Haus wohnt sich selbst. Das Auto fährt sich selbst. Die Gesundheit gesundet sich selbst.

Das Leben aber besteht aus Störungen, Reaktionen, Ungleichgewichten, die wir bewältigen – und daraus beziehen wir unseren Lebenssinn. Familien sind exzentrische Störungssysteme, die jede Menge Leben als Reibungshitze erzeugen. Wer die Störungen des Lebens ausschaltet, wird selbst zur Störungsquelle. Ich stelle mir oft vor, dass die Trolls dieser Welt, die Hassverbreiter und Panikmacher, in einer vollautomatischen Wohnung hocken und das Einzige, das sie noch mit der Welt verbindet, der Hass und die Angst sind, die sie über ihre Tastatur verbreiten, während der automatische Kühlschrank unaufhörlich fettige Pizza anliefert ...

Jede Technologie, die uns um unsere genuinen Fähigkeiten »erleichtern« will, erzeugt einen Prothese-Effekt. Wir verlernen eigene Kompetenzen, wenn sie uns »abgenommen« werden.

Als ich noch mit der Ente oder dem Golf zu Lesungen durchs Land fuhr, vor einem Vierteljahrhundert, hatte ich die Stadtpläne vieler Städte im Kopf und wusste ungefähr, wo der Bahnhof im Verhältnis zur Buchhandlung liegt. Ich implementierte das Bild einer Stadt, was ein Gefühl von Weltmächtigkeit und genereller Orientierung erzeugte. Heute fahren wir nur von Punkt zu Punkt und leben in einer unverbundenen Punktewelt. Wenn das Navi ausfällt, sind wir desorientiert. Es ist wie beim Drogengenuss. Wenn wir Drogen nehmen, werden wir nicht deshalb süchtig, weil irgendein chemisches Molekül die Kontrolle über uns übernimmt, sondern weil die körpereigenen Produktionen eines ähnlichen Moleküls zurückgefahren werden.

Wenn wir uns mit immer mehr Technologie umgeben, fühlen wir uns auf paradoxe Weise immer ohnmächtiger. Weil Abhängigkeiten entstehen, die unsere Selbstwirksamkeit beeinträchtigen. Wie kann man dieses Dilemma lösen? Durch »Wise Tech« statt Smart Tech. Also durch Technologien, die uns neue Fähigkeiten verleihen, uns aber gleichzeitig ermächtigen. Die uns auf geschickte Weise in Routinen stören, die uns nicht guttun. Aber wie soll das gehen?

Der Unterschied zwischen »neu« und »besser«

Welche dieser Erfindungen haben das menschliche Leben wirklich verbessert?

- a) das Wasserklosett
- b) Penicillin
- c) die Waschmaschine
- d) die Atombombe
- e) das Smartphone

In diesen fünf Technologien wirkt der Prothese-Effekt unterschiedlich stark. Hat etwa das Wasserklosett, zusammen mit dem Sanitärsystem, uns etwas »entlernen« lassen? Ganz fanatische Naturapostel könnten jetzt vielleicht die grundgesunde Haltung beim gebückten Defäkieren anführen, wie sie heute noch in vielen Teilen des Planeten üblich ist, oder von den Abwehrkräften schwärmen, die durch ständige Infektionen angeblich gesteigert würden. Aber das ist ideologisch begründeter Unsinn. Die Kosten-Nutzen-Rechnung für das Sanitärsystem lautet »win-win«. Ähnliches gilt für die Zufallsentdeckung des Penicillins. Ironisch gesprochen hat uns das zwar das frühe Sterben verlernen lassen, aber das erscheint mir als hinnehmbarer Verlust. Vielleicht hat Penicillin sogar den Niedergang der großen Religionen eingeleitet. Früher konnte man, wenn jemand sich eine schwere Infektion zugezogen hatte, nur beten. Jede kleine Wunde, jede Ansteckung, konnte zum Tod führen. Allerdings nehmen wir heute zu viel Antibiotika und nicht immer die zur Erkrankung passenden. Das führt zu einem neuen Problem: resistente Keime.

Die Waschmaschine hat zumindest in ihrer Frühphase eine Menge zur Umweltverschmutzung beigetragen. Aber es gibt einen wunderbaren Film, der diese Erfindung ganz oben auf dem Treppchen des echten humanen Fortschritts ansiedelt.[19] Der Globalstatistiker Hans Rosling erklärt uns darin die unglaublichen Auswirkungen des automatisierenden Waschens auf das Bildungsniveau der Frauen und ihrer Abkömmlinge. Erst wenn das mühsame Geschäft des Kleiderwaschens rationalisiert wird, haben Frauen mehr Zeit, sich um ihre Kinder zu kümmern und die eigene Bildung und die der Kinder voranzutreiben. Man mag auch das als frauenfeindlich denunzieren, aber zumindest war es ein wichtiger Schritt in Richtung Bildungsorientierung – mit vertretbaren Nebenwirkungen.

Jetzt aber wird es heikel: Die Atombombe hat ohne Zweifel schreckliches Leid über uns gebracht, ganz zu schweigen von den Ängsten des Kalten Krieges und den bizarren Kosten für die Entwicklung dieser Massenvernichtungsmittel. Aber sie hat auch die Schwelle zum Krieg so stark angehoben, dass die Zahl der bewaffneten Großkonflikte seit Mitte des 20. Jahrhunderts massiv zurückgegangen ist. Krieg oberhalb einer gewissen Schwelle ist heute kaum mehr vorstellbar, weil man ihn nicht gewinnen kann. Ist das also aus humanitärer Sicht eine erfolgreiche Technologie?

Auch beim Smartphone findet sich diese Ambivalenz. Hat das Smartphone das menschliche Leben wirklich verbessert? Steht unter dem Strich ein Nettogewinn? Jeder findet darauf je nach eigenen Bedürfnissen und Ansprüchen eine andere Antwort:

- Das Smartphone hat die Grenzen zwischen Arbeits- und Privatsphäre, zwischen Raum und Zeit durchlässiger gemacht. Das ist eine enorme Leistung. Aber es hat auch geschützte Räume, Zeitsouveränität, zerstört.
- Das Smartphone ist Teil jener gewaltigen Verschiebungskaskaden des Kommunikativen, die uns schreckliche Phänomene wie Hate Speech, Fake News und eine andauernde, von Hysterie geprägte Erregungskultur eingebrockt haben.
- Das Smartphone fördert und erzeugt neue Formen narzisstischer Kulturtechniken. Es dient der extremen Steigerung von Selbstinszenierungstendenzen, die man etwa im Selfie-Kult und seinen Abwandlungen ablesen kann.

Warum schneidet das Smartphone in unserem Humanitätstest so schlecht ab? Antwort: weil es fundamental in die menschliche »Verbindlichkeit«, sprich Kommunikationssysteme eingreift. Von allen fünf Technologien verhält sich das Smartphone am ehesten wie ein Parasit. Es sprengt den natürlichen Rahmen menschlicher Sozialsysteme. Es ist ein Alleskönner. Es konfrontiert uns mit unseren hellen, aber auch mit den dunklen Seiten. Steve Jobs, wir müssen noch mal reden ...

Wie sieht die Zukunft des Smartphones aus? Heute schon

ist abzusehen, dass die technische Entwicklung des Geräts ihren Zenit erreicht hat. Natürlich wird es noch klappbare Geräte geben und Watches mit mehr Funktionen. Aber alle Anzeichen deuten darauf hin, dass eine Rekursion bevorsteht. Einige werden das Smartphone ganz weglegen und »omline« gehen. Einige werden es sich, literarisch gesprochen, ins Gehirn transplantieren. Die meisten werden es immer selektiver nutzen. Die Wahrscheinlichkeit, dass dann wieder differenzierte Geräte entstehen, die etwas Bestimmtes, und nicht alles, gut können, ist ziemlich hoch. Easy-Phones drängen jetzt schon auf den Markt. Das Smartphone wird sich im Gebrauch wieder *differenzieren*. Und dabei werden neue Bewältigungsfähigkeiten entstehen. Technologie stört uns, verführt uns, aber wir lernen auch, uns ihr gegenüber zu behaupten.

Technologien erzeugen neue Soziotechniken. Das ist humantechnische Co-Evolution. Erst dann entsteht bessere Technik – im Unterschied zur neuen. Wer in der Auseinandersetzung zwischen Technik und Mensch die Führung innehat, ist nicht endgültig auszumachen. Sonst hätte Jibo längst alle Wohnzimmer der Welt übernommen und uns in geistig minderbemittelte Roboterpfleger verwandelt. Oder wir würden längst wieder mit Steinkeilen aufeinander einprügeln statt mit Hassmails und durch Cybermobbing.

Die Zukunft: Diskrete oder würdevolle Technologie

Wer einen Abakus benutzt, jenes altmodische Rechengerät mit den bunten Kugeln an parallelen Metallstäben, tritt in eine Win-win-Synthese mit Technologie ein. Der Abakus verlagert sich sozusagen ins eigene Hirn, und dadurch kann man irgendwann mit ihm rechnen, indem man die Kugel im Kopf hin und her schiebt. Hier entsteht ein *Empowerment*, wie wir es uns von zukünftigen Technologien wünschen.

Eines der besten Instrumente, um den technologischen Pfad zu steuern, ist der Flop. Unglaublich vieles, was uns heute noch als der letzte technische Schrei präsentiert wird, scheitert einfach an mangelnder Nachfrage. Das liegt aber nicht immer daran, dass das jeweilige Produkt noch »unreif« war. Siehe Jibo. Sondern daran, dass es nicht zu unserem menschlichen Bedürfnissystem passte.

Gefloppt ist beispielsweise Google Glass, der große Versuch von Google, endlich »augmented reality« in den Alltag einzuführen. Gefloppt ist weitgehend auch das 3-D-Kino und das 3-D-Fernsehen. Ohne dass es sonderlich aufgefallen wäre (ausgestorbene Arten verschwinden ja auch aus unserer Wahrnehmung, mit Ausnahme der Dinosaurier, dieser allegorischen Ikonen), hat sich das 3-D-Kino auf Dauer als wenig ergiebig für die Filmentwicklung herausgestellt. Gefilmt wurde am Ende nur noch das, was durch die Luft flog. Viele tolle Technologien erwiesen sich eher als Nischenprodukte denn als Massenartikel, etwa die Cyber-Brillen und die Segways, die heute durch transportfähigere Elektroroller ersetzt werden (was wiederum andere Organisationsprobleme erzeugt).

Durch Markt-Flops imitiert die technische Evolution die biologische Evolution. In der kommt es ständig zu Aussterbeprozessen, zum Verschwinden nichtangepasster Arten (dass dieser Prozess durch Menschen beschleunigt wird, heißt nicht, dass er ohne uns nicht stattfände). Die menschliche Kultur sortiert Technologien immer wieder aus oder verbannt sie in Nischen, wenn ihre Nachteile groß sind. Etwa die Atomkraft. Auch die Gentechnik, das »next big thing«, wird einiges an humaner Selektionskraft erleben, bevor sie so verbreitet ist wie heute ein Smartphone. Und die viel gepriesene KI wird einer Ernüchterungsschleife unterzogen, in der wir ihre wahren Fähigkeiten testen und abwägen. Sie muss sich bewähren. Ich bin mir sicher, dass ihre Fähigkeit, Go und Schach zu spielen, letztlich irrelevant ist.

Wir brauchen eine neue Achtsamkeit in Bezug auf Technologie. Der Schlüssel dazu ist *Design*. Design ist viel mehr als Oberflächengestaltung. Steve Jobs wusste das und widmete sein Leben einer Technik, die uns »entgegenkommen« sollte, am Ende aber wohl zu sehr in uns hineingekrochen ist. Gutes Design lässt uns die Wahl zu reagieren oder auch nicht. Gutes Design will uns nicht mit Gewalt zu irgendwelchen Funktionen verleiten. Gutes Design steht immer im Kontakt mit den humanen Kontexten. Gutes Design setzt Technik ins richtige Maß, »Rightsizing« nennt sich das. Sie kann auch »Low High Tech« sein, also die raffinierte Kombination von alter, bewährter und neuer, spektakulärer Technik. Kürzlich war ich in einer wunderbar innovativen Kamin-Firma zu Gast, die den Geist des Feuers, dieser uralten menschlichen Technologie, mit digitalen Nutzungs- und Steuerungssystemen kombiniert. Eine zukunftsgerechte Alternative zu deprimierenden Flachbildschirmen, auf denen die Video-Endlosschleife eines Kaminfeuers läuft.

Würdevolle Technologie ist jene Technik, in der wir als nichtperfekte Wesen vorkommen. Die nicht verspricht, was sie nicht halten kann. Durch die ein Nettogewinn hinsichtlich der humanen Entwicklung entsteht. Ihr Prothese-Effekt ist gering, sie gibt uns etwas hinzu. Gleichzeitig fordert sie uns heraus, uns in Richtung *Selbstkompetenz* zu bewegen. Das erfordert allerdings auch unsere aktive Beteiligung an der Auseinandersetzung zwischen Technik und Mensch: so etwas wie humantechnische Emanzipation.

Zukunftsübung Nr. 5:
Nehmen Sie würdigen Abschied von Ihren Gadgets

Der Buddhismus sagt uns, dass alles Leiden durch überzogene Ansprüche und Erwartungen entsteht. Um unser Leiden an Technologie zu begrenzen, schlage ich deshalb eine Trauerübung vor, in der wir den technischen Abschiedsschmerz bewusst annehmen.

Gehen Sie in den Keller oder wo auch immer Sie Ihre ausrangierten Gegenstände lagern. Suchen Sie die Kiste oder das Abteil mit den stillgelegten technischen Gegenständen, den Gadgets, zu denen Sie einst ein emotionales, ein dopaminerges Verhältnis hatten. Es ist nicht unwahrscheinlich, dass Ihr ganzer Keller diese Kiste ist. Die wuchtigen Stereoanlagen aus der Pop-Zeit (erinnern Sie sich an den Geruch der heißen Röhren/Transistoren?). Die toten Fernseher, die alten Spielekonsolen mit den Floppy Disks. Die abgelegten Fitnessbänder, die vergessenen Radiowecker, die verdreckten Keyboards, die sechs Generationen von iPods, iPhones und Laptops. Labyrinthisch umhüllt von hundert Netzteilen mit Kabelwirrwarr ...

Was hat die Stereoanlage, mit der wir, wenn die Eltern weg waren, Zappa oder ABBA auf voller Lautstärke spielten, in unseren Synapsen hinterlassen? Wie viele Jogging-Runden haben wir wirklich auf dem Fitnessband gedreht? Welche mentalen Spuren hat das tolle Controllerteil in uns hinterlassen, das Armeen von Raumschiffen in den Weltraum lenkte? Wie hat uns all das konstruiert oder dekonstruiert, innerlich bereichert oder verarmt? Was ist davon bis heute wahr und wichtig?

Verbeugen Sie sich vor diesen Prothesen Ihres Seins und Werdens: Würdigen Sie die Grazie menschlicher Artefakte. Erweisen Sie dem Metallschrott die letzte Ehre, die wahre Referenz. Er beinhaltet eine Botschaft an die Zukunft. Rest in peace! Und dann ist es an der Zeit, laufen zu gehen, zu gärtnern oder lange Spaziergänge am Meer zu unternehmen. Mit anderen Worten: Soziotechniken zu üben, von denen wir als Menschen wahrhaftig abhängig sind.

ZUKUNFTSREGEL 6

Erkenne den wahren Sinn von Visionen

Menschen sind zu einem erstaunlichen Trick in der Lage: Sie können Realitäten erschaffen, indem sie sie zunächst in ihrem Bewusstsein erfahren. Wird ein Traum in dieser Weise geteilt, wird die aktuelle Realität dagegen gemessen. Der Traum wird zu einer unsichtbaren Kraft, die uns vorwärts zieht. Etwas zu imaginieren, macht es real.
BRIAN ENO, »THE BIG HERE AND LONG NOW«

Als Zukunftsforscher werde ich oft mit dem drängenden Bedarf nach Visionen konfrontiert. »Was ist Ihre Vision für Europa? Wie wird die Welt in hundert Jahren aussehen? Geben Sie uns eine Vision für die Zukunft der Milchindustrie, der Steuerberatung oder der Staubsaugerbeutelbranche!«

Wer Visionen hat, sollte zum Arzt gehen. Das sagte einst Helmut Schmidt. Je mehr ich diesen staubtrockenen Satz innerlich abwäge, desto besser gefällt er mir. Irgendwie. Er ist natürlich ein bisschen sarkastisch, so war eben Helmut Schmidt. Aber er hat auch einen wahren Kern.

Schon klar: Eigentlich sind Visionen kein Grund für einen Arztbesuch. Eher das Gegenteil ist richtig: Wer keine Vorstellung von Zukunft hat, nicht auf das gespannt ist, was wird, der leidet an einer Depression. Darin liegt ja das Wesen von Depression: dass es keine Zukunft gibt, nichts, was man erreichen möchte. Das führt zu Dopaminverlust im Hirn. Dopamin ist jene körpereigene Droge, die uns antreibt, motiviert, etwas zu schaffen – etwa Neues zu generieren. Und uns dabei zu verändern. Ohne Vision verschwindet nicht nur das Neue, sondern die Idee von Veränderung aus unserem Leben.

Aber eine Vision kann auch gefährlich werden. Und das hat der gute Helmut Schmidt, Gott leere seinen Aschenbecher, wohl gemeint. Schmidt sprach nicht zuletzt aus der Erfahrung eines Zeitzeugen des Nazi-Reiches. Ohne Zweifel war Hitler ein großer Visionär. Aber kein gutwilliger. Visionen haben eine ungeheure Macht, wenn sie als umfassende Deutungsnarrative von uns »Besitz ergreifen«. Deshalb ist ein richtiger Umgang mit Visionen für die Gesellschaft, die Unternehmen, aber auch für das persönliche Leben von entscheidender Bedeutung. Damit das gelingen kann, ist es notwendig, drei Begriffe klar zu unterscheiden:

Vision
———

Utopie
————————

Prophezeiung

Utopie – Die verengte Zukunft

Als der Kambodschaner Pol Pot, alias Saloth Sar, geboren 1928, in den Sechzigerjahren an der Pariser Sorbonne Politologie studierte, wurde er mit den radikalen kommunistischen Ideen der französischen Nachkriegsintellektuellen konfrontiert. Daraus konstruierte er eine einfache, bestechende, tödliche Utopie. Um das Monster des weltweiten Imperialismus zu besiegen, müssten demnach in einem Entwicklungsland alle Stände und Klassen abgeschafft werden. Nur so ließe sich verhindern, dass der imperiale Kapitalismus sich durchsetze. Da die Bourgeoisie in Städten lebe, ja förmlich ausgebrütet werde, müssten alle großen Städte zerstört werden. Alle Menschen müssten in die Lebensweise eines Bauern- und Arbeiterkollektivs eingegliedert und für die rechte Volksgesinnung umerzogen werden, unter Führung der kommunistischen Partei.

Für diese Utopie war Pol Pot zu allem bereit. Und er realisierte sie tatsächlich.

Utopien sind Vorstellungen eines Idealzustands. Sie sind narrative Imperative. Sie sind deshalb so faszinierend und attraktiv, weil in ihnen die quälende Widersprüchlichkeit des Lebens, der menschlichen Existenz, aufgehoben erscheint. Utopien sind Erlösungsfantasien, die die Welt als ein vollkommen planbares »Außen« betrachten. Um sie zu verwirklichen, braucht es vor allem Macht. Brutale, vollständige, totalitäre Macht.

Pol Pot war Marxist. Obwohl Marx nie eine zukünftige Gesellschaft konkret beschrieb – seine Kategoriensysteme waren ökonomisch-idealistisch, nicht konkret-humanistisch –, hat der Mann mit dem Bart immer neue Wellen von Utopismen mit verheerenden Folgen inspiriert. Pol Pots Utopie forderte zwei Millionen Tote und ungeheures Leid. Die nationalsozialistische Utopie der Volksgemeinschaft unter der Losung »Ein Reich, ein Volk, ein Führer« kostete 60 Millionen Menschen das Leben, und die bolschewikische Utopie wahrscheinlich noch mehr. Utopien hinterlassen verbrannte Erde, zerstörte Kulturen und deprimierte, um ihren inneren Lebensimpuls gebrachte Menschen.

Utopien wirken auf uns, indem sie die Komplexität des Lebens auf einen Fixpunkt zusammenschnurren lassen. Dabei setzen sie gigantische idealistische Energien frei, die in ihrem Kern religiösen Charakter haben. Che Guevara prangt als jesuanische Ikone bis heute auf T-Shirts und Handtüchern, obwohl er nichts anderes war als ein tragischer, idealistischer Typ, der mitten in eine Revolution geriet und so ziemlich jeden nur denkbaren Fehler beging.

Utopien wollen den Menschen selbst verändern. Das Bauhaus wollte »den Neuen Menschen in neuer Umgebung aufbauen« (Walter Gropius).

Utopien scheitern immer an sich selbst. Weil die »Lösung« immer gleichzeitig das Problem ist. Denn sobald man eine Utopie realisiert – was eigentlich gar nicht möglich ist –, erweist sie sich als eine brutale Reduktion des Möglichkeitsraums. Sobald die Revolution ausgerufen ist, erweist sie sich als Fehlspekulation. Denn die Erlösung findet nie statt. Eine Utopie, die mit der Realität konfrontiert wird, verwandelt sich in eine Wüste aus enttäuschten Wünschen. Sie stirbt an ihrer Statik und nutzt Menschen nur noch als Material. Dann beginnt der Terror gegenüber denjenigen, die nicht glauben, dass die Utopie bereits verwirklicht ist. Utopien, die sich in Revolutionen »verwirklichen«, sind Terrormaschinen zur Erzeugung von Verrätern.

Viele kluge Denker haben diesen selbstzerstörerischen Aspekt der Utopie beschrieben. Karl Popper und Hannah Arendt widmeten ihr Lebenswerk der Tragik des Utopischen. Natürlich gab es auch andere Zugänge zum Utopischen – Campanellas *Sonnenstaat* oder Thomas Moores *Utopia* waren Versuche, utopische Zustände allegorisch, im Geiste zu sondieren. »Utopia« ist eigentlich der Ort, der zugleich ein Nicht-Ort ist. Heute sind die großen sozialen Utopien in die Technologie abgewandert. Der Glaube an die künstliche Intelligenz, an unser Aufgehen im Datenraum, ist die Utopie der Neuzeit. Digitalisierung soll alle unsere Probleme lösen und uns endlich zu einer ewigen »dataistischen« Gerechtigkeit führen.

Prophezeiung – Manipulation des Inneren

Propheten nutzen mächtige Metaphern, überstarke Bilder, um Menschen emotional zu bewegen. Anders als Utopisten gründen sie keine Komitees zur Ergreifung der Macht, vielmehr arbeiten sie mithilfe direkter Beziehungen. Oft beschwören Propheten ein »Event« – ein bestimmtes Ereignis, das es herbeizuführen oder zu vermeiden gilt. Ein Prophet gibt seinen Jüngern einen Lebenssinn, indem er an ihre tiefen Ängste und Wünsche appelliert. Er verspricht Wirkungsmacht, die er selbst kanalisiert (Prophet*innen* sind selten – warum wohl?).

Der Bedarf an Propheten wird immer hoch sein. Das liegt an unserer inneren Sehnsucht nach Wirkungsmacht. Nach einer Instanz, die uns an die Hand nimmt und unsere innere Verwirrung ordnet.

Während Utopien einen abstrakten Endzustand versprechen, zielen Prophezeiungen auf eine personale Transformation. Der Prophet rückt uns zu Leibe, er nimmt Verbindung mit uns auf, er ist »leibhaftig«. Mit Propheten gerät man in eine Liebesbeziehung, das Prophetische zielt auf Herstellung von Gemeinschaft im Hier und Jetzt; die Utopie ist von Beginn an gewährleistet. Deshalb scheitern Propheten anders als Utopisten nicht an Systemversagen, sondern eher an Herzversagen. Nicht an Terror, sondern an Leere.

Propheten können durchaus in die Freiheit führen, wie Moses sein Volk Israel. Aber danach wird es schwierig. Prophetie ist Herrschaft über Symbole und Meme. Ein Prophet kann uns erklären, dass Aliens vor Millionen Jahren auf dem Planeten landeten und dass sie demnächst wiederkehren wollen, und schon versinken wir in einer seligen Form von Staunen. Sie können aber auch Lust und Befreiung versprechen, indem sie uns mit gütigen Gesten zum Tanzen bringen.

Kein soziales Großexperiment hat diese Dynamik schöner aufgezeigt als die Bhagwan-Bewegung. Der Aufstieg des indischen Gurus Osho mit seinen Sanyassins in den Achtziger- und Neunzigerjahren war ein wichtiges prophetisches Experiment der Gegenkultur. Bhagwan sammelte die verstörten Sinnsuchenden des individualistischen Aufbruchs der Sechzigerjahre und gab ihnen mentalen und sozialen Halt (unter anderem durch Befreiung der Sexualität). Die utopische Kommune von Oregon, eine Erlösungsstadt mit zigtausend Einwohnern, wurde ein Exempel dafür, wie prophetische Bindungskräfte menschlicher Gemeinschaften zugleich gigantische Zentrifugalkräfte entfesseln. In seinem amerikanischen Super-Aschram ließ er den schwarzen Engel Sheela gewähren, seine glühendste Jüngerin, die mit harten Bandagen und schließlich kriminellen Methoden gegen die ungläubigen Feinde der Kommune kämpfte. Und dadurch die spirituellen Energien zerstörte, die Bhagwan zu einem Massentherapeuten gemacht hatten (die Geschichte ist großartig in *Wild Wild Country* auf Netflix erzählt).

Vision – Die Zukunftsverbindung

Visionen sind anders – wenn wir sie nicht mit Utopien und Prophezeiungen verwechseln. Richtig »konfiguriert«, ermöglichen sie uns ein lebendiges Verhältnis zur Zukunft. Sie regen unsere Dopamine, unsere »Zukunftshormone« an, statt uns in mentale Geiselhaft zu nehmen.

Visionen müssen nicht großartig oder allumfassend sein, sie können sich auch ihre Wege im Kleinen und Überschaubaren suchen. Eine private Vision ist ebenso berechtigt wie eine gesellschaftliche, sie kann bescheiden sein und trotzdem wirken. Visionen sind also skalierbar. Oft entfalten sie ihre eigentliche Schönheit und Wirkung gerade im Kleinen.

Was Visionen von Utopien und Prophezeiungen vor allem unterscheidet, ist ihre Wandelbarkeit. In eine Vision muss man sich *hineinfühlen*. Sie ist kein Ergebnis, sondern ein Prozess.

Visionen sind Beziehungsarbeit mit der Zukunft. Wenn wir eine Vision »umsetzen«, heißt das nicht, dass wir sie »befolgen«. Wir tasten uns an eine neue Wirklichkeit heran. Visionen haben kein Reißbrett und auch keinen großen Plan. Sie entstehen eher durch einen Prozess der bewussten Variation und Auswahl. Versuch und Irrtum, die aber in eine bestimmte Richtung weisen. Visionen »kreuzen« wie ein Segelschiff auf einem Kurs, der sichtbar, und gleichzeitig variabel bleiben muss. Der sich beim Segeln korrigieren lässt.

- Gute, also nützliche Visionen, sind *Skizzen,* die sich bei der Annäherung langsam konkretisieren.
- Sinnvolle Visionen locken uns aus unseren Komfortzonen, indem sie klischeehaften Vorstellungen *Varianz* hinzufügen. Sie beinhalten gut gestellte Fragen an die Zukunft.
- Guten Visionen wohnt immer eine gewisse Leichtigkeit inne. Sie gehen mit der Zukunft spielerisch, vielleicht sogar humorvoll um.
- Produktive Visionen verweisen nicht auf eine jenseitige Zukunft, sondern auf eine Entwicklung, die im Hier und Jetzt bereits Fahrt aufnimmt: »Die Zukunft hat schon begonnen – achten wir darauf!«
- Gute Visionen machen Wandel nicht einfach, aber leichter. Sie nutzen das Staunen als Energiequelle.
- Wirklich große Visionen erzeugen auf der Gefühlsebene kein Machtgefühl. Sondern Ehrfurcht. Ehrfurcht ist das Gefühl, das entsteht, wenn wir mit dem *Wunderbaren* konfrontiert sind. Das Wunderbare ist das, was sich auch ohne unser Zutun, unsere Kontrolle zusammenfügt. Womit wir beschenkt werden.
- VISIONEN ...
  1. finden das Groß-artige in kleinen Schritten.
  2. stellen die Fragen von der Zukunft her.

3. führen »Mind« und »Handeln« zusammen.
4. arbeiten lustvoll mit Provisorien.
5. überwinden Angst durch Verbindung.
6. sind ein Prozess, kein Ergebnis.
7. machen die Welt wieder frisch!

In einem authentischen visionären Prozess treten wir also mit der Zukunft in eine lebendige Beziehung ein. Wir überwinden den Schwindel, die Angst vor der Zukunft, indem wir uns mit der möglichen Zukunft in uns selbst verbinden. Jordan B. Peterson bezeichnet Visionen als Rahmen, der Unsicherheit und Ängste reduziert:

> »Unterschätzen wir nicht die Zugkraft von Visionen und Zielen. Dies sind unwiderstehliche Kräfte, die fähig sind, scheinbar unüberwindbare Widerstände in begehbare Wege und erweiterte Möglichkeiten zu verwandeln. Sie stärken das Individuum. Beginne bei Dir selbst. Definiere, wer Du bist. Entwickle Deine Persönlichkeit weiter. Wähle Dein Ziel, indem Du Dein Sein artikulierst. Wie Nietzsche sagte: Wer ein Warum kennt, kann jedes Wie ertragen.«[20]

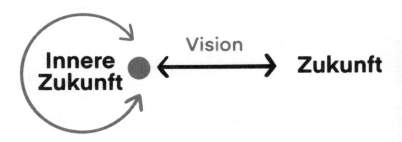

Zukunftsübung 6:
Lernen Sie »Mission« und »Purpose« von Unternehmen zu unterscheiden

In dieser Übung übertragen wir die Unterscheidung zwischen Utopie, Prophezeiung und (produktiver) Vision auf die Unternehmenswelt. Wie wirken Visionen in Organisationen? Woran erkennt man, ob eine Firma sich in eine Utopie oder Prophezeiung verrannt hat, also in eine Verengung ihrer Ziele, aus der sie nur schwer wieder herausfindet, oder einer lebendigen Vision folgt?

Um das erkennen zu können, ist es hilfreich, zwischen den Kategorien *Mission* und *Purpose* zu differenzieren. Ein visionsloses (oder visionsschwaches) Unternehmen ruft dauernd neue »Missionen« aus – Spar-Missionen, Optimierungs-Missionen, Exzellenzpläne und so weiter. Solche unruhigen taktischen Manöver sind immer ein Anzeichen dafür, dass das Unternehmen seinen inneren Sinn verloren hat, seine »Visions-Identität«, die ich hier mit dem englischen Wort »Purpose« erklären möchte.

Erinnern Sie sich an Georg W. Bushs Auftritt auf dem Flugzeugträger Abraham Lincoln, am 1. Mai 2003, sechs Monate nach Ende des verpfuschten Irakkriegs? »Mission completed« lautete die Botschaft. Und dann fing der Ärger erst an, der schließlich zum Aufstieg der Terrororganisation IS führte und eine ganze Region in den Abgrund des Krieges stürzte.

Eine *Mission* hat, wie der Name schon sagt, etwas Missionarisches an sich. Und das ist dem Prophetischen nah. In Missions-Unternehmen geben sich die Rationalisierungsberater die Klinke in die Hand, die Zulieferer werden unter Druck gesetzt, und das Management ist sich über das eigene Wertschöpfungsmodell im Unklaren, übertönt dies aber durch starke Sprüche, sogenannte Mission Statements: »Wir werden im nächsten Jahr den Umsatz um 30 Prozent erhöhen und das EBIT verdoppeln!« – »Wir sind fest davon überzeugt, dass es gelingen wird, die XY-Sparte gewinnbringend zu verkaufen, um uns auf unser Kerngeschäft ...« – Das sind typische Verschleierungen der Tatsache, dass das Unternehmen seine innere Orientierung, seinen Sinn, verloren hat.

Purpose ist wie »Mind« ein Wort, das sich nur schwer ohne Sinnverlust aus dem Englischen transferieren lässt, weil es eine komplexere Ebene anspricht. »A Mission is the *what* you are trying to accomplish, the purpose is the *why*«. *Purpose* ist nicht: Absicht, Zweck, Ziel, Bestimmung. Sondern eher: Sinn, Daseinsberechtigung, Aufgabe, Wesen. Man könnte auch sagen: Zukunfts-Code. *Purpose* schildert den Kern, die »Seele« des Unternehmens in Form einer Narration, drückt aber auch die Beziehungen des Unternehmens zu seiner Umwelt aus. Zu den Kunden und deren Bedürfnissen. Zur Gesellschaft, der Kultur, den realen Märkten und darüber hinaus, etwa auch zur Ökologie. Die eigentliche Frage lautet:

Was ist unsere Bedeutung für unsere Stakeholder und Kunden?

»Missions-Unternehmen« wollen von uns Zukunftsforschern immer exakte Prognosen hören, nach denen sie sich richten können. Sie sind im Grunde planwirtschaftliche Organisationen mit einem sehr eingeengten Ziel: Profitsteigerung. Man erkennt es anhand der ausschließlichen Fixierung auf die Bilanz.

Mark Zuckerberg predigte zehn Jahre lang, bis Facebook unter massiven Druck geriet, eine einzige starre *Mission*:

»An erster Stelle stand für mich immer unsere Mission, Menschen zu vernetzen.«

Steve Jobs hatte immer nur einen *Purpose*: Er wollte Computer bauen, die sich human bedienen ließen.

MISSION	PURPOSE
■ Definiert Wachstumsziele	■ Definiert Sinn-Ziele
■ Orientiert sich an Problemen	■ Orientiert sich an Lösungen
■ Orientiert sich an Konkurrenten/ Shareholdern	■ Orientiert sich an inneren Motivationen
■ **WIE und WAS**	■ **WARUM**
■ Denkt in STEIGERUNGEN	■ Denkt in TRANSFORMATIONEN

Die großen Autokonzerne hatten immer eine *Mission:* die Absatzzahlen zu erhöhen und den Erlös zu steigern, die Weltmärkte zu erobern und den Diesel immer effizienter zu machen ...

Elon Musk mag in seinen Reaktionen oftmals ziemlich verrückt wirken. Aber er hat *Purpose.* Jenseits seiner Leidenschaft, ins All zu fliegen und Elektromobilität sexy zu machen, drückte er das etwas verschroben aus:

»Ich will nicht jedermanns Retter sein. Aber ich will nicht jeden Morgen aufstehen und frustriert über die Zukunftsaussichten der Menschheit in den Spiegel schauen!«[21]

ZUKUNFTSREGEL 7

Verwechsele Dich nicht mit Deiner Angst

Zwischen Reiz und Reaktion gibt es einen Raum.
In diesem Raum haben wir die Freiheit und die Macht,
unsere Reaktion zu wählen.
In unserer Reaktion liegen
unser Wachstum und unsere Freiheit.
VIKTOR FRANKL

Angst ist das vorherrschende Gefühl unserer Epoche. Jeder würde diesem markigen Satz zustimmen, es ist ein typischer Podien- und Feuilleton-Satz. Aber damit fängt es schon an: Stimmt das eigentlich? Woher wissen wir das? Waren Menschen in der Steinzeit, im alten Rom, im Mittelalter, im Biedermeier, in der Weimarer Republik oder in der Nachkriegszeit weniger angstvoll? Waren unsere Jäger- und Sammler-Vorfahren so cool, wie sie in den alten Indianerfilmen immer gezeigt wurden?

»The Age of Anxiety« ist eines der berühmtesten Gedichte der Welt. Der englische Poet W. H. Auden schrieb es im Jahr 1947. In einer Zeit, als den Menschen die Angst vor dem großen Weltenbrand tief in den Knochen steckte. Weil sie gerade einem entkommen waren. Die erste Atombombe war soeben gezündet worden, und ein unfassbares Massaker mit 60 Millionen Toten, der Zweite Weltkrieg, war eben erst zu Ende gegangen.

Gab es jemals eine Zeit, in der die Angst *nicht* »am größten« war?

Angst ist eine Grundkonstitution des Menschen. Was sich allerdings tiefgreifend verändert hat, sind die Kommunikationsformen, die wir nutzen, um mit Angst umzugehen. Mit denen Angst transportiert wird. Angst ist heute nicht ein Gefühl, das kommt und geht und etwas bedeutet. Es ist ein Rohstoff. Ein Aktivposten. Ein Machtfaktor. Wir leben in einer Epoche der verschärften Angst*behauptungen*. Und Angst*nutzungen*. Von Angst*märkten*.

Wenn mir ein Journalist zum gefühlt 10 000sten Mal die Frage stellt:

»... *Aber müssen wir nicht Angst haben, dass in Zukunft ...????*« (künstliche Intelligenz, Klimawandel, Mikroplastik, wachsende Weltbevölkerung, Bienensterben, soziale Spaltung, Altersarmut, Klimakatastrophe, Hungersnöte, Überschuldung, Killerkeime, Messerstecher, Zunahme von Masern – Beliebiges bitte einsetzen und Liste jederzeit erweitern ...)

... dann geht es nicht wirklich um Angst. Es geht um einen Deal, der dadurch zustande kommt, dass man Angst inszeniert. Sie ist Teil einer kommerziellen Emotionsverwertungs-Industrie. Angst ist ein ständiger Verhandlungsgegenstand in jeder Talkshow. Und das Reden über die Angst gebiert immer neue Ängste, immer neue Monstrositäten ...

Die angelsächsische Buchkette Barnes & Noble ließ 2018 verlautbaren, dass die Anzahl der Bücher, die rund um Angst und Ängste kreisen, allein in diesem Jahr um 25 Prozent gestiegen sei. Nach einer Studie der US-Marktforschungsagentur Zion kosten angstbedingte Ausfälle in Unternehmen 925 Milliarden US-Dollar pro Jahr. Die jährlichen mit angstlösenden

Medikamenten erzielten Umsätze liegen bei mehreren Hundert Milliarden US-Dollar im Jahr, Tendenz stark steigend, auch in China.

Noch mehr Grund, Angst zu haben ...

> *We live in an age of anxiety, and we can't blame it all on Trump.*
> KLEAN INDUSTRIES, ONLINE-NEWSLETTER (8.8.2018)

Ja, wir *müssen* Angst haben. Weil Angst zu unserem Wesen gehört. Wir »stammen« sozusagen aus der Angst. Ohne Angst können wir uns gar nicht als Gesellschaften und Individuen konstruieren. Die Angst ist eine Art Container, der uns vor Gefahren schützt. So hat es die Evolution jedenfalls eingerichtet. Und das bislang ziemlich erfolgreich.

Unsere Urvorfahren, die in einer Umwelt von wilden Tieren, feindlichen Stämmen und tödlichen Krankheiten lebten, mussten wahrhaftig Angst haben. Sonst hätten sie kaum lange überlebt – und wären nie unsere Vorfahren geworden. Die Rotverschiebung unserer Wahrnehmung, unsere ganz besondere Fähigkeit, Muster zu erkennen, die auf Gefahren hinweisen, hat uns dazu gebracht, Wachsamkeit zu entwickeln. Angst macht erfinderisch. Ist sie doch die mobilisierende Kraft, die uns auf Flucht oder Kampf vorbereiten soll. Wenn wir ins Phlegma fallen, in die Resignation, in die ewige Komfortzone, dann kann sie als lebensbejahende Gegenkraft funktionieren. Angst ist in einem komplexen Hirn immer auch mit unserem Zukunftssinn verbunden: Sie kurbelt unsere »Visionen« an. *Wie könnte es sein? Wie könnte es werden? Was können wir tun?* Das, was wir als »Angstgrübeln« kennen, war in der gefährlichen Umwelt unserer Urvorfahren lebenserhaltend. Unser antizipierendes Hirn kann sich Bilder von Gefahrensituationen ausmalen und in tausend Varianten durchspielen. Das ist die Gabe des *homo prospectus*, des vorausschauenden Menschen.[22]

Durch die Angst sind wir mit der tiefen Vergangenheit der Menschheit verbunden, mit lang zurückliegenden Traumatisierungen. Angstbilder werden auf vielfältige Weise im kollektiven Speicher, in den Memen, abgelegt. So werden kollektive Erinnerungen des Schreckens immer auf neue Weise aktualisiert.

Große Fluten können kommen!

Das Land kann veröden und verdorren, die Tiere kommen nicht zurück ...

Der Terror der Fremden droht!

Unsere Vorfahren haben das ein ums andere Mal erlebt – und wer überlebte, konnte davon berichten, konnte das Angst-Mem weitergeben. Jedes Land, jede Gesellschaft hat eine eigene Angstkultur, die in ihren historischen Traumatisierungen wurzelt. Die Deutschen fürchten sich besonders vor Krieg und Geldverlust. Die Amerikaner verherrlichen die individuelle Freiheit und fürchten den Staat, weil ihre Vorfahren die Unterdrückten Europas waren (dabei verdrängen sie gerne ihre Schuld an der fast vollständigen Ausrottung der indigenen Völker Nordamerikas). Chinas Ängste gelten vor allem der Abwertung durch fremde Völker und dem inneren Chaos, welches das riesige Land über viele Jahrhunderte durchlitt. Die Russen haben immer wieder erlebt, wie Heere aus dem Westen kamen und ihr Land verwüsteten.

Aber Angst ist noch mehr als ein Gefühl und eine Erinnerung. Sie ist eine Mobilisierung – des Körpers und der Sinne. Angst basiert biochemisch auf der Wirkung von Adrenalin. Sie reduziert die Verdauung und erhöht die Muskelspannung, beschleunigt das Herz und schärft die Sinne. Das ist aufwendig für den Organismus. Deshalb kann man das Angstgefühl meist nicht über längere Zeit aufrechterhalten. Angst ist eine biochemische Kaskade mit Halbwertszeit. Die Angstmoleküle werden nach einer gewissen Zeit chemisch wieder abgebaut. Das Herz rast nicht unbegrenzt (und wenn, dann bringt uns das ziemlich sicher um).

Wenn wir über heutige Angst sprechen, geht es also eigentlich um generalisierte Furcht. Ein Alarmzustand, der sich unspezifisch an verschiedene Motive und Reize anheften kann. Angst wirkt in der Angstgesellschaft wie ein freies Radikal, das ganz verschiedene Affektkaskaden in Gang setzen kann: Zorn und Hass. Oder Wut und Widerstand. Aber auch Depression, Versagensgefühle aller Art.

Auf diese Weise wird Angst zu einem schleichenden gesellschaftlichen Gift. Wenn wir nicht kämpfen oder flüchten oder etwas bewirken können, bleibt die Angst sozusagen in uns stecken. Sie gerinnt in unserer Seele und macht uns krank. Hohe Dosen von Cortisol im Blut ruinieren die Gesundheit und korrumpieren das Denken. Chronische Angst verlangsamt und verflacht unseren präfrontalen Kortex: Angst macht dumm. Wo Gefahren immer abstrakter werden, sich von uns entfernen, werden sie gleichzeitig immer monströser. Während wir uns in einer immer sichereren Welt rundum fürchten, verlieren wir den Kontakt zu unseren echten, realen Ängsten. Zu den Gefüh-

»Trolleys« von Banksy: Wir bleiben Jäger und Sammler auch mitten im Überfluss

ZUKUNFTSREGEL 7   153

len, die uns wirklich etwas über unsere Zukunft zu erzählen hätten.

Wie sagte der Kabarettist Vince Ebert so schön? »Evolutionsbiologisch ist unser Gehirn nicht primär für die Wahrheitsfindung konstruiert. Genau genommen ist unserem Gehirn die Wahrheit vollkommen wurscht. Es hat sich nicht entwickelt, um herauszufinden, ob die Erde eine Scheibe, eine Kugel oder ein Rotationsellipsoid ist, sondern um in einer überschaubaren Gruppe von 30, 40 Menschen inmitten von Bäumen, Felsen und Säbelzahntigern überleben zu können – und nicht in einer Welt mit Handytarifen, Körperfettwaagen oder mobilen Brezelverkäufern, die in Kassel-Wilhelmshöhe zusteigen.«

Hypermedialität: Die Industrie der Angst

Der große Medientheoretiker Marshall McLuhan sagte schon in den Sechzigerjahren, lange vor der Ankunft des Internets:

»Wir sind von den Nerven der gesamten Menschheit umgeben. Sie sind nach außen gewandert und bilden eine elektrische Umwelt.«

Welche Ressource ist die knappste der Welt? Bis vor Kurzem dachten wir: das Öl. Aber das ist ein Irrtum. Seltene Erden? Die lassen sich zunehmend recyceln oder substituieren. Geld ist heute eher im Überfluss vorhanden; man sieht das an den Anleihezinsen, die sich im Nullbereich bewegen. Noch vor Kurzem waren Daten und Informationen knapp – auf meinen ersten Computer passten nur ein paar Tausend Nullen und Einsen. Aber heute werden auf den Festplatten in jedem Haushalt gigantische Datenmengen gehortet.

Die knappste und am meisten umkämpfte Ressource unserer Zeit ist die *menschliche Aufmerksamkeit*. Der größte Kampf aller Zeiten tobt um die Synapsen unseres Hirns. Der Impuls, der unser Hirn erreicht, ist das geldwerte, das finale Geschäftsmodell. In der entwickelten Konsumgesellschaft kommt alles auf den Absatz an. Und deshalb geht es immerzu, rund um die Uhr, auf Tausenden von Kanälen, die sich ständig vermehren, nur um eines:

Den Reiz, der durchkommt!

In seinem Buch *The Attention Merchants* beschreibt der Kommunikationsexperte Tim Woo, wie die Medien- und Marketing-Industrie schon seit Jahrhunderten daran arbeitet, immer mehr menschliche Aufmerksamkeitsressourcen zu erschließen. Schon zu Beginn des 20. Jahrhunderts gab es Zeitungen, die ausschließlich von der Erfindung von Skandalen, Verschwörungs- und Lügengeschichten lebten – Fake News ist uralt. Seitdem haben sich die Techniken der Aufmerksamkeit sprunghaft weiterentwickelt. Für den großen Durchbruch sorgte das Internet, das es erstmalig ermöglichte, Echtzeitdaten über die Rezeption von Individuen zu gewinnen. In den sozialen Medien wird nun alles zur Echtzeit, zur unmittelbaren Reiz-Reaktions-Kaskade. Unser Hirn, unsere Synapsen, werden selbst zum Resonanzboden, zum Medium eines gigantischen Reaktionsuniversums, in dem nur eines zählt: der Klick.

Das fängt schon bei so etwas Profanem wie dem Wetter an. Es gibt keine Gewitter mehr, auch keinen Frost oder eine Überschwemmung. Es gibt Horror-Hagel und Frostpeitschen und Sintflut-Regen.

Klicken Sie drauf!

Alles, was wir über die Welt wissen, sagte Niklas Luhmann, der Systemsoziologe, wissen wir über die Medien. Der riesige Resonanzraum des Medialen überformt nun die Wirklichkeit auf drei Achsen: Nähe, Intensität und Narration.

Nähe, weil all das, was früher fern blieb – weit entfernte Katastrophen, verborgene Gefahren, fremde Phänomene, Dinge, die uns nichts angingen, einschließlich der Intimitäten einzelner Individuen –, uns nun »auf den Leib rückt«.

Intensität, weil die Welt der Bilder und Reize mit immer höherer Auflösung, immer raffinierteren Choreografien, immer dramatischeren Perspektiven ihre Wirksamkeit erhöht.

Narration, weil die Erzählweisen immer raffinierter werden. *Game of Thrones* ist nichts anderes als eine Mixtur aus »Vergewaltigung, Mord, Inzest und Schnee«, wie Sophie Passmann im *ZEITmagazin* schreibt.[23] Aber die Choreografie ist so geschickt konstruiert, dass wir unweigerlich mitgerissen werden, wenn wir uns einmal auf das Setting einlassen. Drehbücher folgen heute enorm komplexen Mustern von Heldentum, Katharsis und Erlösung, die unsere Seele tief berühren. Das berühmte Netflix-Binge-Watching beruht auf dem Magnetismus archaischer Spannungsrhythmen, denen man sich nur schwer entziehen kann.

Das Ergebnis dieses Wettlaufs um die Erringung der menschlichen Aufmerksamkeit, dieses ständigen Beobachtens-beim-Beobachtens, ist das, was der Autor und Hoffnungs-Aktivist Douglas Rushkoff »weaponized media« nennt – aufgerüstete, scharf gemachte Medialität. Medien sind in einem gewaltigen Rennen gefangen, das keine Gewinner mehr kennt – und dabei kommt es kaum noch auf die Unterscheidung zwischen »Print« und »Digital« an. Auf diese Weise entsteht ein tief greifender Realitätsschwindel, bei dem die Wirklichkeit hinter einem Wirbel aus Imaginationen verblasst. Dieses Gefühl, nicht mehr wirklich in der Realität zu sein, das Reale nicht zu erleben, ist das eigentliche Angstgefühl unserer Zeit. Wir verlieren den Kontakt zur Welt, und daraus entsteht eine einzige, große Angst-Entzündung, eine Inflammation der Befürchtungen.

Das Clickbaiting-Prinzip

Das sogenannte *Clickbaiting*, bei dem man per Mausklick in einen medial ausgelegten Köder (engl. »bait«) beißt, ist ein

Fliegenfischen in der Hypermedialität: Jede Meldung hat einen Haken

Schlüsselphänomen echtzeitbasierter Online-Medien – und die zentrale Wirkweise der Angsterregungs-Ökonomie. Da es im Wertschöpfungsmodell der medialen Plattformen immer um die Anzahl der Klicks geht – danach bemessen sich schließlich die Werbeeinnahmen –, richten sich die Meldungen wie ein Köder an unseren Angst-Interessen aus. »Inhalte« werden zum Beispiel immer in einem *Cliffhanger*-Modus präsentiert:

- »Diese Baby-Bulldogge erlebt zum ersten Mal Regen – und reagiert niedlich ...« *(Klicken Sie hier!!!)*
- »Prostatakrebs: Bei diesen Anzeichen sollten Sie sofort zum Arzt gehen« *(Weiterlesen ...)*
- »Dieser 19-Jährige schießt sich in den Kopf. Doch genau das rettet sein Leben.« ... *(Hier weiterlesen)*
- »Kreative Menschen nehmen mehr Drogen und bleiben länger wach ...« *(Hier weiterlesen)*
- »Männer testen Sexspielzeug – Ergebnis ist unfassbar lustig« *(Klicken Sie hier)*

ZUKUNFTSREGEL 7

- »So erfährt die Mutter, dass sie Krebs hat – hier ihre Reaktion« *(Hier weiterlesen)*
- »Pornografie kann das Leben kosten – hier lesen Sie, warum!« *(Klicken Sie hier)*
- »Pornografie rettet Leben – hier lesen Sie die Story!« *(Klicken Sie hier)*
- »Wie wir mit Robotern schlafen und dabei Spaß haben werden« – *Klick!*
- »Wie der Sex mit Robotern unsere Zivilisation beenden wird« – *Klick!*

Sie sehen: Es kommt nicht im Geringsten darauf an, *was* gesagt wird – es kann genauso gut das Gegenteil sein. In der hypermedialen Welt verliert der Inhalt seine Bedeutung. Es geht um den Reiz, den eine bestimmte Mitteilung im Hirn auslöst. Was lösen die obigen Zeilen in Ihnen aus? Weil wir Neugier-Wesen sind, wahrscheinlich den genuin menschlichen Instinkt: *wissen wollen!* Clickbaiting triggert gleichzeitig mehrere Ängste: die Angst, etwas Sensationelles zu verpassen, und die Angst vor etwas Schrecklichem, einer Gefahr. Oder umgekehrt die Suche nach Erleichterung, die Hoffnung auf Entwarnung oder ein Gefühl der Rührung. Deshalb überleben im Internet so viele Kinder und Haustiere, die aus dem fünften Stock fallen.

Wenn man die Themen, die uns »in den Klick führen«, kategorisiert, kommt folgende Formel dabei heraus:

Fear/**F**ake – Angst- und Verschwörungsgeschichten
Animals (süße Katzen und lustige Hunde)
Sex
Terror (Gewalt)

Der FAST-Code ist von niemandem geplant oder ausgeheckt worden. Er ist das Ergebnis purer Selbstselektion unseres Hirns in der Resonanz des Medialen. Ein Algorithmus der Reize, die im menschlichen Hirn die höchste neuronale Aktivität erzeugen. Ein Fußabdruck unseres evolutionären Erbes.

Peter Sloterdijk hat die Auswirkungen dieser medialen Techniken vornehm als »Gesetz der steigenden Irritabilität« bezeichnet. Irgendwann muss dieses System kollabieren. Wenn »Medien« zu Hysterisierungsmaschinen werden, sprengen sie sich früher oder später selbst in die Luft. Sie verlieren ihr Wertschöpfungsmodell, weil irgendwann in diesem sinnentleerten Umfeld niemand mehr Anzeigen schalten will. Anstatt mit einem Knall werden viele Hysterie-Kanäle eher mit einem leisen »Plopp« in sich zusammenfallen.

> *Im Stadium chronifizierter Angst verwechseln wir ständig Metaphern mit Prophezeiungen.*

Angstscham und Angststolz

Ängste sagen eine Menge über uns selbst aus. Dabei gibt es oft einen »Verschattungseffekt«: Wer sich vor einer bestimmten Zukunftsaussicht besonders fürchtet, verdeckt damit seine realen Ängste. Sich mit diesen zu konfrontieren, ist viel schmerzhafter.

Wer sich vor der Islamisierung des Abendlandes fürchtet, fürchtet sich womöglich vor seiner eigenen kulturellen Entfremdung. Er fühlt sich fremd, nicht anerkannt, Teil einer Minderheit, einer abgelehnten Kultur. Und projiziert das auf eine andere Religion, um den Schmerz darüber zu betäuben. Wer die Natur-Apokalypse fürchtet und die ganze Umwelt als vergiftet erlebt, der fühlt sich vielleicht selbst innerlich verdorben, schmutzig, »unorganisch«. Wer Angst vor der Machtübernahme durch künstliche Intelligenz hat, misstraut eventuell, wie in Regel 2 ausgeführt, seinem eigenen chaotischen Gefühlsleben.

Das heißt natürlich nicht, dass es keine globale Erwärmung, keine Umweltprobleme und keine durch KI heraufbeschworenen Gefahren gibt. Aber die Angstverschiebung macht es schwer, die Dinge klar zu erkennen, das heißt, sie in einen realistischen Kontext zu setzen. Hysterische Angstverschiebungen zerstören öffentliche Debatten. Wir diskutieren dann ewig über Gefahren, die gar nicht real oder jedenfalls nicht so dramatisch sind, wie eine ganze Brigade von Angstverschiebern das behauptet.

Die Evolution hat das menschliche Hirn mit einer ungeheuren Plastizität ausgestattet. Deshalb kann Angst mit Lust verbunden und dadurch in ihrer Bedrohlichkeit gezähmt werden. Nicht zufällig sind die neuronalen Mechanismen, die Angst in unserem Hirn verarbeiten, sehr nahe an den Kaskaden des dopaminergen (Belohnungs-)Systems angesiedelt.

Angst wächst, wenn Erwartungen nicht eintreten. Chronische Angst ist immer auch ein Produkt kognitiver Dissonanz: Wir erwarten, dass etwas in gewohnter Weise funktioniert. Wenn dann jedoch etwas anders ist, zwingt uns dieses Neue zu einer Selbstkorrektur, und das macht Angst, weil wir das Gefühl haben, uns dabei aufzulösen. Diese Art von Angst entsteht aus einer Weigerung, sich auf die Wirklichkeit einzulassen: Wir klagen darüber, dass etwas anders geworden ist, als wir es uns wünschen. Eigentlich ist das nichts anderes als das, was man gemeinhin mit dem Altwerden, bösartig gesagt: mit Vergreisung in Verbindung bringt. Wir fürchten uns in etwas hinein, weil wir keine innere Neugier und Wandlungsbereitschaft mehr aufbringen können. Das Sichlösen von Erwartungsmustern ist im Grunde die beste Therapie gegen die Angst.

Angst verleiht uns Bedeutung: Verschwörungstheorien bauen genau auf diesem Effekt auf: Wenn sich eine übermächtige supergeheime Macht gegen uns verschwört, erlangen wir allerhöchste Bedeutung. Wir sind wichtig! Man ist hinter uns her!

Angst erzeugt Gemeinschaft: Durch die epidemische Verbreitung von Angst entsteht ein aus Furcht geborenes Wir-Gefühl. Je übertriebener und bizarrer die Befürchtungen, desto mehr

Mut gehört dazu, daran zu glauben. Das ist der zentrale Mechanismus paranoider Sekten mit Führerstrukturen: Je absurder die Verschwörungstheorie, desto bedingungsloser der Loyalitätsbeweis gegenüber der Gruppe und dem Führer. Und desto intensiver, tröstender das Loyalitätsempfinden. Deshalb gibt es so viele verrückte Glaubensgemeinschaften, die sich um einen völlig irren Aberglauben herum konstituieren.

Angst konstruiert uns: Viele Menschen können sich emotional nicht spüren. Sie haben keinen Zugang zu ihren Gefühlen. Ein Horrorzustand: Man fühlt sich selbst wie ein Zombie, ein Untoter. Daraus erlöst uns die Angst als intensives Existenzgefühl, als eine Art Container, der uns vor dem seelischen Zerfall bewahrt. Sie ist die letzte Bastion gegen die Depression, in der alles nur noch gleichgültig oder ungültig ist.

Oft beinhaltet chronifizierte Angst ein gerütteltes Maß an verletzter Eitelkeit. Und ganz oft maskiert sie Trauer. Trauer ist ein Gefühl, das uns in die Vitalität zurückführen will (ebenso wie die echte, die spontane Angst). Ängste im Großmaßstab lenken uns von der notwendigen Trauer ab, sie führen zu einem »Kristallphänomen«: Man nimmt die Welt wie durch eine Panzerglasscheibe wahr.

Ein kluger Freund von mir, ein Psychologe der besonderen Art, sagt immer gerne: Man sollte sich nie mit sich selbst verwechseln. Wir verwechseln uns nur allzu gerne mit unserer Angst. Umgekehrt lohnt es sich, den Mut zu haben, den Ängsten wirklich auf den Grund zu gehen:

Die archaischen Ängste, die hinter den meisten Ängsten stehen

- Die Angst, nicht wahrgenommen zu werden, im sozialen Raum nicht zu existieren.
- Die Angst, un-wert zu sein, ohne jede Bedeutung für

sich selbst und die anderen. Ein sinnloses *Nichts* zu sein.
- Die Angst, zurückgelassen zu werden, allein in einer feindlichen Umwelt.
- Die Angst, den Kontakt zu verlieren – zum Leben, zu den existenziellen Bindungen, die uns tragen und erhalten.
- Die Angst, keinen Bezug zu den fundamentalen Kräften, die die Welt bestimmen und beherrschen, entwickeln zu können.

Zukunftsübung Nr. 7:
Die Jim-Knopf-Erfahrung

Wir können nicht mit Angst umgehen, indem wir sie »überwinden«. Oder heroisch »bekämpfen«. Auch das ständige Aufrufen zu mutiger Kreativität führt uns nur wenig weiter, weil es das innere Paradox der Angst nicht berührt. Denn Angst ist ja sinnvoll, sie will uns etwas sagen! Angst ist nicht bestreitbar, und ich habe noch nie auf meinen Veranstaltungen einen Zuhörer davon überzeugen können, dass er keine Angst vor Artensterben/künstlicher Intelligenz/Überbevölkerung/Weltuntergang/Sittenzerfall/der Zukunft überhaupt »haben muss«. Lieber sterben wir, als dass wir uns Ängste nehmen lassen. Denn wir verwechseln ja unsere Ängste mit uns selbst.

Heilsam ist nur eine Gegen-Narration – eine Immunisierung, die unsere Angst produktiv macht. Früher übernahmen diese Aufgabe die großen Religionen, die mit ihren Heilsgeschichten Angebote formulierten, in denen Menschen sich mit der Angst arrangieren konnten. In der komplexen Gesellschaft brauchen wir andere Narrative. Die können ruhig naiv sein, aber sie müssen auch *wahr* sein können.

Eine der schönsten solchen Geschichten in Märchenform stammt aus der Schreibmaschine eines großen Humanisten und Literaten, der in meiner Kindheit wie kein anderer Angsttransformation praktizierte: Michael Ende. Eine der Angstszenen, die mich als Kind in besonders lustvollen Schrecken versetzten, war die Szene in *Jim Knopf und Lukas der Lokomotivführer*, in der die Helden mit der Lokomotive Emma das Tal der Schatten durchqueren. Es geht in das Land, wo die bösen Drachen wohnen und Prinzessin Li Si gefangen gehalten wird (der Faschismus, natürlich). Das finstere Tal hat eine teuflische Instabilität: Das Echo des Lärms der Lokomotivräder verstärkt sich in Felswänden, bis das ganze Tal hinter Emma und ihren Passagieren zusammenbricht und sie unweigerlich unter Tonnen von Gestein begraben muss. Die arme kleine Lokomotive muss also immer schneller und schneller fahren, bis der Kessel kocht und glüht, die Armaturen fast zerspringen und die arme Emma fast explodiert!

Aber jede böse Logik erzeugt eine magische Gegenkraft. Der Dampf der tapferen Lokomotive kondensiert und lässt es schneien. Und so können unsere Helden, im Lichtschein des Schnees, den schmalen Weg wiedererkennen, an dessen beiden Seiten es tief in den Abgrund hinuntergeht ...

Am Anfang des Tales wohnt Tur Tur, der Scheinriese. Eine Art Anti-Troll, der nur aus der Ferne riesig und bedrohlich aussieht, der aber mit jedem Schritt, den man auf ihn zugeht, immer harmloser wird. Bis man einem älteren, höflichen, teetrinkenden und etwas derangierten Gentleman gegenübersteht. Ein Brexit-Anhänger wahrscheinlich. Oder ein AfDler im Normalformat.

Im zweiten Band fliegen Jim Knopf und Lukas mit einem

selbst gebastelten Supermagneten über die Gipfel. Natürlich widerspricht das den Naturgesetzen. Aber das Leben ist tatsächlich eine Art Perpetuum mobile; sogar Angst kann dazu dienen, sich aus dem Sumpf der Angst zu befreien. Erst wenn wir das verstehen, setzen wir diesen sagenhaften, wunderbaren Zukunfts-Magnetismus in Kraft, der uns zurück in die Zukunft bringt.

ZUKUNFTSREGEL 8

Lerne, aus der Zukunft heraus zu denken

Der Troll oder die Aufblähung der Probleme

Man verändert nichts, indem man gegen die Realität ankämpft. Um etwas zu verändern, errichte ein neues Modell, welches das bestehende Modell überflüssig machen.
BUCKMINSTER FULLER

Vor einiger Zeit reiste ich mit meiner Familie nach Island, auf die magische Insel der Geysire, Vulkane und fantastischen Nordlichter. Dort wohnen, wie jeder weiß, der sich ein bisschen mit dem Nicht-ganz-so-Rationalen beschäftigt, die Trolle.

Trolle sind eigentlich niedliche, kleine, harmlose Wesen. Sie hausen in Spalten im Lavageröll; dort, wo das vulkanische Gestein Hohlräume bildet. Sie sind ein bisschen hässlich – Knollennasen, grobe Gesichtszüge, Ohren, die an Putzlappen erinnern, und meistens ziemlich platte Füße. Aber das macht nichts, sie sind ja zu klein, um sich an ihrer Hässlichkeit zu stören. Und sie sind nützlich. An den Straßenrändern sammeln sie mit vereinten Kräften leere Bierdosen, die die Isländer gelegentlich wegwerfen, wenn sie alkoholmäßig über die Stränge schlagen (das kommt schon vor, wird allerdings seltener, seit die isländische Regierung jede Menge Öko- und Gesundheitsprogramme ins Leben gerufen hat; die isländische Jugend trinkt heute am wenigsten Alkohol im Vergleich aller westlichen Länder). Wenn sie genug gesammelt haben, geben die Trolle die Bierdosen beim nächsten »endurvinssla stofnun« ab. Das ist Isländisch für Recycling-Hof.

Trolle sind normalerweise kaum sichtbar, necken aber gerne Menschen. Wenn man mit einem Geländewagen auf einer der endlosen Geröllstraßen durch die grandiose Landschaft fährt – wir waren mit einem alten Landrover Defender unterwegs, das Modell noch ganz ohne Federung wie aus dem letzten kolonialen Feldzug der Engländer –, schmeißen sie unablässig kleine Steine an die Windschutzscheibe. Und kichern dabei. Wenn Sie es nicht glauben, probieren Sie es aus.

Trolle haben eine unangenehme, aber auch faszinierende Eigenschaft. Sie können wachsen. Ziemlich schnell. Und je größer sie werden, desto schlechter wird ihre Laune. Sie machen dann alles Mögliche kaputt. Erst mal nur aus Neugier, einfach mal so, um zu schauen, was passiert. Wenn sie wachsen, verstecken sie sich eine Weile im dunklen Wald. In Höhlen und

Schluchten. Irgendwann aber sind sie so groß wie eine Kuh. Oder ein riesiger Felsbrocken. Oder ein kleiner Berg. Und sie verhalten sich dann – wie sagt man so schön? – ungünstig. Wie ein Erdbeben, das man lieber nicht erleben möchte.

Weglaufen nutzt dann leider gar nichts mehr.

Natürlich glauben wir nicht an solche Geistergeschichten. Das sind Märchen für Kinder, wie die übel gelaunte Grýla, eine alte Berghexe, die in der dunklen Zeit vor Weihnachten aus den kalten Bergen kommt und bis zu 10 000 Kinder frisst – jedes isländische Kind kennt sie. Oder die berühmten Elfen, wegen denen in Island auch schon mal eine Straße umgeleitet wird. Und trotzdem sind Trolle in gewisser Weise äußerst real – in unser aller Leben. Sie sind eine Metapher. Sie repräsentieren das Dunkle, Negative, Fatale, Blöde, das unentwegt aus den Ritzen des Universums drängt. Deshalb nennt man auch die Hasskappen und Weltverderber im Internet »Trolle«.

Ihr Drang zum Wachsen hat also etwas mit *uns selbst* zu tun. Trolle wachsen ausschließlich durch unsere Aufmerksamkeit. Wenn wir uns auf sie fixieren, machen wir sie immer größer, hässlicher und mächtiger, bis sie monströse Ausmaße angenommen haben. Trolle stehen für das, was wir »Probleme« nennen.

Der Begriff »Problem« leitet sich von einem Wortstamm ab, in dem das englische »blaming« – anklagen – enthalten ist. Anklagen, be-klagen. Aber auch das deutsche »blamieren« steckt darin (»tadeln«, aus altfrz. »blasmer«)[24]. Das lateinische »pro« davor bedeutet »für«. Ein Problem ist ein Klagen, das sich selbst befürwortet.

Wir alle kennen Menschen, deren erster Satz immer »Das Problem ist ...« lautet. Alles ist Hindernis. Alles ist Negation. Solche Aber-Menschen erschaffen sich eine Wirklichkeit, die selbstprophezeiend wirkt. Sie verabschieden sich aus der Welt, indem sie die Möglichkeiten negieren, die in Ent-wicklungen steckt. Auch in Krisen. Wenn wir »problemisieren«, steigen wir aus unserer eigenen Lebendigkeit, unserem Wünschen und Hoffen aus. Wir geraten in Problemtrance. Und dann wird eben alles hässlich und vertrollt.

Warum Wandel ganz einfach ist

Haben Sie schon einmal mit dem Rauchen aufgehört? Oder eine andere Sucht hinter sich gelassen?

Im Grunde genommen ist das ganz einfach. Wie überhaupt jeder Wandel ganz einfach ist.

Wie bitte? Wandel soll einfach sein? Ist Wandel nicht das, was so furchtbar schwer ist, dass es praktisch nie stattfindet?! Liegt nicht eben darin das *Riesenproblem* unserer Zeit? In jeder Firma erleben wir die störrische Beharrungskraft, mit der die Mitarbeiter ihre einmal errungenen Privilegien und Komfortzonen verteidigen. Und sind die Politiker nicht wahre Verhinderer des Wandels, die nie etwas auf die Reihe bekommen?

Formulieren wir es anders: *Wandel ist nur dann möglich, wenn wir einfach damit beginnen.*

Wenn Sie mit dem Rauchen erfolgreich aufgehört oder Ihr Übergewicht verloren haben, dann wissen Sie, was ich meine. Nicht der Problemdruck sorgt für Veränderung, sondern die Einfachheit der Lösung. Sie erreichen Ihr Ziel nicht dadurch, dass Sie das Rauchen oder Essen mit Bedeutung aufladen, ständig um das Thema kreisen wie die Erde um die Sonne. Sondern indem Sie die Zigarette und Ihre Pfunde einfach *loslassen.*

Wenn Sie zigarettensüchtig sind oder sehr viel essen, dann hat Ihr Körper und Ihr ganzes Verhaltenssystem eine Routine erschaffen, die Sie ausbalanciert und stabilisiert. Das ist nicht schlecht, sondern sogar gut – weil es Ihnen etwas bringt. Es ist eine Problem*lösung*! Rauchen gibt dem Hirn den Nikotin-Kick, der die Synapsen irgendwie begradigt, Sie in einen Zustand versetzt, in dem Sie endlich der Welt ins Auge blicken können. In sozialen Situationen ist der Griff zur Zigarette eine probate Art und Weise, mit Unsicherheit umzugehen. Im Saugen beruhigen Sie sich wie ein Säugling (ich habe 15 Jahre meines Lebens geraucht, ich weiß, wovon ich spreche). Essen tröstet Sie über dieses tiefe Loch hinweg, in das man fällt, wenn man – ja was? Wenn man der eigenen Traurigkeit und Unruhe anheimfällt. Das funktioniert ganz wunderbar. Stopfe ich eine Tafel Schokolade in mich hinein, dann habe ich tatsächlich ein Problem gelöst: das Problem meines unendlichen Hungers nach Süßigkeit und Trost und Geborgenheit.

Solange Sie den Verlust der Zigarette oder der Schokolade als Problem definieren, können Sie nie aufhören. Denn dann denken Sie unaufhörlich darüber nach. Sie ketten sich nachgerade an das Problem. Sie *glauben* daran, was es Ihnen unmöglich macht, sich davon zu lösen. Die Disziplin, die Sie aufwenden, um von der Zigarette oder der 1000-Kalorien-Abendmahlzeit loszukommen, verbindet Sie nur noch tiefer mit der Gewohnheit.

Diäten machen dick. Das hat sich inzwischen, nach einem halben Jahrhundert unendlicher Diät-Propaganda (»Lernen Sie, den Gürtel enger zu schnallen!«), herumgesprochen. Sie funktionieren nicht, weil sie der Kompensation des Essens eine neue Qual hinzufügen: Das Essen wird zum ständigen Problem hochstilisiert. Deshalb muss man noch mehr essen. Wer rauchfrei werden will, aber unentwegt das Klicken des Feuerzeuges und diesen würzigen Hirn-Kick beim ersten Zug imaginiert, bleibt immer Raucher. Liebeskummer verstärkt sich, solange ich das Objekt meiner Sehnsucht oder Begierde als Defizit in mir wahrnehme. Die Freiheit beginnt, wenn ich durchatme. Dann bin ich wirklich frei.

Wo ist der Stecker?

Ein gutes Beispiel für den Trollproblem-Effekt ist die Elektromobilität. Beziehungsweise das Problem, das sich damit verbindet.

Ein gutes halbes Jahrhundert lang haben wir jetzt gelernt, mit einem Gefährt, das fossile Flüssigkeit verbrennt, von A nach B zu fahren. Mehr noch: damit herumzufahren. Im Zuge dessen ist eine ganze Kultur entstanden, ein Lifestyle. Autofahren ist eine Kulturtechnik. Sie ist über einen langen Zeitraum erlernt worden und mit vielen Emotionen verbunden. Zum Autofahren gehören das Geräusch der Kolbenmaschine, das tiefe Gefühl des Vibrierens, das Pedalgefühl, die unserem Hirn (vor allem dem männlichen) signalisieren: Ich habe Kraft! Autofahren ist ein sinnliches Erlebnis, in dem wir ganz aufgehen – eine Art Trance, in der wir unser Dopaminsystem so anregen, dass wir stetig auf einem gewissen Euphorie-Niveau gehalten werden. Deshalb machen wir so unvernünftige Dinge, wie tausend Kilometer von Hamburg nach Wien zu brettern, zehn Stunden verschwendeter Zeit, und dabei ein Pfund Schokoriegel und eine Bratwurst mit Pommes rot-weiß zu vertilgen. Sogar das Tanken, der Benzingeruch der Zapfsäule, das Klicken, wenn die Zapfpistole in den Einfüllstutzen gleitet, gehört zu dieser Sucht.

Schon aus diesen Gründen hat unser Bewusstsein große Schwierigkeiten, sich das Fahren mit Elektronen vorzustellen. Elektronen sind winzig klein. Benzin oder Diesel hingegen ist eine Flüssigkeit, der man ihre Potenz »anriecht«. 300 Millionen alte Bäume, gepresst und chemisch nachbehandelt! Das erregt uns!

Ich fahre seit dem Jahr 2010 leidenschaftlich gern Elektroauto. Elektroautos sind elegant, leise, haben unglaubliche Beschleunigungswerte und werden technisch und ästhetisch immer besser. Sie schnurren beim Fahren, und da sie digitaler konstruiert sind als die Verbrenner, fahren sie zunehmend auch automatisch. Ich bin ganz sicher, dass Elektrofahrzeuge die Autos der Zukunft sind.

Aber nein, sagen so gut wie alle Männer, die ich treffe. Das wird nicht gehen! Das ist ein Problem!

»Fossilisten« – so nenne ich zärtlich die Benzin- und Dieselfahrer – überschütten mich mit einer ganzen Flut von »Problemismen«. Da bleibt man doch ständig liegen! Die Reichweite genügt nicht! Der Strom wird niemals ausreichen! Ist das nicht alles viel umweltschädlicher? Seltene Erden! Kinderarbeit im Kongo!! Alle wollen mich davon überzeugen, dass das, was ich mit zunehmendem Vergnügen tue, nämlich mit Elektronen durch die Gegend zu gleiten und zu surren, nicht geht. Gar nicht gehen *kann*! Sogar *schädlich ist*!

Ich erinnere mich an eine Begebenheit, als eine ganze Gruppe von Audi- und Mercedes-Fahrern (nichts unter 300 PS) um meinen Tesla herumstand, der am Supercharger hing und 300 Kilometer Laufzeit in 25 Minuten lud, und die Probleme der Elektromobilität diskutierte. Warum das gar nicht möglich und ein Riesenproblem sei, dass man die Batterien nicht recyceln könne und man mit dem Tesla ja nirgendwohin komme ...

Hallo, sagte ich, ich bin aber HIER! Sie sahen mich an wie ein Mondkalb.

Künftig wird Elektromobilität das Normalste der Welt sein. Die Systeme – von der Energie- bis zur Materialversorgung – werden sich den Notwendigkeiten angepasst haben. Diese »reverse Adaptation« versteht man nur, wenn man von der Zukunft her denkt. Sicher, die heutigen E-Autos und die Ladestruktur sind noch nicht perfekt. Da muss noch viel geschehen – Detailveränderungen, Optimierungen, ein ganz neues Energienetzwerk, das auch die Autoproduktion CO_2-frei macht. Auch Elektromobilität ist nur eine Übergangstechnologie bis zur Einführung von Wasserstoffantrieben, aber eine notwendige. Und sie wird funktionieren. Die Tank-Infrastruktur für fossilgetriebene Fahrzeuge hat sich auch nur über Jahrzehnte entwickelt. Wenn man aus der Zukunft zurück auf unsere Gegenwart schaut, bewegt man sich von einem Problem- in einen Möglichkeitsraum. Die kommende Realität entsteht dabei. Und alles ist logisch: Unzweifelhaft gibt es mehr als genug Elektronen in der Welt, ein Elektromotor hat ungefähr den vierfachen Wirkungsgrad eines fossilen Kolbenmotors, und erneuerbare Energie ist im Grunde in Hülle und Fülle vorhanden.

Elektromobilität schafft das Auto nicht ab. Aber sie verändert die Kultur des Fahrens. Aus der Sucht, 1000 Kilometer mit röhrendem Motor durchzubrettern, hat mich E-Mobilität erlöst. Man rast weniger. Man gleitet mehr. Mit einem Elektroauto hat man auch weniger Lust auf einen typisch männlichen Hahnenkampf auf der linken Autobahnspur. Nicht, dass man mit E-Autos nicht rasen könnte. Aber es ist weniger ein Kampfgerät. Es fehlt das Vibrieren, der röhrende Sound, den die Fossilisten so mögen. Vielleicht ist das genau der Grund, weshalb viele Männer Elektroautos verachten. Jedenfalls so lange, bis sie sich selbst von ihren vierrohrigen Auspuffen befreit haben (Okay, auch Frauen lieben solche Auspuffe, aber das ist mir peinlich).

Die ganze mühsame Kraftentfaltung eines Verbrennungsmotors mit all seinem Krach erscheint mir heute infantil. Wenn man auf diese neue Weise dahingleitet, fühlt es sich einfach völlig richtig an. Normal. Problemlos. So, als wäre es immer schon so gewesen. Man macht plötzlich gerne eine Pause. An einigen Superchargern unternehme ich sogar einen kleinen Spaziergang durch Wald und Wiesen. In der Zukunft sind Ladestationen vielleicht schöne Cafés. Lounges. Mit Musik. Tankstellen gehören, wenn wir ehrlich sind, auch nicht unbedingt zu den der Seele sehr bekömmlichen Orten.

»Aus der Zukunft heraus zu denken« heißt, sich vorstellen zu können, wie ein »Problem« sich auflösen wird, weil es nicht mehr *gebraucht* wird. Weil etwas Besseres passiert. Es ist ein Reframing, ein Rahmenwechsel, der die Dinge in einem anderen Licht erscheinen lässt. In einem Zukunfts-Licht. Auf diese Weise wird der Troll, der uns immer wieder ins Alte, Gewohnte, aber längst hässlich Gewordene zurückziehen will, ruhiggestellt und kann sich weiter der Sammlung von Bierdosen für den Recyclinghof widmen.

Eine Sucht zu überwinden heißt, sich mit seinem zukünftigen Selbst zu verbinden. Dem Selbst, das wunderbar wieder durchatmen kann. Das seine Form und Beweglichkeit gefunden hat. Das Aufhören ist eine Nebenwirkung des Neuen, dem das Alte egal wird.

Die Alternative ist das Franz-Kafka-Syndrom. Der beschreibt sein Problem mit dem Schwimmen so:

»Ich kann schwimmen wie die anderen, nur habe ich ein besseres Gedächtnis als die anderen, ich habe das einstige Nichtschwimmen-Können nicht vergessen. Da ich es aber nicht vergessen habe, hilft mir das Schwimmen-Können nichts, und ich kann doch nicht schwimmen.«[25]

Warum man »Probleme« nicht lösen kann ...

Warum lassen sich Probleme nicht wirklich »lösen«? Antwort: weil die Welt aus komplex-dynamischen Systemen besteht, deren Teil wir sind. Ein »Problem« taucht dann auf, wenn ein Element eines Systems, das über lange Zeit gewachsen ist, dysfunktional wird. Das ist aber nicht die Ursache des Problems, sondern nur ein Symptom. Beseitigt man es, löst man dadurch nicht viel.

Natürlich gibt es Probleme, die man recht einfach lösen kann. Man kann ein Zahnrad einer Uhr austauschen. Oder einen Nagel in die Wand schlagen, wo vorher keiner war. Aber das sind immer nur mechanische Probleme, die auf einer einfachen Kausalbeziehung beruhen. Wenn der Flugverkehr zum Erliegen kommt, ein Flughafen nicht rechtzeitig fertig wird oder eine Ehe zerbricht, dann haben wir es mit einer unendlichen Verknüpfung zu tun, bei der Ursachen und Wirkungen vertauscht sind. Das Problem ist die Lösung, die Lösung ist das Problem, und so fort.

Betrachten wir beispielsweise das Finanzsystem. Seit der Finanzkrise wird immer wieder gefragt, ob Politiker und Banken dafür garantieren können, dass eine solche Krise sich nie wiederholt. »Ist das Problem gelöst?«, lautet immer wieder die Frage in den angelsächsischen Zeitungen. Und in deutschen Talkshows wird angstvoll gefragt, ob unser Geld jetzt endlich »absolut sicher« sei.

Das »Problem« ist nur, dass Geld nie »absolut« sicher sein kann. Denn dann wäre es keines mehr. Geld ist Teil eines Kreislaufes, in der Ungleichzeitigkeiten existieren – um diese auszugleichen, ist das Geld ja da! Geld hat etwas mit der Möglichkeit zu tun, zu investieren. Eine Investition ist immer eine Wette auf die Zukunft und damit verbunden, Schulden, also neue Ungleichgewichte, zu erzeugen. Geld existiert nur, wenn es auf Vertrauen beruht, aber gleichzeitig ist es auch der Gradmesser für Misstrauen. Zur Bank gehört also der Bankräuber (oder Internet-Räuber), zum Kredit die Pleite, zum Geld das Risiko. Absolut sicheres Geld ergibt keinen Sinn. Dann könnte man Geld einfach drucken, wenn man es braucht.

Und genau das ist heute der Fall. Unsere derzeitige Nullzinsphase weist darauf hin, dass Geld auf gewisse Weise »stirbt«. Wenn es sich aus dem Risikobereich, sprich dem Markt, ganz zurückzieht, kann es sich nicht mehr vermehren. Denn dann geht seine »Zukünftigkeit« verloren, seine systemische Dynamik. Das ist das Phänomen der Überregulation. Darin besteht das Dilemma der Regulatoren. Deshalb kann man das Problem, das zur Finanzkrise führte, nicht wirklich oder endgültig »lösen«.

Wenn man versucht, mit Magenverkleinerungs-Operationen der Fettleibigkeit zu Leibe zu rücken, nehmen schwer übergewichtige Menschen tatsächlich schnell ab. Aber das hat oft einen fatalen Nebeneffekt. In mehreren Studien wurde nachgewiesen, dass viele ehemals Dicke als plötzlich Dünne eine handfeste Depression entwickeln. Warum? Weil die Serotonine und Endorphine, die Dopamine und anderen Belohnungssubstanzen, die das üppige Essen in ihnen freigesetzt hatte, plötzlich fehlen. Das Hirn stürzt regelrecht in einen depressiven Status ab.

Ist das Problem der Fettleibigkeit also schlichtweg unlösbar? Es lohnt sich, Menschen zu begegnen, die eine so schwere Sucht überwunden haben. Sie haben nicht abgenommen, sondern sich selbst neu angenommen. Indem sie ihre innere Energiequelle entdeckt und erschlossen haben, haben sie sich von den Kalorienzwängen befreit.

Ein Problem zu lösen hat immer mit Freiheit zu tun. Freiheit ist Aufbruch in eine neue Unabhängigkeit, die in einem selbst schlummerte.

... oder das Problem eigentlich die Lösung ist

Stellen Sie sich vor, Sie wären – aus irgendeinem Grund – sensibler als andere. Sie reagieren empfindlich auf Ihre Umwelt, in jeder Hinsicht. Ihre Gesundheit ist immer etwas fragil, in Ihrem Inneren arbeiten komplizierte Gyroskope, die Sie immer wieder aus der Bahn werfen. Sie neigen zu Allergien und emotionalen Schwankungen. Das ist ein »Problem« für Ihren Berufsalltag und Ihr Liebesleben, für Ihre ganze Existenz.

Es ist aber auch gleichzeitig die Lösung. Denn Sie befinden sich ziemlich sicher auf der Sonnenseite des Lebens, wenn Sie einen künstlerischen Beruf ausüben oder einem »Ruf« folgen, der Sie ins Schöpferische führt. Für Übersensible ist das Kreative eine fruchtbare Wiese, die ihre Eigenschaften in Potenziale verwandelt. Wenn Sie aber versuchen, ganz »normal« zu werden, dann geraten Sie erst recht aus dem Lot.

Greta Thunberg ist Autistin. Sie ist zur Ikone einer Bewegung geworden, die sich für die Lösung eines gigantischen Problems einsetzt: globale Erwärmung. Dafür benötigt man eine gigantische Menge Empathie – mit sich selbst, den Mitmenschen, mit anderen Kulturen, mit der Natur und dem Planeten. Aber Empathie bringt uns auch immer wieder dazu, falsche Loyalitäten einzugehen. Vielleicht ist es kein Zufall, dass ausgerechnet Greta, der es aufgrund ihrer Krankheit an Empathie mangelt, viel für die Klimawende tun kann. Nur weil sie sich von emotionalen Ausreden, von unserer »Fossilsucht«, nicht beeindrucken lässt, kann sie auf diese produktive Weise streng und unnachgiebig sein: Die Welt geht unter, und ihr Idioten tut nichts! Sie ist unempfänglich für den Troll-Effekt des »Problems« Klimawandel.

Kann man das »Problem der Liebe« lösen, wie es uns in Tausenden von Ratgebern empfohlen wird? Nein, denn dann stirbt die Liebe. Liebe ist per se eine Nichtlösung. Sie ist ein Ausnahmezustand. Verwechselt wird sie immer mit Beziehung und diversen Verhandlungstechniken. Aber Liebe verhandelt nicht. Sie besteht in der dauernden, turbulenten, unbedingten Verbundenheit und Attraktion von mindestens zwei Menschen. Das ist nicht verhandelbar. Wenn man das Liebesproblem konsequent löst, landet man früher oder später bei Sexrobotern und endloser virtueller Onanie oder in einer endlosen Partnerschaftstherapie, in der sich alle nur gegenseitig anstarren und sagen: »Du, ich verstehe dich ...« (dann lieber Sexroboter).

Mit einem Problem umgehen, ohne es zu lösen, heißt *entscheiden*. Entweder indem man sich distanziert und einfach von dannen zieht. Oder indem man es in einen neuen Kontext setzt und es von einer anderen Komplexitätsstufe aus auflöst.

»Ein Problem zu lösen bedeutet einfach, es so darzustellen,

dass die Lösung erkennbar wird«, formulierte der Entscheidungsforscher Herbert A. Simon.

Als Beispiel möchte ich ein wahrlich unlösbares Problem anführen, ein Trollphänomen so groß wie ein Hochhaus oder noch viel größer: das Problem der Drogensucht, einschließlich des ganzen Elends des weltweiten Drogenhandels.

Johann Hari, ein US-amerikanischer Publizist, hat in zwei Bestsellern eine grundlegend neue Betrachtungsweise dieses Superproblems vorgeschlagen. Er verknüpft dabei drei Phänomene systemisch auf neue Weise: Einsamkeit, Depression und Drogensucht.

Hari war in seiner Jugend selbst schwer depressiv. Und wurde von einer ziemlich gut funktionierenden Gesundheitsmaschinerie »behandelt«, aber nie geheilt. Die Antidepressiva, die er nach langen Aufenthalten in psychiatrischen Kliniken nahm, machten ihn antriebslos, impotent, aber halbwegs lebensfähig. Immer wieder musste er die Dosis erhöhen, damit die depressive Panik, unter der er litt, seine Suizidgedanken, unter der chemischen Decke gehalten wurde. Das verdeckte die eigentliche Ursache seines »Problems«: eine schwere kindliche Beziehungsstörung mit seinen Eltern, die selbst drogenabhängig waren.

In seinem ersten Bestseller *Der Welt nicht mehr verbunden: Die wahren Ursachen von Depressionen – und unerwartete Lösungen*[26] dreht Hari die Betrachtungsebene des Problems um. Er schildert die Depression als *Symptom*, nicht als Ursache: Grund aller Depressionen sei der Kontaktverlust zwischen Welt und Selbst. Wie Hari schreibt, verwechseln wir uns, wenn wir eine Depression erleben, mit unserer Einsamkeit; wir fallen heraus aus dem Verhältnis, das uns mit der Welt verbindet. In *Drogen – die Geschichte eines langen Krieges* bearbeitet er auf ähnliche Weise die Drogensucht. Drogensüchtige, so weist Hari nach, werden nicht süchtig, weil die Chemie der Drogen ihre Hirnstruktur kapert – das biochemische Standardmodell, mit dem wir Abhängigkeit erklären. Sondern weil sie ein Unglück in sich abarbeiten, das sie nur durch Intoxikation ertragen können.

Wenn man Ratten in einen engen, isolierten Käfig steckt und ihnen Heroinwasser oder reines Wasser anbietet, nehmen sie immer das Heroinwasser. Wenn sie in einem Käfig mit vielen anderen Ratten und abwechslungsreicher Ausstattung sitzen, also in einer Art »Ratten-Erlebnis-Wellness-Tempel« mit reichhaltiger sozialer Abwechslung und viel Sex, rühren sie es kaum an.

Hari zählt die Hunderttausenden von Toten, die der Antidrogenkrieg weltweit gefordert hat. Die Illegalität der Drogen erzeugt unfassbar lukrative illegale Märkte und Gewaltstrukturen, die ganze Länder verseuchen, wie in den Drogenkriegen Mexikos oder der Terrorstruktur in den Philippinen. In den Strafkolonien der USA werden Drogenabhängige endgültig zu Wracks gemacht, die immer tiefer in den Kreislauf der Sucht geraten. Die Idee, dass Drogensucht eine Art »chemisches Problem« ist, das man mit allen Mitteln verhindern muss, führt zu entsetzlichem Leid und bizarren politischen Entwicklungen, wie Trumps Kampf um die Mauer zu Mexiko. Trumps eigener Wahlsieg basiert unter anderem auf einer gigantischen Drogenepidemie, hervorgerufen durch künstliche Opiate, die im Mittleren Westen der USA Hunderttausende biedere Amerikaner zu Wracks gemacht hat – und sogar die mittlere Lebenserwartung im Land sinken ließ.

Das Wunderbare an Haris Büchern ist, dass sie auch die Praxis auf ihrer Seite haben. In einigen Ländern folgte man nämlich seinen Thesen – mit verblüffenden Erfolgen. Die wohlhabende Schweiz wurde um die Jahrtausendwende von einer brutalen Heroinepidemie heimgesucht, die sich in den Städten ausbreitete. In Zürich standen jeden Tag Tausende junge Drogenabhängige auf dem Letten und dem Platzspitz, zwei zentralen öffentlichen Plätzen. Die Todesraten schossen in die Höhe, und die Schweizer rätselten. Warum ausgerechnet in der

Schweiz? Wohl auch deshalb, weil in einer hochentwickelten Wohlstandsgesellschaft Beziehungsverluste besonders auffällig sind, machtvoll verdrängt werden und dadurch nur noch depressiver machen. Nirgendwo ist man einsamer als im üppigen Wohlstand. Das »Problem« wurde so groß, dass es in der genuin vernünftigen Schweizer Gesellschaft zu einer riesigen Debatte kam. Mit am Ende mutigen Entschlüssen. Die Schweiz legalisierte die Heroineinnahme beziehungsweise Substitution unter ärztlicher Aufsicht und schuf groß angelegte Therapieprogramme. Alles wurde sogar in zwei Volksabstimmungen bestätigt. Heute hat die Schweiz kaum noch ein nennenswertes Problem mit harten Drogen oder Drogenmafias. Ebenso wie Uruguay, Kanada und (teilweise) Schweden, die denselben Weg gingen. Mexiko wird jetzt diesem Weg ebenfalls folgen, während die Philippinen mit ihrer Kopf-ab-Politik für Dealer immer tiefer ins Elend versinken.

Hier zeigt sich wieder, dass Zukunft mit neuem Denken beginnt. Dabei entstehen zwangsläufig schmerzliche Selbstkonfrontationen. Es ist oft einfacher, ein Problem ewig zu bewahren, an ihm zu leiden, es zu *hassen*. Mit Schuld aufgeladene Probleme sind für die Herrschenden nützlich, man kann mit ihnen Ängste operationalisieren. Die Schweiz ließ sich auf ihr inneres Bindungslosigkeitsproblem ein, die Gesellschaft bejahte ihre therapeutische Verantwortung, anstatt das Problem auf die Gefängnisse abzuschieben.

Eine andere Erzählung, die das Lösen eines Problems durch perspektivischen Wechsel schildert, handelt von der Aids-Epidemie in Indien. Indien drohte vor 20 Jahren von einer gigantischen Aids-Welle überschwemmt zu werden. Ein engagierter Berater von McKinsey namens Ashok Alexander sollte im Auftrag der Bill and Melinda Gates Foundation dabei helfen, das Problem zu lösen. Ziel war die Verfügbarkeit von Kondomen für die Hunderttausenden von Prostituierten, die in Indien unter sehr schwierigen Bedingungen ihrer Arbeit nachgehen.

Zunächst scheiterte Ashok Alexander vollständig. Er ging in die Slums, er ging persönlich in die Bordelle, und erhielt von seiner Klientel immer dieselbe Antwort: Wir wollen keine Kondome, auf keinen Fall! Alexander hielt das zunächst für ein moralisches Problem. Doch die Antworten der Prostituierten auf seine Angebote verrieten etwas anderes.

- »In zehn Jahren sind wir wahrscheinlich sowieso tot – wieso sollen wir uns heute um Kondome kümmern?«
- »Männer verprügeln uns, wenn wir Kondome bei uns haben.«
- »Kondome sind schlecht, sie machen uns zu unguten Menschen.«

Es dauerte einige Monate, bis Ashok Alexander verstand, was tatsächlich hinter diesen Aussagen stand. Er begriff plötzlich die Lösung. Indem man den Frauen selbst die *Deutungsmacht* über das Problem übergab, konnte man herausfinden, was funktionieren würde.

Es handelte sich nicht um eine moralische Frage. Es waren auch nicht die Freier als vielmehr die Polizei, die auf Kondome mit brutaler Gewalt reagierte. Die Aufgabe der indischen Polizei lautete, Prostitution möglichst mit Gewalt zu verfolgen und zu verhindern. Gleichzeitig waren die Polizisten überwiegend frauenfeindlich eingestellt; sie agierten in der Logik des Kastensystems. Wenn eine Frau mit Kondomen in ihrer Tasche aufgefunden wurde, wurde sie aufs Revier geschleppt – und erst einmal verprügelt, wenn nicht gar vergewaltigt, wenn sie einer niederen Kaste angehörte. Die Polizeistrukturen waren weitgehend korrupt, und so wurde kein Polizist jemals dafür angeklagt.

Es waren die Frauen selbst, die mithilfe von Ashok Alexander eine Lösung fanden. Wenn eine Frau verhaftet wurde, konnte sie meistens noch einen Alarmruf über ihr Handy absetzen – Prostituierte hatten bereits damals alle ein Handy. Das alarmierte eine Gruppe von zehn bis fünfzig Frauen in der Gegend, die sich in einer Art Solidaritätsmarsch zum Polizeirevier zusammenfanden – stets begleitet von einem Rechtsanwalt oder Notar, den man im kleinsten Dorf Indiens finden konnte. Diese Gruppe machte den Polizisten lautstark klar, dass sie illegal handelten und mit Strafanzeigen zu rechnen hatten, wenn sie die Frauen bedrängten. Großes Palaver, aber meistens wurden die Frauen sofort wieder freigelassen.

Innerhalb eines Jahres hörten die Übergriffe auf. Monatlich wurden von nun an fast eine Million Kondome an Sexarbeiterinnen und Sexarbeiter verteilt; in jedem Bordell fanden sich bald Schälchen mit Kondomen direkt am Empfang. Heute ist das Aids-Problem Indiens zwar nicht endgültig gelöst, aber massiv entschärft – durch die Ent-Knotung von Ursachen und Wirkungen und die richtige Zuordnung von Lösungen zu Problemen.

Wie reagiert man auf das Überhandnehmen von Neonazi-Demonstrationen? Eine Aktionsgruppe in der Kleinstadt Wunsiedel in Oberfranken, die immer wieder von den Stiefeltretern heimgesucht wurde, hat sich dazu eine »rekursive Problemlösung« einfallen lassen. Für jeden Meter, den ein Neonazi-Demonstrationszug zurücklegte, wurden 10 Euro an EXIT-Deutschland gespendet, eine Selbsthilfegruppe, die Neonazis beim Aussteigen hilft. Entlang der Route wurden Stände mit Energy-Drinks und Bananen aufgebaut. Man jubelte den Stiefel-Jungs zu und feuerte sie an. So verwandelt man ein Problem in eine Lösung (siehe auch www.rechtsgegenrechts.de).

Könnte man mit einem solchen Rekursions-Denken auch die realen Internet-Trolle bekämpfen? Einen Hinweis hierauf liefert eine Methode der Community Ahwaa, einer Internet-Plattform für LGBT-Menschen in der arabischen Welt. Das

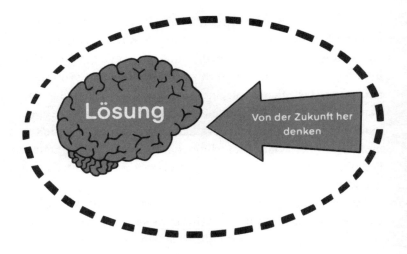

Forum wurde lange Zeit von Hasskommentaren und Trollen überflutet. Unlängst führte die Plattform einen neuen Rückkoppelungsmechanismus ein. Jetzt kann nur mitchatten, wer über einen Kreis von mindestens fünf Empfehlern verfügt, die eine soziale Bürgschaft für ihn übernehmen. Wie in einem Klub, in dem die Mitglieder über die Seriosität von Bewerbern entscheiden. Persönliche Zeugenschaft ist eine uralte Soziotechnik, die gegen anonyme Hassverbreitung schützen kann.[27]

Es mag präpotent klingen. Aber auf diese Weise lässt sich *jedes* Problem der Welt lösen. Die Welt-Regel dabei lautet, dass Probleme nichts anderes sind als Systemkonflikte, die sich in der jetzigen Komplexität nicht lösen lassen.

In einer späteren aber schon.

Zukunft entsteht nicht, wenn wir Probleme »lösen«.
Sondern wenn wir Probleme auf-lösen, indem wir unsere
inneren Konzepte verändern.

Zukunftsübung 8: Trolle verjagen durch Futur II

Üben wir uns also darin, Trolle zu verjagen, indem wir gleichzeitig in die Vergangenheit und in die Zukunft schauen und den Sinn von Problemen verstehen. Dafür nutzen wir eine nur im Deutschen verfügbare Zeitform, das Futur II. »Es wird gewesen sein« – das erlaubt uns, geistig in die Zukunft zu springen und von dort aus alles zusammenzufügen.

Begeben wir uns im Geiste in das Jahr 2100. Wir sehen eine Wirtschaft, die erstaunlicherweise kein Öl mehr verwendet. Keine Fördertürme, keine Öltanker, keine hässlichen Braunkohletagebaulöcher, auch kein Gas-Fracking, das ganze Landschaften verseucht. Stattdessen ein weltweites Energienetz, das so viel Kraft produziert, dass überall üppige Reserven zur Verfügung stehen. Wir sehen Städte, die virtuelle Kraftwerke sind. Häuser, die mehr Energie erzeugen, als sie verbrauchen. Straßen, die selbst Strom erzeugen. Autos, die nur noch surren und in Konvois fahren können. Ganz neue Windparks, die sich in Landschaften harmonisch einfügen. Flugzeuge, die mit »PtoL« betankt werden – Power to Liquid, Wasserstoff oder Methan oder bis heute noch unbekannte Energieträgermoleküle. All diese Technologien sind heute längst vorhanden. Vielleicht gibt es in der Zwischenzeit auch kleine, gefahrlose Atomkraftwerke. Aber das können wir nicht wissen.

Wenn wir auf diese Weise durch die Zeit reisen, sehen wir die Welt von ihrer *Potenzialität* aus. Wir fragen nun andersherum: Wie kam es dazu? Wie haben wir das geschafft? Und plötzlich löst sich der Knoten – wenn wir aufhören, auf die Probleme einzudreschen. Wir nutzen auf diese Weise unseren evolutionären Zukunfts-Sinn. In *Homo Prospectus* beschreibt Martin Seligman diese Fähigkeit so:

»Seine (des Menschen) projektiven Fähigkeiten ermöglichten es ihm, ein neues Verhalten nicht nur in Betracht zu ziehen, sondern es durch eine *imaginierte* zukünftige Belohnung zu *motivieren* ... Um effektiv zu sein, benötigt die Prospektion ein Motivationssystem, das den imaginierten zukünftigen Nutzen und Kosten eine *gegenwärtige* Motivationskraft verleihen kann, und diese *prospektive Motivation* ist das, was das Begehren auszeichnet: Es ist nicht nur ein bloßer Drang, ein konditionierter Antrieb oder eine magnetische Anziehungskraft, sondern vielmehr eine Fähigkeit, uns von unserer eigenen Kreativität bewegen zu lassen. *Rückwärts* von fernen Zielen zu den nächsten Handlungen, die sie bedingen, und von dort aus *in die Zukunft.*«

Der Soziologe Armin Nassehi beschreibt denselben Mechanismus wie folgt:

»Wir leben also nicht in einer leibnitzschen *prä*stabilisierten Harmonie, sondern in einer *re*stabilisierten Harmonie, deren unsichtbare Macht man nicht unterschätzen darf. Paradox ist, dass Veränderung nicht dadurch möglich ist, Veränderung durch Aufklärung anzuregen, sondern umgekehrt: Aufklärung durch Veränderung. Das ist ein pädagogischer Gedanke: Verhältnisse einzurichten, in denen sich anderes Verhalten so bewähren kann, dass es sich normalisiert. Deshalb lassen sich Veränderungsprozesse auch nicht demokratisieren oder rationalisieren – es gehört immer ein Stück Führung, Asymmetrie und listige Strategie dazu. Am Ende muss es dann die Evolution richten. Die Kunst wäre also geplante Evolution? So weit muss man nicht gehen. Aber das ist die Richtung, in die gedacht werden muss.«[28]

ZUKUNFTSREGEL 9

Stelle bessere Fragen, statt die richtigen Antworten zu verlangen

What is the universe but the question »What is the universe?«
AMERICAN MUSEUM OF NATURAL HISTORY, NEW YORK

Chocolate is the answer. Forget the question!
WERBESPRUCH AUF DEM FLUGHAFEN SCHIPHOL

Die Antwort ist das Unglück der Frage.
NOVALIS

Zygmunt Bauman, der britisch-polnische Philosoph, kämpfte sein ganzes Leben lang mit der Frage:
Wie wird die Welt wieder frisch?
Wie viele Intellektuelle des 20. Jahrhunderts war Bauman zunächst Kommunist, bevor er in Warschau 1968 nach einer antisemitischen Kampagne der KP seinen Lehrstuhl verlor – und sein Erkenntnisstreben dem ständigen Wandel widmete. In seinen Büchern *Liquid Modernity* (2000), *Liquid Love, Liquid Fear, Liquid Times, Liquid Surveillance* und zuletzt *Liquid Evil* beschreibt er den Triumph des Flüssigen, aber auch des Flüchtigen. Dabei geht es auch um die große Ermüdung angesichts einer unheilen Welt, in der sich ständig Grenzen auflösen, Be-

deutungen vermengen, Gewissheiten verflüchtigen. »Was zerschnitten wurde, lässt sich nicht mehr dauerhaft zusammenfügen«, schrieb er in *Liquid Modernity*. »Lass alle Hoffnungen auf vergangene Totalitäten fahren!« *Retrotopia* heißt sein letztes, posthumes Buch, in dem er eine Welt in Angstbereitschaft, in Panikroutinen beschreibt, in der Fremde bedrohlich wirken und Autoritäten wieder ersehnt scheinen.

Zygmunt Bauman, der Philosoph der Fluidität

In einem Interview mit Peter Haffner kurz vor seinem Tod zog Bauman eine bittere Bilanz:

»Schauen Sie, ich habe eine Reihe von Fehlern gemacht, Fehler im Urteil, im Leben. Doch gab es eine Konstante. Ich wollte die Welt verbessern, und nun bin ich mit einem Bein im Grab, und ich finde, die Welt ist nicht besser ... Ich werde unerfüllt und unglücklich sterben. Weil es eine Frage gibt, mit der ich gerungen habe, um eine überzeugende Antwort zu finden, und es mir nicht gelungen ist. Die Frage ist sehr simpel: Wie macht man die Welt frisch? Diese Frage stammt aus der Bibel, dem

Neuen Testament. ›Seht, ich mache alles neu‹, wird Jesus in der Offenbarung des Johannes zitiert.«[29]

Greifen wir Zygmund Baumans große Frage auf: Wie wird die Welt wieder frisch? Der erste Schritt zu einer Antwort liegt darin, die Antwort nicht in der Antwort zu suchen. Sondern in der Frage selbst.

Das knauserige Hirn

Zwischen unserer neuronalen Struktur und einer Computerfestplatte besteht ein erheblicher Unterschied. Wir »programmieren« uns nicht einfach mit »Welt«, sondern »assoziieren« uns ständig neu. Durch das Leben selbst kommt ständig etwas hinzu. Unsere Identität bleibt – normalerweise – lebenslang plastisch. Körperliche Erfahrungen, Schmerz und Lust steuern unsere Musterbildungen weit mehr als logische Erkenntnisse. Die Mehrschichtigkeit unseres »Mind« führt zu einer bizarr großen Anzahl von Assoziationen und Verbindungsmöglichkeiten. In unserem Kopf hat »Großmutter« ein eigenes Abbild, ebenso »mein Auto«, aber auch die Kategorien »Großeltern«, »alle Autos«, »Vehikel«, »Verkehr« und so weiter. Die erstaunliche Flexibilität unseres »Mind« entsteht dadurch, dass wir zwischen Konzepten/Modellen und konkreten Details flüssig hin und her schalten können. Anders als ein Computer kann das weiche Substrat in unserem Kopf so gut wie alles mit allem verbinden – die Emotionen sind sozusagen der Katalysator, der Beschleuniger. Deshalb können wir so leicht ver-rückt werden, übermäßig euphorisch, borderline, bitter oder depressiv. Deshalb können Menschen in allen möglichen Eindrücken symbolische Repräsentationen erkennen: im Rauschen der Blätter das Wirken der Engel, im Nachbarn das Wesen des Teufels, im Klimawandel eine Strafe der Schöpfung.

Evolutionär hat sich diese erstaunliche Viskosität bewahrt.

Wir sind das Produkt – oder die »Überlebenden« – einer neuronalen Supermaschine, die die Welt in immer neuer Weise *konstruieren* kann. Aber, wie Mae West so schön sagte: Nichts kommt ohne Preisschild. Nicht einmal die Männer.

Weil unser Hirn einen enormen Energiebedarf hat – zwei Prozent der Körpermasse rufen 20 bis 25 Prozent der Energie ab –, neigt es gleichzeitig dazu, eine einmal verankerte Bahnung möglichst lange beizubehalten. Es spart an Neuvernetzungen. Wenn wir etwas Positives gelernt haben (mithilfe des bahnungsstarken Dopamins kommt es zu besonders starken Hirn-Bahnungen), machen es sich unsere Hirnzellen gerne gemütlich. »Confirmation Bias«, die Bestätigungs-Verzerrung, führt dann dazu, dass wir die Eindrücke, die zur Bahnung führten, ständig wiederholen. Wir essen bis ins hohe Alter das, was wir als Kind gern gegessen haben. Wir lesen dieselben Zeitungen, glauben (meistens) die gleichen »Dinge«. Wir sind mit 80 immer noch (oder wieder) linksrebellisch oder rechtskatholisch, obwohl all das längst seine Bedeutung verloren hat. Wir neigen dazu, dieselben Erfahrungen zu wiederholen – auch und gerade wenn sie negativ oder gar fatal sind. Nur, um die Konsistenz unseres Hirns zu bestätigen.

Die reale, lebendige Welt mit ihren aktuellen Erscheinungen wirkt dann irgendwann nur noch wie eine ferne Störung. Eine Zumutung. Oder gar eine Beleidigung. Die Welt will nicht so, wie unsere innere Welt sie konstruiert hat. Die Welt enttäuscht uns – weil sie mit unseren Erwartungen nicht mehr übereinstimmt.

Auf diese Weise wird die Welt muffig. Sie riecht plötzlich unfrisch. Aber ist sie das wirklich? Oder sind wir es selbst, die einer inneren Verstocktheit zustreben?

Wie kann man dem entgegenwirken? Wie können wir unserem mürrischen und enttäuschten »Mind« wieder auf die Sprünge helfen? Ihn energetisieren? Hier kommt die segensreiche Kunst des richtigen Fragens ins Spiel.

Antworten verraten uns überwiegend das, was wir schon wissen. Oder zu wissen meinen. Ist Ihnen schon aufgefallen, dass bei Konferenzen oder Weiterbildungen so gut wie immer Dinge erzählt werden, die man schon weiß? Und dass gerade das gut ankommt – weil es das Publikum bestätigt? Überprüfen Sie es einmal. Das Ungewohnte wird dagegen meist misstrauisch überhört. Kenne ich nicht, kommt mir komisch vor.

Gute Fragen sind dagegen die Öffnungs-Übungen des Geistes. Das Trainingsprogramm des wachen »Mind«. Mit guten Fragen trainieren wir unseren Zukunftssinn.

Der Sinn des Orakels

Als der mächtige und steinreiche König Krösus vor mehr als 2500 Jahren zum Orakel von Delphi reiste, um zu fragen, ob er den lang geplanten Feldzug gegen die Perser beginnen sollte, lautete die Antwort der Pythia:

Wenn Du den Halys (Grenzfluss) überschreitest, wirst Du ein großes Reich zerstören.

Was der in seine Feldzug-Idee verliebte König als Ermunterung las, war in Wirklichkeit nichts als eine implizite Gegenfrage: Bist Du Dir sicher, dass Du das willst? Ist nicht der Krieg *immer* ein Untergang, ein Schrecken, auch für den Sieger? Wird damit nicht für immer Dein Ruf als weiser Staatsmann beschädigt, der so viel Unterschiedliches zusammenhalten konnte?

Die Perser gewannen den Krieg mit einer List: Sie setzten Reiterkamele ein, die die Pferde der Krösus-Armee scheuen ließen (Pferde können Kamelgeruch nicht ausstehen). Krösus verlor sein ganzes blühendes Reich und geriet in Gefangenschaft. Sein Palast wurde später als Altersheim benutzt. Krösus scheiterte, weil er gar keine echte Frage gestellt hatte, sondern sich mit seiner Schein-Frage selbst die Antwort gegeben hatte. Diese Verengung wollte das Orakel aufbrechen.

Ein gutes Orakel – im Sinne guter prognostischer Technik – muss also in der Lage sein, Fragen *zurückzuspiegeln*. Und sie dadurch lebendig und produktiv zu machen. Denn produktiv gehen wir mit der Welt nur im Fragemodus um, nicht in der Antwort-Erwartung.

Über gute Fragen

- Gute Fragen sorgen sich nicht um korrekte Antworten.
- Gute Fragen können nicht sofort beantwortet werden.
- Gute Fragen fordern gängige Antworten heraus, indem sie sie infrage stellen.
- Eine gute Frage erzeugt ein neues Territorium des Denkens.
- Eine gute Frage re-codiert ihre eigene Antwort.
- Eine gute Frage ist eine Saat der Innovation.
- Eine gute Frage oszilliert an der Grenze dessen, was man weiß und nicht weiß; sie ist weder dumm noch offensichtlich.
- Eine gute Frage kann nicht vorausgesagt werden.
- Eine gute Frage ist das Zeichen eines gebildeten Geistes.
- Eine gute Frage zu generieren ist das Letzte, was eine Maschine lernen wird.

Kevin Kelly

Genau das unterscheidet ein gutes Orakel von einem schlechten. Es ist nicht dazu da, richtige Antworten zu geben – sondern dazu, den Fragenden zu einer Veränderung seines Blickwinkels zu bewegen. Eine gute Frage stellt den Kontakt zur irritierenden Wirklichkeit wieder her, der in der Verengung der inneren Antworten verloren gegangen ist. So verstehe ich auch den Geist, den eigentlichen Sinn, der Zukunftsforschung.

Es geht darum, den Anfänger-Geist zu trainieren.
ZEN-MEISTER SHUNRYU SUZUKI

Manchmal versuche ich auf Veranstaltungen Fragen zurückzuweisen, von denen ich spüre, dass sie in eine Enge führen, aus der man dann nicht mehr herauskommt. Das sind zum Beispiel solche Fragen, die mit »Aber glauben Sie nicht auch, dass ...« anfangen. »Aber glauben Sie nicht auch, dass die Menschheit zum Untergang verurteilt ist/wir die Energiewende niemals schaffen werden/China demnächst einen Krieg anfangen wird/ der Männerüberschuss in China zu einer gigantischen Krise führen wird/der Mensch langfristig zum Untergang verurteilt ist ...« – »Ask again«, versuche ich dann meinem Publikum zu raten. Stellt die besseren Fragen! Wie es der Zen-Autor Shunryu Suzuki formuliert: »Das Bewusstsein des Fragenden ist leer; frei von den Gewohnheiten des Experten.« Gute Fragen fokussieren unseren Geist auf das, *was wir noch nicht wissen*, sie öffnen das Wahrnehmungsfeld, das vor uns liegt. Sie stellen wieder eine Verbindung her zwischen der dynamischen Wirklichkeit und uns selbst.

Antworten sind nicht so wichtig. Antworten kommen später, wenn es so weit ist.

Vielleicht leben Sie sich dann allmählich, ohne es zu merken, eines fernen Tages in die Antwort hinein.
RAINER MARIA RILKE, *BRIEFE AN EINEN JUNGEN DICHTER*

Fragen können uns magisch in neue Wirklichkeiten hineinziehen. Wie etwa bei dem von dem Psychologen Arthur Aron entwickelten Liebesexperiment, bei dem sich zwei unbekannte Menschen gegenseitig abwechselnd 36 Fragen stellen. Wenn diese Fragen die Seele berühren, verlieben sich die Fragenden mit hoher Wahrscheinlichkeit in den anderen. Nichts verbindet uns besser mit dem anderen und der Welt als ehrliche Fragen.

Die besten Zukunftsfragen

Ich sammle seit einigen Jahren Zukunftsfragen, die unseren Geist wieder frisch machen können. Auf den Seiten 194 und 195 finden Sie meine derzeitige Best-of-Auswahl.

Zukunftsübung 9:
Die Matrix-Frage beantworten

Stellen Sie sich vor, Neurowissenschaftler hätten eine Maschine erfunden, die ultrarealistische, angenehme und intensive Erfahrungen in Ihrem Hirn simulieren kann, und zwar so plastisch und mehrdimensional, dass sie nicht von der Wirklichkeit unterscheidbar sind. Eine supervirtuelle Maschine, die eine perfekte Simulation ermöglicht. Die gewünschten Erlebnisse können vom Nutzer selbst programmiert werden. Die Maschine ermöglicht mehr Vergnügen, als man normalerweise in mehreren Leben erwarten könnte. Mehr Abenteuer, als wir sonst jemals haben könnten. Mehr Sex. Großartige Reisen und Genüsse. Abenteuer und Expeditionen. Haben wir einen Grund, *nicht* in diese Maschine hineinzugehen? Und wenn ja, welchen?

Diese Frage-Geschichte stammt vom Philosophen Robert Nozick (zu finden auf bigthink.com). Nozick argumentiert, dass das menschliche Sein nicht wirklich auf die

Maximierung von Vergnügen ausgerichtet ist. Deshalb würden die meisten Menschen die Maschine nicht nutzen. Aber vielleicht haben Sie darauf eine andere Antwort.

Ich werde in diese Maschine hineingehen, weil ...
...
...
...

Ich werde die Maschine nicht nutzen, weil ...
...
...
...

Ich bin gespannt. Und natürlich: Diese Maschine existiert eigentlich längst. Als Vergnügungsindustrie, Trash-Tourismus, als Computerspielsucht, als Verwöhnungsangebot der Nahrungsmittel- und der Pharmaindustrie, der immer simulativeren und manipulativeren Medien. Die Menschheit steckt gerade in einem riesigen Experiment, bei dem sie diese Maschine quasi rund um die Uhr testet, ohne es zu merken. Eine weitere interessante Frage wäre dann vielleicht:

Wenn wir diese Maschine verschrotten – wozu würde sie dann recycelt?

Was werden wir 2050 am meisten vermissen?

Ist Übergewicht eine Form der Gewalt?

Ist das größte Problem unserer Zeit das Zuviel oder das Zuwenig?

Wenn Zivilisation eine dünne Kruste ist, was ist dann das Brot?

Warum scheitern wir so oft, obwohl wir doch so viel wissen?

Wie wird Donald Trump uns alle verändern?

Sind wir zuständig für unsere Gedanken?

Was suchen wir WIRKLICH auf dem Mars?

Wäre es wirklich schlimm, wenn die Menschheit ausstirbt?

Wo sind die Grenzen zwischen Vernunft und Unvernunft?

Wie wichtig ist der Zufall für die Zukunft?

Wie viel Prozent bin ich selbst, und wie viel Prozent kann ich in meinem Leben noch selbst werden?

Welche Tugend würde die Welt garantiert retten, ohne sie gleichzeitig zu verderben?

Kann Aufklärung wirklich zu einem Ende kommen?

Wie kann ein Ungläubiger einen Glaubenden verstehen?

Wann könnte es keinen Sinn machen, Kinder in die Welt zu setzen?

Hilft es der Zukunft, wenn wir uns selbst belügen?

Was würde Dir fehlen, wenn Dein Mann/Deine Frau genau so wäre, wie Du ihn/sie gerne hättest?

Was ist interessanter, als ein Anführer zu werden?

Wie können Menschen die Illusionen über sich selbst verlieren?

Ist die Zukunft lang oder breit?

Wie kann man über die Zukunft nachdenken, ohne zu versuchen, sie vorauszusagen oder vor ihr zu warnen?

Warum fühlen sich so viele Menschen abgelehnt, ungeliebt und nur halb am Leben?

Ist die Evolution Zufall?

Ist Zukunft ein Zustand, ein Prozess – oder eine Fähigkeit?

(mit Dank an Hohe Luft, Theodore Zeldin, Laurie Anderson)

ZUKUNFTSREGEL 10
Befreie Dich von Zukunfts-Schuld
und begreife das Prinzip der *intelligenten Verschwendung*

Ich habe mich lange für meinen Lebenswandel geschämt.
Und hast du dich gebessert?
Ja, ich schäme mich nicht mehr.
MAE WEST

Seit ich denken kann, seit meinen frühen Kindheitstagen, steht die Welt am Abgrund. Noch nie war es früher als kurz vor zwölf. In der Schule lasen wir in den späten Sechzigerjahren die ersten Texte über die sterbenden Wälder und Vögel. Dann der Atomtod, der Weltkrieg, der nahezu unvermeidbar war. Danach kamen die Atomkraftwerke, nun ging es um die unheimliche, unsichtbare Verstrahlung der Welt, ein ganzes System des atomaren Verderbens. Auf den Klos unserer Wohngemeinschaften hingen die wunderbaren sepiafarbenen Plakate von Häuptling Tecumseh, der gänsehautproduzierende Sätze sagte wie: »Wir haben die Erde von unseren Kindern nur geliehen« oder »Erst wenn der letzte Baum gerodet, der letzte Fluss vergiftet, der letzte Fisch gefangen ist, werdet Ihr merken, dass man Geld nicht essen kann.«

Seit ich denken kann, treten die düsteren Propheten des Untergangs vor die Kameras und verkünden: Es ist längst zu spät. Der Mensch ist ein Sünder an unserem Planeten. Ich erinnere mich dunkel an den Club of Rome, dessen Existenz etwas Geheimnisvolles hatte – waren das Menschen oder Sendboten einer außerirdischen Macht? Jetzt sind es andere Experten, immer Gruppen von Männern, die in immer kürzeren Abständen das Große Verderben verkünden: globale Erwärmung, die Insekten-Apokalypse, das noch nie da gewesene Artensterben, Überfremdung, Überschuldung, das Sterben aller Vögel und Fische und Bienen ... Alles, was ich vergessen habe, kommt nächste Woche in der Talkshow.

Aber während die Welt ihrem Ende zugeht, blutend, ausgeplündert, kaputt, laufen auf den 4-K-Bildschirmen im Panorama-Format diese wunderbaren Naturdokumentationen, in denen andere Experten mit sonoren Stimmen die unglaubliche Schönheit der Welt beschwören. Wale ziehen in großen Schwärmen durch türkisblaue Ozeane. Millionen von Vögeln brüten in fantastischen Landschaften. Billionen von traumhaften Schmetterlingen tanzen. Eine üppige, vor Leben strotzende Erde.

Ja wo leben wir denn?

Auf einer kaputten, völlig hoffnungslosen Müllhalde?

Oder in einer wunderbaren Idylle?

Offenbar ist beides wahr, und wir torkeln haltlos zwischen beidem hin und her. Dabei machen wir uns gegenseitig scharfe Vorwürfe, weisen uns die Schuld zu – und haben unentwegt ein schlechtes Gewissen. Aber hilft uns das weiter? Nehmen wir eine dieser typischen Talkshows über Umweltkrise, globale Erwärmung, Plastikmüll – wann kommt der Untergang? Eine Mutter erzählt von ihrem Versuch, ihre Kinder gesund mit Bio-Nahrungsmitteln und weniger Fleisch zu erziehen. Sie wird sofort von einem konservativen Politiker als »grüne Ideologin« denunziert, die nur eine kleine elitäre Schicht »bedienen« will und der der breite Volkswille egal ist. Die Debatte streift nun kurz die angeblich krebserregende Wirkung von Milch. Daraufhin behauptet die Naturschützerin in der Runde, dass die Produktion von Mandelmilch extrem umweltschädlich sei und Sojamilch sowieso nicht infrage komme, wegen der Regenwälder. Man solle lieber ganz auf Milch verzichten. Ein Schauspieler gesteht, viel zu fliegen und gerne Auto zu fahren. Er unterstützt persönlich Regenwaldaufforstungen im Amazonasgebiet, leistet für seine Flüge CO_2-Ausgleichszahlungen und hat eine hochmoderne Energiewindmühle in seinem Garten installiert. Sofort hüpft ein Mann aus dem Publikum und »weist nach«, dass Windmühlen ganze Vogelpopulationen ausrotten und außerdem hochgiftiges Kadmium enthalten. Ein ernsthafter Witzbold – oder ist es ein besorgter Bürger? – vertritt die Meinung, dass alle Fitnessstudios verboten werden sollten, denn wenn wir Kalorien beim Bodytraining verbrauchen, kurbeln wir den Fleischkonsum an. Im Netz ergießen sich derweil schon Tausende von zynischen Hassmails über sämtliche Diskutanten. So schreibt beispielsweise rülpsteufel1234:

... Die Leugner und Relativierer wollen es nicht wahrhaben und stur weitermachen. Letzte Hoffnung ist irrsinnigerweise die künstliche Intelligenz; okay die lässt dann 3/4 der Menschheit über die Klinge springen, rettet aber wahrscheinlich die Natur. Klimakatastrophen hat es immer gegeben und haben zum Aussterben von Arten geführt. Der Mensch ist vielleicht das erste Lebewesen, das seinen eigenen Untergang dokumentiert. Später werden die nächsten intelligenten Lebewesen vielleicht die Mad-Max-Filme als Chronologie der Homo Sapiens ausbuddeln. Hier protestieren Schneeflocken gegen die Lawine, in der sie sich befinden. »Das Klima«, »die Umwelt« und einfach alles kann gerettet werden, indem die Weltbevölkerung minimiert wird. Bekannt seit den 70ern (Club of Rome) ...

Zum Abschluss der Talkshow bringt der Chef des renommierten Klimaforschungsinstituts die Lage der Menschheit mit seiner einschmeichelnden Untergangsstimme auf den Punkt:

»Wir agieren wie ein Mann, der aus dem Fenster im 80. Stockwerk eines Hochhauses gesprungen ist und unten im dritten Stock sagt: ›Es ist ja alles gutgegangen!‹«
Frenetischer Beifall.

Die 58,6-Tonnen-Formel

Im Frühjahr 2019 löste eine seltsame Debatte in den deutschen Medien den erwartbaren Shitstorm aus. Verena Brunschweiger, eine Lehrerin und Feministin aus Passau, trat in den Talkshows auf und schilderte das Kinderkriegen als eine Art Totalniederlage, die Aufgabe der eigenen Lebenswünsche und dazu eine gigantische Umweltsünde. 58,6 Tonnen CO_2 erzeuge ein Kind pro Jahr! Deshalb, und auch weil es das eigene Leben in Geiselhaft nehme, sei es besser und moralischer, kinderlos zu bleiben. »Mein Kind wird Rohstoffe verbrauchen und Emissionen ausstoßen, die zum Klimawandel beitragen. Das verschlimmert das Problem gerade für die ärmeren Menschen im globalen Süden, die besonders stark unter dem Klimawandel leiden.«

Es ist erstaunlich, wie viel Zustimmung diese Haltung erntete. Was ist das für eine Welt, in der wir anfangen, das, was uns mit der Zukunft verbindet, nämlich unsere Kinder, als Schadstoffeinträge zu betrachten?

Ursächlich für diese Idiotie ist das utilitaristische Denken. In dieser Vorstellung ist die Welt, die Natur, eine fixe Größe, der wir durch unsere Existenz ständig etwas antun beziehungsweise wegnehmen. Wir sind schuldig, weil wir existieren. Diese Logik stammt aus einer Gedankenwelt, derer sich schon die katholische Kirche bediente, die den Menschen per se als Sünder definiert. Sie findet sich aber auch in vielen anderen Geistesströmungen, vom Calvinismus, der jede Form von »Verschwendung« geißelte, bis zum heutigen Öko-Rigorismus.

In der deutschen Illustrierten *Stern* erschien neulich eine jener Sünden-Storys, die inzwischen den Großteil der Ratgeberliteratur ausmachen. Es geht dabei immer darum, was man *nicht* essen oder *nicht* genießen sollte, was *schädlich* ist für Welt, Mensch und Umwelt.

»So viel Wasser verbrauchen unsere Lebensmittel pro Kilogramm:

Kokosnuss: 10 Liter
Eier: 3300 Liter
Reis: 3470 Liter
Geflügel: 4400 Liter
Hirse: 5550 Liter
Nüsse: 5500 Liter
Kaffee: 21 000 Liter
Kakao: 27 000 Liter«[30]

Um die Welt zu retten, sollten wir vielleicht Sand essen. Aber wird dieser nicht auch bereits knapp? Wenn ich Wasser trinke, verbrauche ich es dann eigentlich? Nein, es wandert stofflich durch mich hindurch. Wasser zu »sparen« ergibt allenfalls in der Wüste Sinn, wenn ich keinen Wasserkanister dabeihabe. Wasser kann regional knapp sein, aber es macht einen riesigen Anteil der Erdatmosphäre aus. Der menschliche Körper besteht zu 75 Prozent aus Wasser. Kakao wächst in den Tropen, wo es viel regnet. Reis wächst in Irrigationsfeldern *im* Wasser. Allerdings gibt es Orangenplantagen, die ihr Wasser aus versiegenden Flüssen abzapfen. Das ist schlechte, schädliche Landwirtschaft. Wasser ist ein Grundstoff aller Lebensmittel und des Lebens. Es kann nicht »zu viel« davon geben. Oder zu wenig.

Ich warte noch auf die Schlagzeile: Atome werden knapp. Wir müssen Atome sparen! Sauerstoff – die neue Krise! Offenbar befinden wir uns alle in einem defekten Raumschiff. Rette sich, wer kann! Hören Sie auf zu atmen! Wir brauchen dringend ein Sauerstoffbegrenzungsgesetz!

Die Welt der Knappheit

In früheren Zeiten war das menschliche Leben so brutal wie kurz. Und das hatte vor allem mit Knappheit zu tun. Unsere Vorfahren lebten in unmittelbarer Abhängigkeit von den lokalen Ressourcen, und die waren nur in Ausnahmezeiten üppig. Wetter und Klima, die Zugbahnen der Tierherden, Stürme und natürliche topografische Hindernisse – all das beeinflusste und begrenzte die ohnehin kargen Lebensaussichten unserer Jäger-und-Sammler-Vorfahren.

Wenn vor 100 000 Jahren das Trockenfleisch knapp wurde und sich im Frühjahr keine Tierherden am Horizont abzeichneten, dann trat der Schamane mit einer Beschwörung vor den Stamm. Die magischen Bilder der Tierherden in den Höhlen der Frühsteinzeit wie Lascaux, Altamira oder Chauve künden von diesen Bemühungen. Wahrscheinlich waren es Visionen kommender Fülle, die unsere Vorfahren dort an die Wand malten. Visionen, die die Not beschwören und gleichzeitig besänftigen sollten. Solche Bilder hatten einen funktionalen Sinn. Vielleicht ließ die Vorstellung von Fülle die Menschen ihre Jagdanstrengungen verdoppeln oder einfach Hoffnung schöpfen.

Vor Millionen von Jahren waren die Optionen im Kampf gegen die Knappheit nicht allzu weit gefächert. Man konnte weiterziehen oder Vorräte anlegen. Man konnte schärfere Faustkeile herstellen oder die Durchschlagskraft von Speeren erhöhen. Vielleicht sogar den Nachbarstamm überfallen und dessen Vorräte plündern. Oder man konnte die Intensität der Rituale erhöhen. Ganze Hochzivilisationen, wie die Inkas, Maya und Azteken, wurden von Untergangsmythen zusammengehalten, die eine eigene Dynamik entfalteten. Die Maya waren davon überzeugt, dass ohne das Herausreißen von Herzen in Massenritualen die Sonne am nächsten Tag nicht aufgehen würde. Daraus entstand die radikale Logik des Opfers.

In der peruanischen Stadt Trujillo spielten im Jahr 2010 zwei Jungen auf einem brach liegenden Grundstück nahe dem Meer mit den Nachbarhunden. Dabei stießen sie auf Knochen, die im Sand steckten. Archäologen gruben danach 140 Skelette von Kindern im Alter zwischen 5 und 14 Jahren aus. Es handelte sich um gesunde Kinder. Die Skelette stammten aus der Zeit um 1450 n. Chr., gegen Ende des Chimú-Reiches. Die Ruinen von Chan Chan, einer der Hauptstädte des Reiches, lagen 20 Kilometer entfernt. Die Untersuchung der Knochen zeigte: Man hatte den Knaben und Mädchen mit einem Messer die Brust aufgeschlitzt, die Rippen ausgerenkt – und dann wohl bei lebendigem Leibe das Herz herausgerissen. Der Fund einer weiteren Opferstätte erhöhte die Zahl der Skelette auf 270.[31] Die Archäologen vermuten, dass die Kinder als »Schutz« vor den wiederkehrenden Klimakatastrophen von El Niño geopfert wurden. El Niño zerstörte immer wieder die Bewässerungssysteme der Chimú-Kultur und vertrieb die Fischschwärme von der Küste.

Zauberer und Propheten

In seinem Buch *The Wizard and the Prophet*[32] beschreibt der Journalist Charles C. Mann den ewigen Kampf zwischen zwei Sorten von Weltverbesserern: auf der einen Seite die Doomsday-Propheten, die Angst, Mahnungen und Warnungen verbreiten und die Lösung in einer mehr oder minder radikalen Selbstbeschränkung oder »Umkehr« suchen; auf der anderen Seite jene Veränderer, die versuchen, die Verfügbarkeit knapper Ressourcen radikal auszuweiten. Als Beispiel für die erste Denkart führt Mann den amerikanischen Umweltpropheten William Vogt (1902–1968) an, Autor des ersten grünen Weltbestsellers *Road to Survival* (1948), sowie den Bevölkerungs-Apokalyptiker Paul Ehrlich, der seit einem halben Jahrhundert eine weltzerstörende Bevölkerungsexplosion voraussagt. Als Gegenpol wählte er Norman Borlaug, Sohn eines Farmers, der als Pflanzenzüchter und Agrarrevolutionär nach dem Zweiten Weltkrieg bahnbrechende Arbeit leistete und die globalen Ernährungsgrundlagen nachhaltig veränderte. Borlaugs Arbeit ist zum großen Teil dafür verantwortlich, dass die Hunger-Prophezeiungen des Club of Rome und anderer Knappheitspropheten sich nicht bewahrheiteten. Er steigerte durch neue Zuchtweisen und Saatfolgen die Erträge von Weizen, Mais und Bohnen, der wichtigsten Grundnahrungsmittel weltweit. Ganz ohne Einsatz von Gentechnik oder die Möglichkeiten von CRISPR/Cas erhöhte er die weltweite Agrarproduktivität um mindestens den Faktor drei.

Vogts und Ehrlichs Tätigkeit zielte im Wesentlichen auf die Erregung von öffentlicher Wahrnehmung. Sie waren Propheten, die vor dem Ende warnten und damit viel öffentliche Aufmerksamkeit erhielten. Borlaug hingegen war ein Zauberer im Stillen, ein Praktiker des Wandels und Vorreiter der »grünen Revolution«. Er starb hochdekoriert, aber nahezu unbekannt, im Jahr 2009. Paul Ehrlich predigt bis heute die ameisenhafte Vermehrung der Spezies Mensch, die Schuld-und-Sühne-Logik.

Der Unterschied zwischen Zauberern und Propheten steht sinnbildlich für zwei fundamental unterschiedliche Strategien, mit der Zukunft umzugehen:

Nachhaltigkeit
_____

Transformativität

So schön das Wort *Nachhaltigkeit* klingt – es beinhaltet immer die Annahme einer starren Grenze. Im Grunde erzeugt es ein Weltbild der Statik – der geschlossenen und ewig währenden Systeme. So gut die damit verbundene Warnung auch gemeint ist, sie mündet immer in einem unlösbaren Konflikt. Wenn alles knapp wird, stellt sich ja vor allem die Frage, wer die Macht hat, seine Bedürfnisse *gegen die der anderen* durchzusetzen. Dann entstehen zwangsläufig Verteilungskämpfe, Machtkonflikte, Panik und Hysterie, wie wir sie heute wieder erleben können. Kräfte organisieren sich gegen einen sinnvollen Wandel.

Momentan durchleben wir eine Phase des *Verschwendungstrotzes:* Wenn eine Ressource als knapp erscheint, kalkuliert der Einzelne seine Möglichkeiten, noch schnell von ihr zu profitieren, bevor es vorbei ist. Nach dem Motto: Kaufen wir uns noch rasch einen SUV mit 400 PS, bevor die verdammten Grünen uns das verbieten!

Transformativität hingegen bedeutet, dass wir »den Wandel im Wandel« begreifen. Wir verstehen dann, dass wir nicht von geschlossenen, sondern von dynamisch-adaptiven Systemen umgeben sind. Technologie spielt dabei eine Rolle, vor allem aber produktivere Systemarchitekturen, in denen nicht die Effizienz, sondern die Effektivität gesteigert wird.

Nachhaltigkeit ist also ein gefährliches Wort. Es suggeriert Beschränkung, Verzicht, Einordnung. So fromm es auch daherkommt, es erzeugt unbewussten Zorn. Menschen mögen keine Grenzen. Wenn etwas knapp ist, fallen sie leicht in den alten Modus zurück, mit dem schon unsere Vorfahren ihre Vorräte plünderten: Verschlingen wir es, bevor es andere bekommen!

Die Überflüssigkeit des Menschen

In dem Science-Fiction-Film *Soylent Green* aus den Siebzigerjahren, einem Klassiker der Apokalypse-Dystopien, wird ein alter Mann in einem »Exterminations-Raum« eingeschläfert. Ganz freiwillig. Er hat den friedlichen Abschied gewählt, weil er der Menschheit ein Geschenk machen möchte. Seinen Körper, die Bioproteine, die seine sterbliche Existenz ausmachen. Er will sein Leben opfern, damit er der Welt nicht mehr zur Last fällt. Im Sterben darf er sich die schönsten Naturbilder des Planeten Erde auf Rundumbildschirmen ansehen: üppige Korallenriffe, wunderbare Wälder, grazile Gazellen im Buschland – alles was Mutter Erde an verschwenderischer Vielfalt und Schönheit zu bieten hat. Dazu ertönt eines der üppigsten, vitalsten Musikstücke überhaupt: Vivaldis »Die vier Jahreszeiten«.

Der Plot von *Soylent Green* ist ein typisches radikales Knappheitsszenario. Die Überbevölkerung hat die Erde in eine Hungerhölle verwandelt. Auf den Straßen fallen die Menschen auf der Suche nach Nahrung übereinander her. Die Polizei schaufelt mit riesigen Transportern die überflüssigen Menschen in große Gruben. Die ganze Welt ist eine einzige Stadt. Grundnahrungsmittel ist ein in staatlichen Fabriken produziertes Protein, »Soylent Green«, das man in Keks- oder Breiform zu sich nimmt. Unvergessen ist der Satz, mit dem der Hauptdarsteller Charlton Heston am Ende des Films das obszöne Geheimnis herausschreit:

Soylent Green ist aus Menschenfleisch!!!

Ein archaisches Element in unserer Seele scheint regelrecht darauf hinzuarbeiten, dass wir überflüssig, überzählig, viel zu viele sind. Auch dieses Phänomen weist einen Berührungspunkt zu unserem evolutionären Erbe auf. In der Stammesgesellschaft war das »Überflüssigsein« die mit Abstand tödlichste Drohung. Unsere Vorfahren waren in dieser Hinsicht nicht zimperlich. Alte, Kranke und Schwache wurden in der Stammesgesellschaft oft zurückgelassen – ein Todesurteil. Solche Selektion war in unserer langen Geschichte nicht die Ausnahme, sondern die Regel.

Auf irgendeine Weise haben wir dieses Urtrauma in die Moderne mitgenommen. Depressionen und viele andere seelische Krankheiten haben oft mit dem Gefühl des eigenen Überflüs-

sigseins zu tun. Mit der Annahme, nichts wert und eigentlich schädlich zu sein. Nicht dazuzugehören und »die Welt zu verderben«. Dieses Gefühl beherrscht nicht nur die Umweltdebatte, es bildet auch die Matrix der bösartig-populistischen Bewegungen unserer Tage – das Schädliche wird auf andere Gruppen übertragen. Der Religionswissenschaftler, Komiker und Romanautor Anselm Neft schreibt:
»Was könnte die Ursache für solche Aggressivitätsspiralen sein? In seinem letzten großen Aufsatz über das Unbehagen in der Kultur formuliert Sigmund Freud den Gedanken: Je zivilisierter eine Gesellschaft ist, desto mehr Über-Ich-Kräfte benötigt sie, um das Barbarische im Zaum zu halten. Und desto depressiver, nervöser und verletzlicher wird sie. Die Basis der Opferinszenierung ist also immer ein Gefühl von Schuld. Erzeugt und verstärkt wird dieses Schuldgefühl von einem historisch einmalig hohen Anspruch an das eigene Leben und die eigene Moral.«[33]

Das Holland-Prinzip

Wenn es besonders düster wird in Sachen Zukunft, Menschheit und Natur, macht das raunende Wort *Anthropozän* die Runde. Es klingt schon phonetisch wie eine Giftschlange: »Wir leben jetzt im Anthropozän!« Eine Untergangsprophezeiung mit eingebautem Schuldurteil für die Spezies Mensch, die die Herrschaft über den Planeten unrechtmäßigerweise übernommen hat. Und ihn dabei – was sonst – zugrunde richtet.
Die also schleunigst verschwinden sollte!
In vielen Religionen und Mythologien gibt es einen Schöpfer-Moment, in dem sich der Mensch aus dem Naturraum herauslöst. Im christlichen Kulturkreis ist dieser Moment besonders deutlich mit Schuld und Strafe verbunden – Eva verführt Adam zum Biss in den Apfel der Erkenntnis, und danach be-

ginnt der ganze Ärger mit der Existenz. »Im Schweiße eures Angesichts sollt ihr euer Brot verdienen.«

In der modernen Naturromantik spiegelt sich dieses Selbst-Weltbild in der Fiktion der »heilen Natur«. Die Natur ist unberührt und harmonisch, bevor sie durch unsere ökologischen Sünden verdorben wird. Vorher liegt das Lamm beim Löwen. Dieses Narrativ werden wir nicht los. Und in diesem Bild haben wir im Grunde keine Zukunftschance. Wir sind zum Aussterben regelrecht *verpflichtet* – um die Welt wieder freizugeben.

Evolutions-Anthropologen glauben, dass die Narration von der Vertreibung aus dem Paradies durch einen zürnenden Gott den Übergang von der Jäger-und-Sammler-Gesellschaft zur agrarischen Lebensweise nacherzählt. Die sesshafte Lebensweise, die vor 8000 Jahren das nomadische Leben abzulösen begann, war zunächst alles andere als ein Fortschritt. Die ersten sesshaften Bauern litten unter unsicheren Ernten, Unterernährung und Infektionskrankheiten, die in den ersten verdichteten Städten gediehen; ihr Verhältnis zur Natur war viel prekärer als das der Jäger und Sammler, die dem Wild und den Ressourcen einfach folgten.

Aber die Differenzierung zwischen Natur und Mensch ist kein Sündenfall. Sie ist die logische Konsequenz eines planenden, vorausschauenden Hirns, eines »Future Mind«. Landwirtschaft und die Kultivierung von Naturressourcen eröffneten dem Menschen neue Möglichkeiten, Abstand von der Natur zu gewinnen. Mit Kultur, Kooperation und Technologie eroberte er sich Freiräume gegenüber der unmittelbaren Naturgewalt.

Betrachten wir zum Beispiel die Niederlande: ein Land, das weitgehend un-natürlich ist. Künstlich geradezu. Etwa ein Drittel der Landesfläche liegt unter dem Meeresspiegel; eine Polderlandschaft, die dem Meer über Jahrhunderte abgetrotzt wurde. Die Niederlande, gemeinhin (und nicht ganz zutreffend) auch unter dem Namen Holland bekannt, bestehen aus unzähligen riesigen Gewächshäusern, in denen alles Mögliche wächst – Tulpen, Tomaten, Zwiebeln ... Der Rest sind Fahrradwege, niedliche Backsteinhäuser ohne Gardinen, das idyllische, aber mit Fahrradfahrern überfüllte Amsterdam, ein paar weitere Großstädte sowie einige Hundert verkehrsberuhigte kleine Städtchen mit hohem Sozialniveau. Und drum herum ein paar Hunderttausend Schafe und Kühe.

Der Natürlichkeitsgrad Hollands ist also nicht sonderlich hoch. Die Wälder wurden größtenteils schon vor 500 Jahren abgeholzt – für den Bau der Schiffe der holländischen Kolonial- und Kaufmannsflotte. Die Holländer waren immer schon begnadete Züchter. Sie haben unendlich viele bizarre Blumensorten »herausgemendelt«, die sich sogar zu einer der größten Börsenblasen aller Zeiten auswuchsen, dem berühmten Tulpenwahn (1630–1636). Sie haben es vorübergehend sogar geschafft, Tomaten um jeden Geschmacksstoff zu berauben, sie dafür aber hartschalig und dauerhaft haltbar zu machen.

Die Holländer sind ohne Zweifel die Avantgarde des Anthropozäns! Sie erlauben sogar das Kiffen in Kaffeehäusern!

Trifft die Holländer wirklich eine Mitschuld am Verderben unseres Planeten, an der Reduzierung der Artenvielfalt? Sollten wir Holland nicht den »natürlichen« Wellen der Nordsee übergeben? So könnte man es sehen, wenn man das Holland vor 100 000 Jahren als Vergleichsmaßstab ansetzt (damals war es überwiegend von Heringsschwärmen bevölkert, weil es unter Wasser lag). Erstaunlicherweise hat Holland aber seine CO_2-Ziele recht gut eingehalten. Das hat ein wenig mit einer »Mahnung« zu tun, die die Natur ausgesprochen hat: In den letzten 20 Jahren erschütterten immer wieder Erdbeben den nordöstlichen Teil Hollands und beschädigten viele Häuser. Ursache war ein riesiges Gasfeld unter der Region Groningen, aus dem die Holländer einen großen Teil ihrer Energieversorgung bezogen. Da das abgepumpte Gas große Hohlräume hinterließ, kam es zu tektonischen Verwerfungen.

Als Folge dieser Erdbeben beschlossen die Holländer, konsequent auf erneuerbare Energien umzusteigen. Dabei konnten sie ihre Fähigkeiten hinsichtlich sozialer Kohärenz nutzen: Parteien, Bürger und Wirtschaft zogen an einem Strang. Das ist nicht zuletzt die historische Konsequenz einer von Sturmfluten bedrohten Seefahrernation.

In den inzwischen gigantischen Gewächshäusern, die sich von Horizont zu Horizont erstrecken, hat sich in den letzten Jahren Erstaunliches ereignet. Heute sorgen Hummeln für die Bestäubung der Tomaten; immer mehr Gewächshäuser verfügen über eine eigene Energieversorgung per Solar- oder Windenergie; raffinierte Speichersysteme entstehen, die auch im Winter heizen. Energie und Nährstoffe werden zunehmend in Kreisläufen recycelt, tierische Abfälle fließen den Pflanzen zu. Immer mehr exotische Pflanzenarten werden gezüchtet, selbst Okra oder Bananen, die man demnächst nicht mehr um den halben Planeten schiffen muss.

Die Holländer bauen ihr Land im Sinne einer neo-ökologischen (technisch-ökologischen) Moderne um. Das »Prinzip Holland« besteht in einem auf Nachhaltigkeit orientierten Humanismus, der weder technikfeindlich noch naturromantisch ist. Überall sprießen derzeit neue Lebens- und Stadtkonzepte aus dem Boden, teilweise aufs Wasser gebaut, um den steigenden Wasserspiegel vorwegzunehmen, teils als CO_2-freie Siedlungen mit utopischem Charakter, wie im 25 Kilometer von Amsterdam entfernten Almere, das sich »Stadt der Zukunft« nennt. Die Holländer stehen zu ihrer Verantwortung als Gärtner, Pfleger, Heger, Gestalter der biologischen, aber auch sozialen und menschlichen Prozesse. Sie sind *Anthropozentriker*. Und gleichzeitig *Terraformer*.

Wie wäre es also mit folgender Zukunftshaltung: Ja, wir leben im Anthropozän. Wir sind die dominierende, formende, schöpferische Spezies auf dem schönen blauen dritten Planeten eines durchschnittlichen Sonnensystems. Es ist sinnlos, es zu leugnen, und menschenfeindlich, es wieder rückgängig machen zu wollen: Wir formen die Natur, wir ändern die Natur. Und wir werden durch sie ständig neu geformt. Es ist eine Technosynthese, ein andauernder Prozess von Schöpfung und Geschöpft-Werden. Wir befinden uns in einem evolutionären Tanz, in dem durch unser Wirken neue Biotope, neue Arten, neue Kreisläufe entstehen. Seien wir stolz darauf – und machen wir den Job richtig!

Intelligente Verschwendung

Wir schreiben den 1. August. Heute ist wieder der »Earth Overshoot Day«. Jedes Jahr wird er einige Tage früher begangen, und jedes Mal berichten die Zeitungen darüber mit großen, düsteren Bildern (verkrüppelte Bäume auf verkarsteten Böden, quer über die ganze Aufmacherseite). »Von Jahresbeginn bis zu diesem Tag hat die Menschheit mehr Ressourcen verbraucht, als der Planet Erde ihr in einem ganzen Jahr zur Verfügung stellt! Wir haben innerhalb eines halben Jahres den Planeten geplündert!« – »Eigentlich bräuchten wir vier Planeten!!!«

In den Tagen nach dem Earth Overshoot Day (oder ähnlichen ökologischen Gedenktagen) mache ich seit einigen Jahren eine seltsame Erfahrung. Ich habe das Gefühl, dass die Aggressivität der ökologischen Auseinandersetzung wächst. In den Talkshows und Kommentarspalten überwiegen giftige, bösartige Stimmen. Sie fordern nicht etwa mehr positive Aktivitäten – die scheint es angesichts der aussichtslosen Lage nicht zu geben. Immer häufiger werden stattdessen der Klimawandel oder ökologische Probleme gleich ganz geleugnet. Ein gehässiger, zynischer Ton liegt in der Luft, und man hat den Eindruck, dass auf den Straßen die Gaspedale nun ganz tief heruntergedrückt werden ...

Wir streiten uns um die Reste. Wir rüsten zum letzten Gefecht. *Mad Max* steht vor der Tür – jene apokalyptische Serie, in der skurrile Clans, die sich Eisenbolzen in die Backen bohren, in der Wüste bis aufs Blut um die letzten Ölfässer kämpfen ...

Niemand kommt offenbar auf die Idee zu fragen: Stimmt das alles eigentlich? Gibt es wirklich einen klar definierten »Fußabdruck«, mit dem wir den Planeten in Grund und Boden stampfen?

Keiner hat so sehr an der Fiktion eines Fußabdrucks gerüttelt wie Michael Braungart, der Meister und Erfinder der Cradle-to-Cradle-Bewegung. Braungart, der die wichtigsten Bücher zur neuen Kreislaufwirtschaft geschrieben hat und mit seinem Institut inzwischen 11 000 Produkte erschuf, die den Cradle-to-Cradle-Kriterien entsprechen (vollständige Recycelbarkeit in mechanischer oder biologischer Hinsicht), bekommt richtig schlechte Laune, wenn man ihn, den radikalen Ökologen, auf das Fußabdruckmodell anspricht. Er fängt regelrecht an zu toben. Für ihn lässt das Bild des Fußabdrucks den eigentlichen Grund dafür erkennen, dass es mit der ökologischen Transformation so langsam vorangeht.

»Wir reden immer nur über den Zwang, das Falsche ein wenig weniger zu machen. Was für eine deprimierende Vorstellung! Was für ein grauenhafter Irrtum! Wenn wir nicht das Falsche ein wenig weniger, sondern das Richtige mehr machen, dann ist ein großer humaner Fußabdruck nicht negativ, sondern positiv!«

Braungart spricht vom Prinzip der »intelligenten Verschwendung«, das die Wirtschaft der Zukunft prägen wird. Verschwendung? Wie bitte? Müssen wir nicht überall sparen, verzichten, uns einschränken, den Gürtel enger schnallen, bis es kracht?

Stellen Sie sich vor, es gäbe keine materiellen, molekularen Beschränkungen in Bezug auf Rohstoffe. Aus Biomasse würde immer wieder Biomasse. Aus Molekülen würden immer wieder Moleküle. Häuser, Schiffe, Smartphones würden immer wieder in ihre Bestandteile zerlegt. Nichts würde in Wahrheit

»verbraucht«. Wenn Sie duschten, flösse das Wasser in den Abguss und käme woanders wieder. Sie könnten es verschmutzen, aber nicht verbrauchen.

Stellen Sie sich vor, das würde auch für Moleküle wie »seltene Erden« gelten. Sie wären gar nicht wirklich »knapp«, sondern nur vorübergehend rar. Weil wir sie in dem Moment, wenn sie wirklich teuer würden, mit ziemlicher Sicherheit recyceln würden. Denn das lohnte sich dann, es wäre ein Geschäft. Oder findige Chemiker und Ingenieure fänden schnell Ersatzstoffe.

Nur ein kleines Beispiel: Vanadium ist einer der in den heutigen Batterien benötigten »Problemrohstoffe« – selten, problematisch abzubauen und so weiter. Die Firma CMBlu bietet jetzt Flow-Cell-Batterien an, in denen der Speicher aus Holz besteht, genauer aus Lignin, das bei der Holzverarbeitung in Massen anfällt. Damit kann man beliebig große Batterien skalieren.

Energie für diese Transformativität haben wir mehr als genug. Der gigantische Fusionsreaktor über unseren Köpfen strahlt unentwegt eine Million Mal mehr Energie auf die Erde, als wir jemals benötigen. Diese Energie ist unerschöpflich, und wenn wir noch die »Derivate« der solaren Kraft hinzuzählen – Wind, Wellen, Biomasse und den daraus gewinnbaren Wasserstoff –, ist das Ganze tatsächlich ein Perpetuum mobile. Heute schon lässt sich aus CO_2 Karbon gewinnen, ein Leichtbaumaterial für den Fahrzeugbau. Synthetische Spinnenseide ist demnächst marktgängig und wird vielleicht die Baumwolle ablösen, die einen hohen Wasserverbrauch hat. Und so weiter. Wir bewegen uns immer mehr in Richtung einer Bioökonomie, in der »Fehlapplikationen von Molekülen« – nichts anderes ist Umweltverschmutzung oder Knappheit – vermieden werden können.

Sparen allerdings wäre völlig sinnlos. Die Natur spart ja auch nicht. Im Gegenteil. Jeder Kirschbaum trägt mindestens zehnmal so viele Blüten, wie er Kirschen produziert. Die meisten Organismen entlassen Millionen Sporen in die Umwelt, Tierarten zeugen Tausende von Nachkommen, von denen nur einige wenige überleben. Die Natur ist grausam *und* üppig. Sie verschwendet, und gerade deshalb erfindet sie sich immer wieder neu. Jeder Ameisenhaufen wimmelt von Komplexitätsüberschüssen, die die Entropie zurückhalten.

»Den Kirschbaum müssten wir eigentlich abhacken«, sagt Michael Braungart wütend. »Der ist doch vollkommen ineffizient!«

Vielleicht ist Liebe nichts anderes als das Gefühl, dass es *genug* ist. Dass man gehalten wird. Liebe ist der Zustand, in dem wir uns in die Welt verschwenden können.

Zukunftsübung 10:
Ein Bewusstsein der Fülle entwickeln

Stellen wir uns einmal vor, es wäre von allem *genug* vorhanden. Keine Ressource wäre wirklich knapp. Energie, Liebe, Zuneigung, Glück, materielle Güter: Alles wäre im Übermaß vorhanden.

Das klingt wie die fiebrige Fantasie eines Menschen, der Probleme aller Art leugnet. Aber ganz nüchtern betrachtet, ist die Idee der kommenden Fülle gar nicht so verrückt. Haben wir das nicht schon in vielen Bereichen erlebt? Seit einem guten halben Jahrhundert ist die Verfügbarkeit von Lebensmitteln in vielen Teilen der Welt radikal gestiegen. Selbst in den Schwellenländern nehmen die Menschen eher zu viel Kalorien zu sich. Auf der Erde leben heute doppelt bis dreifach so viele Übergewichtige wie Unterernährte. In den Siebzigerjahren dachte man noch, das Öl sei »demnächst« aufgebraucht – heute ist es viel zu billig. Eine Knappheitsvermutung nach der anderen löst sich auf und verkehrt sich in ihr Gegenteil: in ein Überfluss-Problem. Telefongespräche kosten praktisch nichts mehr. Flüge sind so teuer wie Busfahrten. Jeder hat bald ein dickes Auto ...

Keine Angst – ich lasse Sie gleich wieder in Ruhe Ihren finsteren Zukunftsgedanken nachgehen, die um Knappheit kreisen. Aber lassen Sie uns vorher wenigstens einmal »probedenken«, was passieren würde, wenn wir tatsächlich in einer Welt der Fülle leben würden.

Würden wir dann mehr in uns hineinschlingen?
Noch dickere Autos fahren?
Noch mehr Übergewicht anlegen?
Endgültig der Ökologie den Mittelfinger zeigen?

Vielleicht würde auch das Gegenteil passieren. Wir könnten Dinge – Verhaltensweisen, Süchte, Übertreibungen – leichter loslassen, wenn wir nicht von der ständigen Angst geplagt wären, es wäre »zu wenig da«. Wenn wir die Knappheitspanik ablegten, könnten wir endlich in *Möglichkeiten* statt in Befürchtungen denken und handeln. Wir müssten nicht mehr Schuld und Scham durch ungünstiges Verhalten kompensieren.

Schuld ist ein Gefühl, für etwas verantwortlich zu sein, für das man Verantwortung nicht übernehmen kann. Daraus erwächst Scham: Wir schämen uns dafür, nicht zu genügen, für unsere Unfähigkeit, unser *Zu-viel-Sein*. Daraus entsteht das Elend der Kompensation. Wir werden nicht dick, weil wir zu viel essen. Sondern weil wir uns für unser Dicksein schämen. Adipositas ist ein Krieg unserer seelischen Selbstbilder. Wir tun Dinge, die uns nicht guttun, aus Angst vor dem kommenden Mangel – an Liebe und Zuneigung, weniger an Kalorien. Wir legitimieren unser Verhalten mit kompensierendem Trotz. All das könnte sich ändern, wenn wir in unserem Inneren begreifen, dass die Welt nicht wirklich knapp ist. Vielleicht ist sie noch nicht intelligent genug organisiert. Aber das können wir ändern.

Die Grundidee der Fülle kann ein ethisches Gerüst bilden, das unseren Handlungen Halt gibt. Wir würden all das tun, was Fülle fördert. Richtige Produkte zu konsumieren heißt, die Fülle zu mehren. Wir würden das meiden, was ausschließlich effizient daherkommt. Denn Effizienz ist das Gegenteil von *Effektivität* – der Prozess, der Fülle produziert. Effizienz hingegen schafft nur an der einen Stelle Überfluss, während an einer anderen Stelle dadurch Mangel entsteht.

Wir würden also Billigflüge vermeiden, in denen man selbst zum Viehtransport wird. Und Produkte, die in falscher Weise optimiert und »verkünstlicht« wurden. Wir wären Teil des evolutionären Kreislaufes, der immer mehr Differenzierung und Schönheit schafft. Positive Veränderung beginnt nicht, wenn wir bereuen. Sondern wenn wir aus unserer Urfurcht herauswachsen.

ZUKUNFTSREGEL 11

Versöhne Dich mit der neuen Welt-(Un)Ordnung

(Fürchte Dich nicht ständig vor China, Afrika und dem Rest der Welt)

Wie groß deine Triumphe und wie tragisch deine Niederlagen auch sein mögen – rund einer Milliarde Chinesen ist das völlig wurscht.
UNBEKANNTER AUTOR

Zu den merkwürdigen, aber auch faszinierenden Eigenschaften des Menschen gehört es, ständig nach »Weltordnungen« zu suchen, obwohl ihm die »Welt« eigentlich ziemlich egal ist. Wir sehnen uns nach einem Bild, einem Konstrukt, mit dessen Hilfe sich »das Ganze« erklären lässt. Wir neigen dazu, Ordnungen »anzumaßen« – einer komplexen Welt, deren Wesen vielleicht vielmehr die *Un*ordnung ist, das ständige fließende Chaos. Da wir die Dissonanz zwischen unserer Sehnsucht nach Ordnung und der vielschichtigen Wirklichkeit spüren, fragen wir ständig voller Angst:

- Wer wird in Zukunft die Welt beherrschen – doch sicher China?!

- Werden die kommenden Flüchtlingsströme nicht unsere Demokratie zerstören?
- Entscheidet sich die Zukunft der Welt nicht in Afrika?

Hier sind sie wieder, die negativen Negationsfragen, deren Antwort längst bekannt ist und die man so gut wie nie erschüttern kann, weil sie längst gefasste Vor-Urteile zum Ausdruck bringen (stets erkennbar am Wörtchen »nicht« mitten im Satz). Das Wesen dieser Vorurteile ist es, eine fiktive Wirklichkeit als Normalität darzustellen. Dahinter steht eine Weltanschauung, die ihre Wurzeln in der Vergangenheit hat. In dieser Sichtweise befinden wir uns inmitten einer *Game-of-Thrones*-Welt, die aus Imperien, Machtblöcken, »Reichen« besteht, die gegeneinander kämpfen, die auf- und untergehen. Nur die Drachen fehlen irgendwie.

Ich selbst gehöre zu der vielköpfigen Generation, die noch vollständig in der westlichen Ordnung groß geworden ist. Diese Welt war alles andere als heil, sie war auch nicht sehr geordnet, aber wir waren sie gewohnt. In meiner Jugend in den Siebzigerjahren waren Arsenale von über 70 000 Atomraketen aufeinander gerichtet und in ständiger Alarmbereitschaft. Das war nicht gerade ein stabiler Zustand, aber doch ein vertrauter. Man richtete sich darin ein. In den zwei Jahrzehnten vor dem Fall der Mauer tobten weltweit an die 40 Bürgerkriege, meistens Stellvertreterkriege des Ost-West-Konflikts. Es gab fürchterliche Kriege zwischen Staaten, etwa den Iran-Irak-Krieg mit einer Million Toten, oder Völkermorde wie jener in Burundi. In Äthiopien verhungerten Anfang der Achtzigerjahre mehr als eine Million Menschen. Rückblickend war das aber die Zeit, in der die Welt »in Ordnung« war, weil sie in unserem kollektiven Bewusstsein ein *Muster* hinterließ.

James Bond pflügte sich durch diese Weltordnung, indem er alle Fronten lustvoll durchquerte. Der britische Lebemann führte böse Russen und ebenso tumbe amerikanische Militärs,

Vatikan-Vertreter wie Mafiosi elegant an der Nase herum. Und degradierte sie dabei sexuell – worum es wahrscheinlich im Wesentlichen ging. In diesem Plot war der Bösewicht, der meistens auf einer außer- oder unterirdischen Raumstation lebte, in gewisser Weise der Held. Der letzte echte Gesetzlose unter lauter Idioten, die die Kontrolle verloren. Mein sächsischer Großcousin Gerd Fröbe spielte den »Goldfinger«, einen lebenslustigen superbösen freundlichen Gangster, gegen den der Drogenboss Escobar wie ein verstockter Sparkassendirektor wirkt. Erotik und Stil waren das Mittel zur Störung einer Ordnung, die man nicht ernst-, sondern nur auseinandernehmen konnte. Politiker waren bei Bond immer die hilflosen Trottel mit dunklen Anzügen, die angesichts des unfassbar Bösen verzweifelten. Wenn das Chaos ausbrach, war es wieder einmal Zeit, schnell Auto zu fahren und sich einen Martini Dry einschenken zu lassen. Nicht gerührt, sondern geschüttelt. Und nach völlig altmodischen Ritualen Sex zu haben. Ohne solche britische Doppel-Ironie wären wir wohl in der westlichen Weltordnung nie heimisch geworden. Sie verwandelte das real existierende Chaos in einen augenzwinkernden Stunt.

Es war eben die »gute alte Zeit«. Eine Welt, in der eine Ordnung herrschte. Afrikaner waren arm. Das wusste man aus dem Fernsehen; in den Städten meiner Kindheit sah man keine Menschen mit dunkler Hautfarbe auf der Straße. Sie verhungerten oder kämpften heldenhaft gegen den Kolonialismus. Russen waren Finsterlinge, denen man nicht böse sein konnte, aus Schicksalsgründen. Chinesen waren Bewohner eines tragischen »Riesenreiches mit einer Milliarde Einwohnern«.

Jetzt flanieren plötzlich reiche, gut gekleidete Chinesen durch die Einkaufsstraße. Sie kommen aus einem »Riesenreich«, das sich kommunistisch nennt, aber turbokapitalistisch funktioniert. Was soll man davon halten? Es muss sich um eine feindliche Übernahme handeln. Wo kommen wir hin, wenn

Chinesen sich so benehmen, als gehörte ihnen die Welt? Oder gar Afrikaner ganz *normal* sind?

Ich schreibe diese Zeilen auf der Veranda eines Hotels auf der afrikanischen Insel São Tomé. Das Inselarchipel ist das zweitkleinste Land Afrikas, eine ehemalige portugiesische Kolonie, heute eine eigenständige demokratische Republik mit einer einigermaßen funktionierenden Regierung. Es ist 31 Grad warm, 80 Prozent Luftfeuchtigkeit. São Tomé besteht aus zwei Inseln am Äquator, die in der »Armbeuge« des afrikanischen Kontinents liegen. Knapp 200 000 Einwohner zählt das Land, eine bunte Hautfarbenmischung von Hellbraun bis Tiefschwarz. São Tomé hat keine indigenen Einwohner; es wurde im Laufe der Jahrhunderte von Immigranten aus so gut wie allen afrikanischen Ländern und Ethnien besiedelt, von den kapverdischen Inseln bis Gabun. Alle diese Stämme und Kulturen haben sich fröhlich vermischt. Das Land steht auf Platz 144 der UN-Liste der menschlichen Entwicklung. Das mittlere Jahreseinkommen liegt bei 3200 US-Dollar pro Jahr. Viele hier sind bitterarm, aber niemand muss wirklich hungern, weil die Insel vor Fruchtbarkeit geradezu explodiert. Jeder Baum trägt Früchte: Mangos, Papayas, Bananen, Jackfrucht. Das Meer ist voller Fische, an den Stränden der Inseln ringsherum gibt es keinen Fetzen Plastik. Seit vielen Jahren ist kein einziger Fall von Malaria aufgetreten. Trotzdem hat das Krankenhaus in der Hauptstadt kein fließend Wasser. Die Lebenserwartung liegt bei 67,5 Jahren, kaum weniger als in Europa.

Es ist der 1. 1. 2019. Wenn ich durch das Fenster meines Hotels schaue, das direkt an der lang gestreckten Bucht der kleinen Hauptstadt liegt, sehe ich das Neujahrsfest. Oder vielmehr: die Party. Etwa 30 000 Menschen feiern den ganzen Tag am Strand, grillen, machen Musik, tanzen. Praktisch die gesamte Bevölkerung der Hauptstadt. Überall hört man das Wummern der Verstärker auf kleinen Lastwagen, wo Musikgruppen einen röhrenden und treibenden afrikanischen Beat spielen – irgendwas zwischen Steeldrum, Reggae und Rap. Hunderte kleiner Kinder planschen kreischend in den Wellen, am Ufer stehen die Big Mamas und passen auf. Es riecht nach scharf gebratenem Fisch.

Die größeren Jungs mit ihren zerrissenen Nike-Shirts und weiß polierten Sneakers schlendern durch die Girlie-Gruppen, die sich fantastisch aufgemacht haben – schwarze Diven in allen Regenbogenfarben geschminkt.

Die unzähligen Kinder haben alle dieses lustige, geradezu unverschämte Grinsen. Sie unterscheiden kaum zwischen weißen und schwarzen Gesichtern. Sie nehmen einen einfach an der Hand und ins Wasser mit, wo sie einem einen Ball zuwerfen.

Fast jeder über 14 Jahren hat hier ein Smartphone in der Hand. Eines der chinesischen Billigfabrikate, Preis so um die 150 Euro. Die etwas reicheren Jungs fahren auf chrompolierten chinesischen Mopeds. Große Teile der Insel haben guten Netzempfang. Technik spielt im Leben dieser Menschen durchaus eine Rolle. Aber sie wird vollkommen lässig genutzt. Und keiner nimmt sie allzu ernst. Selfies posten und auf Instagram veröffentlichen – das aber machen die Jugendlichen mit großer Begeisterung.

Ich frage ein bisschen herum: Wer von euch würde gerne nach Europa kommen, um dort zu leben? Achselzucken. »Pas du tout«, kommt nicht infrage. »Oh, maybe I would like to live a year at my cousin's house in London.« Die Vorstellung, dass Europa das gelobte Land ist, der Hafen der Bedürftigen oder die Vision des besseren Lebens, ist hier nicht weit verbreitet. »Too much terrorism«, sagt einer. Ein Mädchen beteuert, sie würde gerne in »Sissitown« leben, sie hat die Sissi-Filme mit Romy Schneider gesehen.

Man fühlt sich auf seltsame Weise entspannt in der Menge. Alle nicken einem freundlich zu. Ständig wird einem etwas angeboten. Niemand bettelt, niemand nervt. Das irritiert total.

Die Weltverzerrung

Im März anno 1512 wurde im kleinen Ort Rupelmonde in Flandern, unweit von Arnheim, Gerhard Mercator geboren, der eigentlich Gerhard de Cremer, später Gerhard Krämer hieß, als sechstes Kind des Schuhmachers Huber de Cremer und seiner Frau Emerance. Zeichnungen und Kupferstiche zeigen ihn als imposanten Mann mit starrem Blick und riesigem Bart, eine Ikone, die damals schon bis hinein in die arabische Welt berühmt war. Denn Mercator prägte unser Weltbild wie kein anderer. Im Wortsinn.

Das lebhafte Kind entwickelte früh zeichnerische Talente und konnte 1530 an der Universität Löwen studieren, wo er mehrere Studiengänge absolvierte, den Magister Artium, aber auch Theologie, Philosophie und Mathematik. Damals herrschten Holländer und Belgier bereits über ein gewaltiges See-Imperium, und die Frage der Kartografie beschäftigte auch den König Flanderns. Weltkarten verhießen den Zugang zur Welt und die Kontrolle über dieselbe. 1541 brachte Mercator seinen ersten Globus heraus, der große Beachtung und reißenden Absatz fand. Globen standen damals in vielen Haushalten und waren ein Zeichen für Bildung und Wohlstand.

Mercator starb 1594 in Duisburg. Er hinterließ eine große Sammlung von Karten und Atlanten, die das Weltbild der Frühmoderne prägten, zwölf Globen-Paare (Himmel und Erde), fünf detaillierte Weltkarten, viele Karten von Regionen sowie eine Chronologie (mit Evangelienharmonie). Mit seiner großen Weltkarte von 1569 (»Nova et aucta orbis terrae descriptio ad usum navigantium«) erlangte Mercator Weltruhm.

Mercators Kartografie-Methode prägt bis heute unser Weltbild. Er löste das Dilemma, dass man einen runden Körper nicht auf einer zweidimensionalen Fläche darstellen kann, durch die geometrische Konstruktion eines Zylinders um eine Kugel. Dadurch sind die Mercator-Karten winkelgetreu, was für die Schifffahrt der damaligen Zeit von entscheidender Bedeutung war. Bei der Navigation über weite Strecken verwendete man nun Vektoren, mit denen man von einem beliebigen Punkt A einen Punkt B anvisierte. Mithilfe von Mercators Karten konnten sich die kolonialen Schiffe also leichter rund um den Globus bewegen. Verloren gingen dabei jedoch die Proportionen. Mercators Weltkarte ist grotesk verzerrt. Bis heute sehen wir die Welt in dieser verzerrten Perspektive. Wir unterliegen einer Welt-Bild-Täuschung von enormen Ausmaßen. Und Auswirkungen.

In der Mitte von Mercators Projektionen (!) sehen wir Afrika. Es wirkt ungefähr so groß wie Grönland und Europa. Nordamerika ist deutlich größer. Die Antarktis ist so groß wie alle anderen Landmassen zusammen.

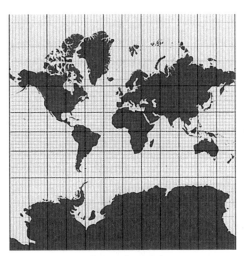

Mercator-Projektion der Welt

So kann man sich täuschen. Grönland ist 2,166 Millionen Quadratkilometer groß, ein Fünfundzwanzigstel der Fläche Afrikas. Afrika besitzt 30,2 Millionen Quadratkilometer, die sich auf sieben Vegetationszonen verteilen, Europa (bis zum Ural) nur

10,5 Millionen Quadratmeter. Afrika ist so groß, dass die USA, Europa und China hineinpassen, daneben ein paar größere und kleinere Inseln wie jene Indonesiens. Und Indien auch noch dazu.

Remapping the World

Der »Data-Geograf« und »Geo-Futurist« Parag Khanna lebt in Singapur und versucht seit vielen Jahren, eine andere Landkarte der Welt zu zeichnen. Eine Landkarte, die der Wirklichkeit entspricht. Nun ist »Wirklichkeit« vielleicht die schwierigste Sache der Welt (unser Hirn ist, wie schon oft wiederholt, nicht an Wirklichkeit interessiert, sondern an Bildern, die unser Überleben und das unserer Nachfahren sichern). Wie also gelingt das?

Zum Beispiel, indem man die Erde nicht als Ansammlung von Landmassen oder Flächen abbildet, sondern als *Netzwerk*. In seinem TED-Vortrag »How megacities are changing the map of the world«[34] zeigt Khanna zunächst alle Straßen und Wasserwege, die sich durch die Kontinente ziehen, als ein einziges Rhizom (eine Sprossachse). Darüber legt er, in einer zweiten Ebene, alle Energieversorgungsleitungen – Stromtrassen, Pipelines und so weiter. Als drittes Netz tritt die blau leuchtende Datenstruktur mit ihren »Hubs« und Knotenpunkten hinzu. Das sind die drei Mega-Netzwerke, die Nervensysteme der humanen Zivilisation.

Wenn man dieses Gespinst ein wenig aus der Distanz betrachtet, entwickelt sich plötzlich eine neue Struktur. Die Linien verdichten sich zu rund 50 Knotenpunkten, die quer über die ganze Welt verteilt sind. 50 »Cluster« von Licht und Straßen und Energie und Information. Die wachsenden Megastädte der Erde.

Diese Struktur von »50 mal 25« – 50 Megastädte mit jeweils rund 25 Millionen Einwohnern – bildet sich derzeit in den Megatrends der Urbanisierung und Konnektivität aus. Und zwar *jenseits* nationaler Grenzen. Auf dem amerikanischen Kontinent liegen die großen Cluster nicht nur an den Küsten der USA, sondern auch entlang der kanadischen Küste und der großen Seen. In Indien reichen die Megastädte übergangslos bis nach Pakistan und Bangladesch und weiter Richtung Thailand und China. Ein leuchtendes Gespinst der technischen Zivilisation, das alle Ländergrenzen mühelos überwuchert. Der dunkle Fleck Nordkorea wird bald aufgefüllt sein.

Im September 2016 fand im niederländischen Den Haag die erste Versammlung des Parlaments der globalen Bürgermeister (Parliament of Global Mayors) statt. 45 Bürgermeister repräsentierten 500 Millionen Menschen, die in großen Ballungsgebieten leben, in einem globalen Gremium.

Die Organisation dessen, was wir »Demokratie« nennen – nichts anderes als eine Soziotechnik zur Aufteilung von Macht und zur graduellen Verlangsamung von Entscheidungen –, hat sich in den letzten 200 Jahren innerhalb sogenannter Nationalstaaten entwickelt. Aber sind Nationalstaaten dafür eigentlich noch das geeignete Forum? Hasspopulismus, Parteienzersplitterung und Polarisierung sind vielleicht nur die Symptome einer Entwicklung, die demokratische Prozesse schleichend auf neue Ebenen umstrukturieren.

Wäre das nicht auch eine wunderbare Chance? Wie viele Länder auf der Erde wurden künstlich konstruiert? Und wie viel besser funktioniert Demokratie auf der konkreten Ebene der Städte, der Dörfer, der Unmittelbarkeiten, in denen man als Bürger oder Bewohner mit den Konsequenzen seiner Äußerungen und Wahlentscheidungen eben auch konfrontiert ist? Selbst in einer Metropole gilt, dass wer mit seiner Stimme den Bau einer Brücke oder eines Museums verhindert, dann eben keine Brücke oder kein Museum hat. Für was aber stimmen wir ab, wenn wir nationale Wohlfahrtsprogramme oder Staatshaushalte bewerten sollen? Was bedeutet »rechts« und »links«? Auf der lokalen Ebene der Demokratie sind solche Zuordnungen fast bedeutungslos. Die wirklich guten Bürgermeister und Bürgermeisterinnen entziehen sich ihnen. Auf kommunaler Ebene ist Demokratie unmittelbarer, klarer, deutlicher, erlebbarer – *konkret* eben. Die Demo-Kratie stammt aus den Stadtstaaten der Antike. Und dorthin wird sie zurückkehren, als Basis einer globalen Institutionsstruktur, die die großen Fragen der Menschheit regeln muss.

Als Trump, unser geliebter Darth Vader der Neuzeit, die internationalen Vereinbarungen aufkündigte, die die zweite Phase der Globalisierung (1945 bis 2015) geprägt hatten, zum Beispiel das Pariser Klimaabkommen, beschlossen mehr als 50 Prozent der Bürgermeister US-amerikanischer Großstädte, ihre eigenen Klimaziele – für die jeweilige Stadt – noch zu verschärfen.

»Afrika« existiert nicht

Afrikaner sind manchmal braun. Manchmal schwarz. Manchmal tragen sie Anzüge und Aktentaschen, manchmal nicht. Im Atlas-Gebirge leben ziemlich hellhäutige Menschen, die Berber. In den tansanischen Ebenen gibt es hochgewachsene Menschen, die allesamt als Basketballspieler arbeiten könnten (aber wenig Motivation dazu haben). In Zentralafrika leben an die 20 Ethnien, die man in der Kolonialzeit »Pygmäen« taufte, die aber genetisch und kulturell äußerst unterschiedlich sind. Ägypten gehört gleichzeitig zu Afrika und zu Arabien. Eigentlich gibt es also gar keine »Afrikaner«, viel weniger jedenfalls als Europäer oder Nordamerikaner. Und auf jeden Fall weniger als Chinesen und Japaner. In Afrika zeigt sich die Spezies Mensch noch in ihrer ganzen Bandbreite.

Man könnte dies als einen großen Reichtum betrachten. Oder darauf beharren, dass der »Normmensch« ein hochgewachsener, blasser Nordeuropäer ist, der ab 50 Jahren mit hoher Wahrscheinlichkeit Rückenschmerzen bekommt ...

In Afrika gibt es mehr als 2000 verschiedene Sprachen, darunter wunderschöne, wie die Klicklaut-Sprache der Kung/San. Schon die Namen der Sprachen sind pure Musik: Swahili, Hausa, Fulfulde, Kanuri, Igbo, Yoruba. Bambara, Dioula und Malinke, Lingála, Kikongo und Sango. Afrika hat unendlich viele Kulte, Religionen, Mythen, Weltanschauungen. Und Tausende verschiedene Arten des sozialen Umgangs miteinander, der familiären und Gruppenmythen.

In Afrika leben 1,3 Milliarden Menschen. So viel wie in China, aber auf einer fünfmal so großen Fläche. Wie viele werden noch dazukommen? Das ist unsere größte Angst: dass es »zu viele« werden. Dass es zu eng wird. Dass es zu viele hungrige, gierige »Mäuler« gibt. Wenn uns zu Vielfalt und Anderssein nichts anderes mehr einfällt, sinken wir auf ein niederes Niveau. Fallen zurück auf den untersten Atavismus.

Afrika ist ein unfassbar fruchtbares Land, mit Ausnahme der Wüstenregionen, in denen sich aber über Jahrtausende angepasste Ernährungsweisen behaupten konnten. Bevor die Europäer in Afrika einfielen und dort, wie überall in der Welt, die Stämme infizierten, umbrachten oder versklavten, traten nur sehr selten Nahrungsmittelknappheiten auf. Die Bevölkerungsdichte in Afrika liegt bei etwa 43 Menschen pro Quadratkilometer, in Deutschland sind es 230. In München leben 4600 Einwohner pro Quadratkilometer. Die größten landwirtschaftlichen Reserven der Welt, 590 Millionen Hektar, liegen in Afrika südlich der Sahelzone.[35]

Die heutigen Berechnungen gehen davon aus, dass sich die Bevölkerung Afrikas in diesem Jahrhundert verdoppeln könnte, auf dann rund 2,5 Milliarden Menschen. Einige hysterische

Studien nennen eine Zahl von vier Milliarden. Aber der soziografische Wandel hat auch die afrikanischen Länder erfasst. Die Geburtenrate in den afrikanischen Großstädten liegt heute bereits bei nur noch zwei Kindern pro Frau. Im Mittel sind es auf dem gesamten Kontinent noch rund vier Kinder pro Frau.[36] Kigali, die Hauptstadt des vom Völkermord gepeinigten Ruanda, kann in puncto Sauberkeit locker mit mancher europäischen Großstadt mithalten. Ständig sind Reinigungstrupps unterwegs, Plastiktüten sind verboten. Könnte es sein, dass Afrikaner dieselben paradoxen Erfahrungen machen wie die Deutschen? Dass ein schlimmes Verbrechen, eine furchtbare Zivilisationskrise, wie sie sich 1994 in Ruanda ereignete, zu einem besonders großen Fortschritts- und Zivilitätsschub führt?

In Äthiopiens Hauptstadt Addis Abeba fährt eine äußerst pünktliche Straßenbahn durch immer schneller wachsende Neubaugebiete. Addis ist eine echte Boomtown, die seit dem Regierungswechsel im Jahr 2018 summt und brummt. Galerien eröffnen, neue Theater, Fabriken, Einkaufszentren und Hochhäuser schießen aus dem Boden. Einige afrikanische Länder weisen heute die höchsten Wachstumsraten weltweit auf. Ausgerechnet das kriegerische Libyen ist im Jahr 2018, gemessen an seinem Bruttosozialprodukt, um zehn Prozent gewachsen. Ghana um 8,3 Prozent, Äthiopien um 8,2 Prozent, die Elfenbeinküste um 7,2 Prozent, der Senegal um 6,9 Prozent, Tansania um 6,8 Prozent …

Aber kommt es darauf überhaupt an? Können wir an Afrika – wieder einmal – die Messlatten des westlichen »Erfolgsmodells« anlegen? Hierin liegt auch die wahre Ursache für unsere Ängste: Wenn man das Jetzige mit den Maßstäben des Alten misst, entsteht immer jene kognitive Dissonanz, die uns glauben lässt, die Welt fiele auseinander. Dabei ordnet sie sich nur neu.

Afrotopia

Felwine Sarr, ein junger afrikanischer Intellektueller aus dem Senegal, hat ein kleines, bescheidenes Buch mit dem Titel *Afrotopia* geschrieben. Darin beschreibt er gerade keine »afrikanische Utopie«, die den geläufigen Wohlstands-Fantasien entspricht. Afrika müsse nicht »aufholen« und auch nicht »das neue Dubai« werden. Darin liege, so Sarr, ja die eigentliche Tragik, das Problem überhaupt.

Der Kern des Kolonialismus besteht in den Kriterien, die wir anlegen. Wir alle kennen das aus unserem eigenen privaten Leben. Wenn wir uns immerzu *vergleichen,* verschwenden wir unsere Energie mit Negativität. Wir konstruieren eine defizitäre Welt, in der man sich nie sicher fühlen kann. Wandel und Lebendigkeit entstehen nur dann, wenn wir uns von äußeren Kriterien befreien. Wer als Schriftsteller immer nur so sein möchte »wie Hemingway«, wer als Model werden will »wie Claudia Schiffer« oder als Unternehmer »wie Elon Musk«, kann nie mehr als ein Abklatsch seiner Vorbilder sein.

Auch viele afrikanische Führer sind an diesem ewigen Vergleichsbestreben gescheitert: Sie wollten westlicher sein als der Westen, wollten den Westen übertrumpfen, wollten endlich auch all das haben, was die Reichen des Nordens besaßen – und endeten als Abziehbilder, in Korruption und von ihrer eigenen Kultur entfremdet. Sarr schreibt:

»Afrika muss die Rolle seiner Kultur neu überdenken – Kultur als Suche nach Zwecken und Zielen und Gründen, überhaupt zu leben, als Verfahren, dem menschlichen Abenteuer einen Sinn zu geben. Zugleich müssen bestimmte afrikanische Werte rehabilitiert werden: *jom* (Würde, Gemeinschaftlichkeit), *téraanaga* (Gastfreundschaft), *kersa* (Bescheidenheit, Gründlichkeit), *ngor* (Ehrgefühl). Es gilt, den tief greifenden Humanismus der afrikanischen Kulturen zutage zu fördern ... Am Tag dieser Revolution wird Afrika, wie zur Zeit der ersten Morgenanbrüche, wieder das spirituelle Zentrum der Welt sein.«[37]

Das China-Syndrom

Kurz nach der Jahrtausendwende war ich auf der zweiten Hochzeit des wohl berühmtesten Trend- und Zukunftsforschers der Welt eingeladen. John Naisbitt, der »Erfinder« der Megatrends, heiratete in der idyllischen Donau-Landschaft Wachau seine Doris, eine bestens vernetzte blonde Österreicherin, die seine Lektorin und Verlegerin gewesen war und über die wir John kennengelernt hatten. John, ein brummiger, gelassener, irisch-rothaariger Hüne, der in einem Zweig seines Stammbaums auch deutsche Wurzeln hat, zog ins schöne Wien um, und wir hatten einige Jahre lang mehr oder minder intensiven Kontakt.

Wenige Jahre später, im Jahr 2010, verschwand er von der Bildfläche. Er war mit seiner Doris nach Tianjin in China emigriert. Dort wurde er Ehrendirektor eines neu gegründeten Forschungsinstituts für Megatrends. Im Alter von 73 Jahren.

Was bringt einen amerikanischen Zukunftsguru dazu, in diesem Alter in ein vollkommen fremdes Land auszuwandern, in dem eine Diktatur herrscht? Böse Zungen behaupteten, John hätte seinen Einfluss in den westlichen Gefilden verloren. Und sich ähnlich wie Gérard Depardieu einer Despotie an den Hals geworfen. Ich sehe es ein bisschen anders. John war womöglich müde von seiner eigenen Wirksamkeit. Von der ewigen Wiederholungsrhetorik seiner »Megatrends«, die er tausendmal vor US-amerikanischen und europäischen Managern erläutert hatte. Ich selbst kenne diese Erfahrung auch, jenen irgendwann erschöpfenden Opportunismus, der mit der Funktion des Trendbeschreibers verbunden ist. Immer die gleichen Fragen, dieselben Funktionalisierungen. Megatrends tendieren zu einer Logik der Gebetsmühle. Sie eignen sich wunderbar, um die immer gleichen Vermutungen darüber anzustellen, wohin die Entwicklung geht. Konzerne verwenden sie liebend gern in ihren Hochglanzprospekten – als Marketing-Bonmots und Worthülsen. Ihre wahre Komplexität, ihre soziokulturelle und evolutionäre Tiefe, ist weniger interessant.

Womöglich wollte John die Welt noch einmal aus einer anderen Perspektive betrachten – einer anderen Sichtweise als jene der westlichen Kapitalinteressen und der immer gleichen Wirtschaftsdiskurse und Interpretationsrahmen.

In vielen chinesischen und koreanischen Zeitungen hat John Naisbitt inzwischen Interviews gegeben. Darin stehen Sätze wie:

»Es mag unwahrscheinlich klingen, aber eine Studie des Pew Research Center ergab einen Zustimmungswert für die chinesische Regierung von 89 Prozent. Die Gesellschaft ist recht offen und frei. Unternehmer und Künstler unterstützen die Regierung uneingeschränkt. Man spürt in China förmlich die Energie, die sie freisetzt.«[38]

Ist das die Verherrlichung eines Regimes, dessen Tantiemen und Anerkennung man erworben hat? So könnte man es interpretieren. Man kann es aber auch anders sehen. John hat eine Entfremdung erfahren: Er hat sich von seiner eigenen Kultur entfremdet, und er spürte, dass sich innerhalb der US-amerikanischen Gesellschaft ein Riss auftat, der nicht mehr zu kitten war. Er »sah« Trump kommen, nicht als Person, aber als Entwicklung. John war Opfer – oder vielmehr aktiver Betreiber – seines eigenen »Zukunftsschocks« (so der Titel eines Buches seines Kollegen Alvin Toffler). Sein Lieblingstopos ist »The Big Picture«. Das ganze Bild. Dieses ganze Bild können wir nicht verstehen, wenn wir die Welt nicht aus chinesischer Sicht betrachten.

Vor 600 Jahren, als Europa noch im tiefen Mittelalter steckte, »eroberte« China mit einer gigantischen Armada die Welt. Vielmehr: Es eroberte sie eben *nicht*. Es beobachtete und erkundete sie. In der Zeit der Ming-Kaiser bereiste der General Zheng He mit einer Flotte von bisweilen 100 Schiffen, die größten davon bis zu 100 Meter lang, die Küsten der von China aus erreichbaren Weltregionen. Die Expedition mit 30 000 Soldaten schlug keine Schlachten, man ging nur vorübergehend an Land und betrieb im Wesentlichen Handel und Diplomatie. Von 1407 bis 1433 fanden sieben Reisen statt: bis nach Mogadischu und Malindi an der afrikanischen Ostküste, zum arabischen Hormus und Dschidda, nach Kalkutta in Indien und Surabaya im heutigen Indonesien.

Ein Jahrhundert bevor die Europäer begannen, die Welt zu erobern – und dabei Blutbad um Blutbad anrichteten, Völker unterdrückten, ausbeuteten und versklavten, Rohstoffe plünderten und Städte dem Erdboden gleichmachten –, fuhren die großen, schönen Schiffe Chinas um die halbe Welt. Aber nicht, um zu erobern. Warum nicht?

Kulturelle Homogenität war immer die Grundidee der chinesischen Kultur. Die ewige Harmonie von Himmel und Erde, Mensch und Natur. Die Erfindungen, die chinesische Gelehrte im 14. Jahrhundert machten, legten schon damals die Grundlagen für die industrielle Revolution. Schwarzpulver, Buchdruck, mechanische Geräte. Aber anders als in Europa wurden aus diesen Techniken keine »Technologien«, die sich weiterentwickelten, keine Instrumente zur Natur- und Weltkontrolle. Denn die chinesische Kultur barg in ihrem innersten Kern ein völlig anderes Mem, einen ganz anderen Code als den europäischen.

Die Kategorie des Neuen zählt wenig in einer höfischen,

feudalen Kultur, die auf der Ewigkeitsvorstellung von »himmlischen Dynastien« beruht und auf die Stabilität von Herrschaft und Ordnung fixiert ist. Erfindungen entstehen nicht aus dem Wetteifern des Marktes oder verschiedener Herrscher, die um Vorherrschaft ringen. Sie dienen vielmehr der Verfeinerung und Perfektionierung des Wissens – wie etwa Tuschezeichnungen, die von Meistern über Generationen hinweg bis zur absoluten Perfektion getrieben werden. So entstand eine Gleichzeitigkeit von Fortschritt und Stagnation. Gestützt wurde dieses Gebäude der *Inversion* – statt Innovation – durch die diversen Spielarten des Konfuzianismus, jener »Religion«, die auf das Bleibende und Dauerhafte setzt. Weisheit und »Weg« sind in der konfuzianischen Lehre immer das Erkennen und Anwenden ewiger Gesetze, das Streben nach *Vertiefung* der Welt, nicht ihrer Veränderung.

Die Weisheit des Tao

Der Konfuzianismus schuf ein integratives Weltmodell, das auf der Idee von »Synchronizität« basiert. Zukunft kann in diesem Weltmodell immer nur als *Ausgleich* gedacht werden. Alles wandelt sich, indem es gleich bleibt, alles strebt in ewige Kreisläufe, und wenn dieser Prozess gestört wird, herrscht Krise. Das Wesen der Welt ist *Konstanz durch Fließen*. Das ist dem linearen, auf Beschleunigung gerichteten Denken und Fühlen des »Westens« völlig fremd.

Wer sich einmal mit dem I Ging beschäftigt hat, kann die radikal andere Denkweise Chinas erahnen. Die Folge der 64 Zeichen, die aus sechs unterbrochenen oder durchgängigen Strichen besteht, repräsentiert alle überzeitlichen Kräfte, die die Wirklichkeit durchziehen und manifestieren: das Schöpferische, das Empfangende, das Warten, der Streit, der Friede, die Begeisterung, die Nachfolge, das Feuer, die Bedrängnis, die Minderung und die Mehrung. Einige Zeichen tragen auch so schöne Namen wie »Des Kleinen Übergewicht«, »Des Großen Zähmungskraft«, »Der Tiegel« oder »Das heiratende Mädchen«. Hier als Beispiel das 61. Zeichen, Dschung Fu – »Die innere Wahrheit«:

»Das Zeichen besteht oben und unten aus festen Strichen, während es in der Mitte frei ist. Das deutet auf die Freiheit des Herzens von Voreingenommenheiten, sodass es fähig ist zur Aufnahme der Wahrheit. Die beiden Teilzeichen haben umgekehrt in der Mitte einen festen Strich. Das deutet auf die Kraft der inneren Wahrheit in ihren Wirkungen. Die Eigenschaften der Teilzeichen sind: oben Sanftheit, Nachgiebigkeit gegen die Unteren, unten Fröhlichkeit im Gehorsam gegen die Oberen. Solche Zustände schaffen die Grundlage eines gegenseitigen Vertrauens, das Erfolge ermöglicht.«[39]

Das ist unfassbar abstrakt und gleichzeitig unglaublich präzise. In so gut wie allem ist die chinesische Philosophie dem westlichen Denken entgegengesetzt. Im Daoismus, oder Taoismus, gibt es keine Kirche, keine Priesterschaft, keine Institution, kaum Rituale, nur Selbsterkenntnis. »Dao« heißt Weg, Lehre, aber vor allem: Nichts. Es geht nicht, wie in anderen spirituellen, »gottlosen« Religionen um die Zähmung des Ichs, um Kontraste, um Zusammenhänge. Das Selbst soll vielmehr erst gar nicht entstehen. Es ist unbedeutend. Es geht darum, *Nicht-*

bedeutung zu verstehen. Eine Art Buddhismus ganz ohne die Sinnlichkeit der roten Roben, der Ekstase eines Bhagwan, der klugen Weltlichkeit eines Dalai-Lama. Keine Transzendenz, kein Versprechen einer besseren Welt, kein Pathos, keine Erlösung oder Erleuchtung. »Nach dem Tao te King soll sich der Mensch von allen Zwängen freimachen und am besten nach gar nichts mehr streben, nicht mal nach der Erhaltung des eigenen Selbst«, schreibt der Sinologe Kai Marchal in seinem Buch *Tritt durch die Wand und werde, der der du (nicht) bist*.[40] Und der englische Philosoph Barry Allen formuliert:

>»Es geht darum, wie man jenseits unserer perspektivischen Bedingtheit einen ›view from nowhere‹ gewinnt. Nicht zu wissen, was in der Welt ist, sondern in was sich die Welt verwandelt. Chinesen sorgen sich nicht darum, Zugang (zur Welt) zu finden, sondern (nicht) ins Stocken zu geraten.«[41]

Die ungeheure Brutalität, mit der sich der frühe globale Umbruch des 19. und 20. Jahrhunderts in China vollzog, verrät auch viel über das China von heute. Die Briten zwangen China im 19. Jahrhundert einen ausbeuterischen Kapitalismus auf (die »Opiumkriege«). China wurde vom imperialen Japan überfallen und erlebte in der Mandschurei einen echten Völkermord. Der Parlamentarismus funktionierte nie, alle Versuche der Demokratisierung führten direkt in die Spaltung und den Bürgerkrieg. Schon in den 1930er-Jahren war das Land geteilt zwischen nationalistischen Gruppierungen wie der Kuomintang und mit der Sowjetunion sympathisierenden kommunistischen Gruppen. Aus dem Chaos des Zweiten Weltkrieges erhob sich dann eine kommunistisch-nationalistische Revolution, die wiederum zig Millionen Tote forderte. Die glühende Energie, die revolutionäre Emphase der »Kulturrevolution«, erwies sich im Nachhinein als traumatische Erfahrung, die die in der chinesischen Kultur angelegte Harmoniesehnsucht noch verstärkte. Ebenso wie die unersättliche Sehnsucht nach Kohärenz, nach einer verlässlichen Instanz, die »mit ruhiger Hand das Land führt«.

Heute sind wir verwirrt angesichts der seltsamen Fusion von »Kommunismus« und »Kapitalismus«. Ist das eine nicht das exakte Gegenteil des anderen? Nicht im chinesischen Denken, das nicht zufällig das Yin-Yang-Zeichen erfunden hat. Das legendäre online-basierte Punktesystem, mit dem die chinesische Regierung das chinesische Volk »erziehen« möchte – aus westlicher Sicht pure Unterdrückung. Alle chinesischen Bürger sollen ein Punktekonto erhalten, das ihr sozial erwünschtes Verhalten misst: Verkehrsübertritte, Kreditvergehen, kleine und große Betrügereien, selbst das Überschreiten roter Ampeln. Im Gegenzug wird soziales Engagement positiv gewertet. Daraus entwickelt sich ein »Vertrauensindex«, der über die Kreditfähigkeit und Reputation des Bürgers entscheidet. Ein Albtraum, wenn man im Kontext von Individualrechten denkt. Aber mehr als 80 Prozent der Chinesen sind dafür. Für sie repräsentiert das System die Hoffnung auf die bessere Gesellschaft, nur ohne das Kopfabschlagen und Demütigen durch rote Garden.

In China fand nie der Aufbau einer Zivilgesellschaft statt, wie sie sich in den mittelalterlichen Städten Europas entwickelte, wo Menschen klassenübergreifend miteinander zu kooperieren lernten, mit moderierenden Institutionen und sozialen Regelsystemen. Die Chinesen lebten immer in zwei vollständig voneinander getrennten, aber aufeinander bezogenen Systemen: der Familie und dem absoluten Feudalstaat. Deshalb konnten sich auch keine intrinsischen Formen öffentlicher Höflichkeit entwickeln – in den höfischen Gefilden galten strikte ritualisierte Formen, in der Familie Ahnenkult und Unterordnung. Das Rempeln im Flieger, die verblüffende Barschheit der Chinesen, die in seltsamem Kontrast zu ihrer Zurückhaltung steht, ist die Folge eines Defizits an Gemeinschaftlichem.

Wie konnte sich China innerhalb von nur drei Jahrzehnten in eine Hightech-Nation mit gigantischen Städten, Hochgeschwindigkeitszügen und einer Mittelschicht mit 300 Millionen Menschen verwandeln? Wofür »der Westen« Hunderte von Jahren benötigte, einschließlich vieler Kriege, Krisen und Zusammenbrüche, vollzog sich in China in rasend kurzer Zeit. Was bedeutet dies alles für die Zukunft, für die *Ganzheit* des Planeten, die Zukunft der sozialen Systeme und der Werte? Welche *Meta-Globalität* entwickelt sich in der nächsten Stufe der Menschheitsgeschichte?

Dieser faszinierenden Frage hat sich John Naisbitt, der Erfinder der Megatrends, in der letzten Phase seines Lebens verschrieben. Ein wahrhaft mutiger Schritt: aus dem eigenen Erfolg herauszutreten und wieder völlig neu anzufangen. Statt der alten Welt nachzutrauern, zu warnen oder zu schimpfen. Das ist Verrat in seiner besten Form: Verrat nach vorne, in die Zukunft.

Die globale Emergenz

In London lebe ich mit meiner Frau Oona und meinem Historiker-Schwiegervater Paul einige Wochen im Jahr direkt um die Ecke der berühmten Portobello Road. Wenn man die Straße heruntergeht, die die mondäne Wohngegend von Holland Park mit den noch etwas rauen Distrikten von North Kensington und Kilburn verbindet, ist man, Brexit her oder hin, tatsächlich in der *ganzen Welt* angekommen. Eine Miniaturausgabe des Planeten, aneinandergereiht auf rund vier Kilometern. Reggae-Shops, aus denen es süßlich duftet, wechseln sich mit englischen Fleischereien, asiatischen Wok-Imbissen und Dönerständen ab. Hier ein kambodschanischer Kleiderhändler, dort ein indischer Antiquar. Choice-Design-Läden neben staubigen Antikläden neben einem portugiesischen Café neben einem russischen Kramladen neben einem China-Take-away, dahinter in zweiter Reihe alle anderen Ethnien und Teil-Identitäten der Erde. Alle Kulturen, alle Farben, alle Denkweisen und Frisuren. Eine große und erstaunlich stabil wirkende Vielfalt. Natürlich ist die Portobello Road nicht unbedingt ein Ort sozialer Ruhe, wie wenige Straßenzüge weiter südlich in Notting Hill, wo die Architekten und Rechtsanwälte und Popstars wohnen oder arabische Familien alte viktorianische Villen gekauft haben, die immer leer stehen. Es gibt Betrunkene, Hooligans, ab und zu auch Obdachlose mit aggressivem Verhalten. Es gibt abgemagerte Drogenabhängige und dünne Pakistanis, die betteln. Aber irgendwie wirkt das völlig normal. Manchmal dringen in der Nacht schrille Schreie herauf in die Dachwohnung, in der Paul seit einem Vierteljahrhundert lebt und Bücher über die Renaissance und andere wundersame Zeiten schreibt. Aber das flaut schnell wieder ab.

Mitten in Portobello fühlt man sich sicher, wie auf São Tomé. Alles ist in Ordnung, weil alles sich ausbalanciert. Wie bei einem großen, datensaugenden Computer, der unermüdlich Fehler und Abweichungen aus seinen Kalkulationen herausrechnet. Ethnische oder kulturelle Konflikte können sich nur sehr schwer ausbreiten, weil keine Minderheit größer ist als ein paar Prozent der Einwohnerschaft. Selbst die Fleischer, die alle hundert Meter ihre England-Fahnen in jedes Fleischstück spießen, wohl allesamt fleißige Brexiteers, können keine kulturelle Dominanz erreichen, ohne ihre eigene Existenz zu gefährden. Toleranz ist hier ein Zwangssystem: Alle sind darauf angewiesen, dass sich alle gegenseitig tolerieren. Alle sind komplett anders – und genau darin sind alle gleich.

Das Portobello-Gefühl drückt etwas aus, was man den Zwang zu gemeinsamem Vertrauen nennen könnte. Eine bestimmte Nähe kultureller Unterschiede erfordert von den Protagonisten neutrale Verhaltensformen. Der Umgang miteinander erfordert Doppelinterpretationen – man begegnet sich sozusagen auf mehreren Ebenen, als Verschiedener und als Gleicher, als In- und Ausländer. Die sprichwörtliche englische Höflichkeit wirkt hier als beruhigendes Regulativ; allerdings hat sie in den letzten Jahren etwas Federn lassen müssen, das Klima ist ruppiger und die Ironie etwas zynischer geworden. Manchmal kommt man vor lauter Entschuldigungen, Höflichkeitsfloskeln und lustigen Jokes gar nicht dazu, seinen Bio-Fairtrade-Sojamilch-Kaffee an einer Theke zu bestellen ...

Vernetzung ist positiv und negativ zugleich. Jeder, der schon einmal mit Drogen experimentiert hat, die das Bewusstsein »erweitern« sollen, weiß das. Manche Substanzen erhöhen die Vernetzung, die Konnektivität der Gehirnzellen. Das Resultat sind komische Gedanken, bunte Farben und andere Phänomene der galoppierenden Verwirrung. Ist das gut oder schlecht? Wenn das Hirn vorher eingerostet und in sehr verengten Bahnen unterwegs war, ist es vielleicht gut. Wenn man aber sowieso zu heftigen Assoziationen und Dissoziationen neigt, ist es eher – wie sagt der Engländer? – *annoying*.

Ebenso verhält es sich mit der globalen Vernetzung: Sie erzeugt Reibungsflächen, Konfrontationen, rasende Unterschiede, spontane Kontraste, aber immer auch neue, überraschende Verbindungen. In bestimmten gesellschaftlichen Konstellationen kann das zu Entzündungsprozessen führen, wie im menschlichen Körper, wenn das Immunsystem verrücktspielt. Dann blühen die Populismen. Aber Populismus ist in diesem Umfeld auch nur eine unter vielen Subkulturen. Die Gemengelage führt schnell zu einer neuen funktionalen Komplexität, in der sich die Kultur auf einer höheren Ebene zu organisieren beginnt.

Das Wesen der Komplexität liegt darin, dass sie eben *nicht* kompliziert ist, sondern einen Algorithmus auf einer höheren Ebene schafft. Deshalb gewinnen die Portobellos dieser Welt langfristig immer. Deshalb gingen die entscheidenden geistigen und kulturellen Impulse immer von Schmelztiegeln aus, von Interaktionen der Diversität. Man nennt diesen Effekt *Emer-*

genz, und er existiert in allen komplexen Systemen, von den chemischen, physikalischen und biologischen über die wirtschaftlichen bis zu den sozialen. Aus scheinbar chaotischen Prozessen formen sich auf dem Wege der spontanen Selbstorganisation Ordnungen und Rückkoppelungen heraus, die wir früher noch nicht kannten.

Aber MÜSSEN die Chinesen nicht irgendwann einen Krieg anzetteln, weil ihre Expansionsträume an ihre Grenzen stoßen?

Aber MÜSSEN die afrikanischen Massen nicht irgendwann über uns kommen und uns überschwemmen?

Müssen Sie? Denken Sie noch einmal nach. Vielleicht müssen sie nicht. Vielleicht müssen wir auch nicht so denken. Vielleicht ist alles ganz anders als in unseren kategorialen Systemen, die wir in einem halben Jahrhundert der Dominanz westlichen Denkens angenommen haben. Was aber, wenn all diese Ordnungen und Ein-ordnungen einfach nicht mehr die Welt beschreiben? Links und rechts, autoritär und libertär? Ist Trump nicht ein Rebell und Robert Habeck ein Konservativer? Plötzlich entstehen wilde neue Mixturen: Überwachungsstaat und Lifestyle-Freiheit, digitaler Neototalitarismus mit gütigen Zügen und blutende Anarchie als Ordnungsfanatismus. Rechte reden wie Linke, und die Mitte wird radikal.

Die neue Weltordnung wird wahrhaftig nicht von »Harmonie« geprägt sein. Aber sie wird ein riesiges, schreiendes Ungleichgewicht beenden: die Dominanz einer Sphäre. Die Shareholder und Stakeholder des Planeten vervielfältigen sich. Alle wollen plötzlich auf dem internationalen Parkett mitspielen. Alle quatschen und schreien durcheinander, ringen um Einfluss und Wirksamkeit. Nach den Naturgesetzen der Resonanz wird sich daraus bald eine neue Melodie formen, eine neue Synchronisation. Die Welt, die auf uns zukommt, wird vielschichtiger, konfuser und unübersichtlicher sein. Aber muss das ein Nullsummenspiel sein, bei dem »wir« verlieren müssen? Vielleicht täte es uns ja auch ganz gut, uns von den alten Konstrukten zu verabschieden. Und auf die zukünftige Komplexität zu setzen. Das Schwierigste ist nicht, die Zukunft zu verstehen. *Sondern die Vergangenheit loszulassen.* Das, was uns verunsichert, endlich als *normal* zu betrachten. Die Verflochtenheit der Welt zu bestaunen. Und zu bejahen. Das ist Zukunft.

Zukunftsübung 11:
Die Straßen der Welt betreten

Sind Menschen fähig, sich zu arrangieren, miteinander auszukommen, trotz aller Unterschiede? Viele behaupten das Gegenteil. Aber Menschen sind Koordinationswesen, die auf erstaunliche Weise zu spontanen Ordnungen fähig sind. Der Fotograf Jeroen Swolfs ist in sieben Jahren durch alle 195 Länder der Erde gereist und hat dort jeweils nur eine einzige Situation fotografiert: Straßenszenen. Überall dort, wo viele verschiedene Menschen in konkreten Räumen zusammenkamen, an Plätzen, Kreuzungen, Märkten, hat er seine Kamera aufgebaut. Diese Perspektive beruhigt unsere Zukunftsangst auf eine besondere Weise. Denn sie zeigt das Spiel der Beziehungen, die sich immer wieder emergent bilden. Im Spiel und im Ernst. In Armut und Reichtum, in Dunkel und Licht, quer zu Schichten, Rassen, Kulturen. Sei es auf den Champs-Élysées oder am Strand von Mogadischu, auf Marktplätzen, Boulevards oder staubigen Nebenstraßen – immer dann, wenn Menschen in Interaktion treten, wenn Fremde und Einheimische zusammenkommen, entstehen sofort wunderbare neue Selbst-Organisationen. Organisieren wir einfach mit. Werfen wir uns ins Getümmel, ungeschützt. Das heilt unsere Menschen- und Zukunftsangst.[42]

Hier noch einige andere Plattformen, mit denen man sich »ins richtige Leben« versetzen kann:
https://theatlasofbeauty.com/
https://www.everydayafrica.org/
https://www.humansofnewyork.com/

ZUKUNFTSREGEL 12
Schließe Frieden mit der Ungleichheit in der Welt

I tried carrying the weight of the world
But I only have two hands
AVICII, GEST. 2018

Im Alter zwischen vier und zehn Jahren, bevor sie digital verstummten, hatten meine Kinder ein absolutes Lieblingswort. Es lautete: »UNFAIR!«

UNFAIR war, wenn man von der Schule mittags nach Hause kam und es gab keine Süßigkeiten, sondern Gemüse. UNFAIR!!! war, wenn irgendwann mal das Licht ausgemacht werden musste, zum Schlafen. UN-FAAAAIIR!!!!!!! war, wenn Peter eine bessere Note bekam und die Lehrerin, Frau Schmidt, einen irgendwie schräg angesehen hatte. UNFAIR war, dass Freund Robert eine Nintendo-Konsole hatte und man selbst nicht. Besonders UNFAIR war die Begrenzung von Videospielzeit. UNFAIR war, wenn Mitarbeit im Haushalt gefordert wurde – Müll raustragen, beim Einräumen des Geschirrs helfen, einem Gast gegenüber höflich sein. Das war SUPER-SUPER-UNFAIR!!!!!!

In einer bestimmten kindlichen Entwicklungsphase formt sich das Ich in eigenen Ansprüchen an die Welt und stößt dabei auf Grenzen, die ausgelotet werden müssen. In dieser narzisstischen Phase bezieht man alles auf sich selbst, ordnet die ganze Welt nach seinen Wünschen. Man empfindet es auch als »unfair«, wenn man zum Beispiel beim Würfeln Pech hat. Deshalb sind soziale Brettspiele so wichtig – wir spielen in unserer Kindheit Mensch ärgere Dich nicht, Monopoly, Katz und Maus oder Autoquartett, um die Grenze zwischen Regelsystemen, Zufall und Intentionen kennenzulernen. Dieses soziale Spiel hilft uns dabei, uns im Gefüge der Welt verstehen zu lernen – und verständlich zu machen. Und zu begreifen, dass »Unfairness« nicht immer darin besteht, dass uns jemand übervorteilen will.

Für die Zukunft unserer Gesellschaft, ja für die Zukunft überhaupt, ist diese Fähigkeit, zwischen unfair und ungerecht unterscheiden zu können, von entscheidender Bedeutung. Denn im Kern aller Zukunftsprozesse, persönlicher ebenso wie politischer oder zivilisatorischer, geht es um Reifungen, in denen wir lernen, mit der unvermeidlichen *Divergenz* der Welt umzugehen. Das ist wahrhaftig die schwierigste Übung von allen. Denn nichts ist größer als die Sehnsucht nach einer Welt, einem Himmelreich, in dem alles *gerecht* zugehen möge. Wenn sich das als eine Illusion herausstellt, neigen wir bisweilen zu Tobsuchtsanfällen.

Das Gespenst der »klaffenden Schere«

Einer der größten Angst-Diskurse unserer Tage kreist um das Gespenst der »skandalösen Zunahme der Armut«, die »im Zuge des kapitalistischen Neoliberalismus« den »sozialen Zusammenhalt« verdirbt. Linke wie rechte Populisten empören sich lautstark und oft voller Zorn und Hass über die von ihnen wahrgenommenen Ungerechtigkeiten. Schauen wir uns zunächst die Schlagworte an, mit denen die Debatte geführt wird:

- Die *Schere* geht immer weiter auseinander!
- Die *soziale Spaltung* nimmt zu!
- Die *Kluft* öffnet sich!
- Der soziale Konsens *zerbricht!*
- Die Mittelschicht *zerbröckelt!*
- Die Reichen werden *immer reicher,* die Armen *immer ärmer!*

Die Macht solcher Formulierungen ist enorm. Wir konstruieren unsere Welt durch Sprache, und diese Worte zeichnen das Bild einer hoffnungslosen, verderbten sozialen Wirklichkeit. Kluft, Schere, zerbrechen, bröckeln – allein schon die Phonetik erzeugt eine innere Panik, ein Gefühl der Haltlosigkeit. Wer »Schere« hört, der spürt fast körperlich, wie etwas abgeschnitten wird. Wenn etwas zerbröckelt, spüren wir Verlustängste. In die Kluft fallen wir taumelnd hinein, in das Dunkle, den Abgrund, das Vergessen ...

Wie aber verläuft die Entwicklung sozialer Verhältnisse wirklich? Wird die Welt tatsächlich immer »ungleicher«? Ja, das wird sie. Und gleichzeitig wird sie immer *gleicher!* Wie ist das möglich?

Zuallererst müssen wir sinnvolle Vergleichsmaßstäbe definieren. Betrachten wir zunächst die Unterschiede zwischen Nationalstaaten: Natürlich gibt es arme Länder und reiche Länder; diese Entwicklung reicht bis zum Beginn der Industrialisierung zurück, als das Bruttosozialprodukt der Industrienationen dem der Agrarländer davongaloppierte. Verstärkt wurde dieser Prozess durch die Ergebnisse der Kolonialisierung, im Verlauf derer die Industrienationen zahlreiche andere Länder ausplünderten. Das war ungerecht, unfair, grausam und moralisch verwerflich, ohne Frage.

Nehmen wir als Vergleichsachse die Länder der Erde, ist der Befund eindeutig: Die Ungleichheit *sinkt* seit 20 oder 30 Jahren. In der Nachkriegszeit lagen die armen Länder der Dritten

Welt weit hinter Europa und Nordamerika zurück. In Ländern wie China und Indien, in ganz Afrika und in Teilen Südamerikas herrschten Hunger und Not. In meiner Jugend gab es nur eine Handvoll Industrieländer, in denen eine breite Mittelschicht existierte. Ein afrikanisches Kind oder ein chinesischer Bauer waren so arm, dass man kaum öffentliche Notiz von ihnen nahm. Die Armut der Welt war weit weg und unsichtbar, und sie ließ sich nur schwer messen.

Noch im Jahr 1800, vor Beginn der industriellen Revolution, waren praktisch alle Mitglieder der einzelnen Gesellschaften arm – bis auf eine winzige Kaste von Herrschern und ihren Familien und vielleicht noch Kirchenleute und Piraten. Damals lebten 90 Prozent der Menschen unter dem, was wir heute »Existenzminimum« nennen – meistens von der Subsistenz, also von dem, was sie an Nahrungsmitteln selbst erzeugten, oder in sklavenähnlichen Abhängigkeitsverhältnissen. Nur in einigen wenigen Ländern Europas gab es nennenswerte Mittelschichten. Vor rund einem halben Jahrhundert entstand dann eine »Buckelwelt« mit zwei »Höckern«: den Armen und den Reichen. Dieses Bild ist einprägsam, es ist sozusagen unser Standardmodell, das die Vorstellung der globalen Spaltung begründet. So haben wir die Welt »erlernt«. Und deshalb nutzen wir dieses Bild auch heute noch zur Vereinfachung. Denn die Realität ist viel zu kompliziert: Heute differenziert sich Wohlstand multipolar, entlang *mehrerer* Achsen.

Ein armer US-Amerikaner im »rust belt« des Mittleren Westens verdient heute kaum so viel wie ein durchschnittlicher Chinese. Gleichzeitig hat sich der »Gesamtreichtum« der Menschheit verzehnfacht – und daran haben zweieinhalb bis drei Milliarden Menschen massiven Anteil, die in zwei Jahrzehnten den Weg aus bitterer Armut zu bescheidenem Wohlstand mit Wohnung, Kühlschrank, Waschmaschine und kleinem Auto zurückgelegt haben. In China, Indien und vielen anderen Schwellenländern haben sich gewaltige Mittelschichten gebildet, die viele Hundert Millionen Menschen umfassen. Ein riesiger sozialer Treck in Richtung Wohlstand ist auf dem Weg. Warum können wir ihn nicht sehen und schon gar nicht wertschätzen? Das liegt nicht nur an der komplizierten Arithmetik des Wohlstands, sondern auch an dem »Verschattungseffekt« der Angst, die ich in der Regel 7 beschrieben habe. Wir decken gerne eine Angst mit einer anderen zu.

Wenn nämlich sämtliche Menschen weltweit so leben würden wie wir, dann hätten wir einen viel tiefgreifenderen Änderungsbedarf, als wenn »immer mehr Menschen verelenden« – vielleicht ist es das, was wir vor uns selbst zu verbergen versuchen.

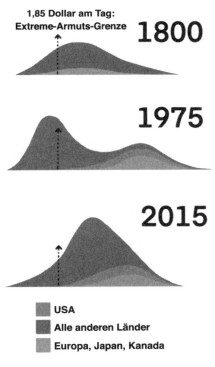

Globale Einkommensverteilung

Heute steht der globale Wohlstand auf einer viel breiteren Basis – *obwohl* sich die Unterschiede an den Rändern der Einkommensverteilung noch vergrößert haben. Das mittlere tägliche Einkommen weltweit liegt zwischen 8 und 9 US-Dollar pro Tag. Vor 20 Jahren lag es bei einem Viertel und vor 100 Jahren bei einem Zwanzigstel dieses Werts. Wenn wir die Dynamik des Wohlstands betrachten, werden also viele Menschen immer wohlhabender, während einige sehr arm bleiben und andere reich wie nie werden, unverschämt reich. Die allermeisten aber liegen irgendwo in der Mitte. Wie soll unser armes Hirn das verkraften? Ist es unfair, ungerecht, ausbeuterisch oder tyrannisch? Wohin geht »der Trend«? Wir befürchten das Schlimmste, wie immer, wenn wir ein System nicht wirklich verstehen.

In den Wohlstandsländern ist seit den Neunzigerjahren des vergangenen Jahrhunderts der sogenannte GINI-Index (mit dem man die Einkommensverteilung misst) leicht gestiegen. Das heißt in der Tat, dass die Unterschiede *innerhalb* der Nationalstaaten leicht zugenommen haben. Es bedeutet aber nicht Verarmung, sondern dass eine *Spreizung* der Einkommen stattgefunden hat. Wobei – und das ist das Entscheidende – nur eine sehr kleine Gruppe tatsächlich an Einkommen und Wohlstand *verloren* hat. Der weitaus größte Teil der Menschen wird immer wohlhabender, manchmal ganz allmählich, manchmal, in Boom-Zeiten, auch ganz schön schnell.[43]

Es gibt also in Wahrheit keine Schere, die »auseinanderklafft«. Vielmehr existiert ein dynamisches System, in dem der allergrößte Teil der »Spieler« sich langfristig in Richtung Wohlstand bewegt – mit zeitweiligen Rückschlägen zwar, aber doch unaufhörlich. Um diesen Vorgang in einem Scherenbild abzubilden, müsste man die linke Scherenbacke fixieren und die rechte immer weiter abspreizen. Und geschnitten wird hier nirgendwo. Im Gegenteil, die Welt bildet eine gigantische dominante Mittelschicht aus, einen statistischen »Bauch«, in dem sich die Lebensverhältnisse trotz aller Unterschiede immer mehr einander annähern. Ein großer Teil der Menschheit, die besagten drei Milliarden, lebt heute so wie die Deutschen in den frühen Sechzigerjahren, allerdings mit Smartphone und Internet. Ihre Autos sind etwas weniger wuchtig und in ihren Häusern bröckelt meistens der Putz. Aber sie sind Mitglieder der globalen Mittelschicht, die ihre Kinder zur Schule schicken, eine Erwerbsarbeit ausüben und in irgendeiner Weise krankenversichert sind.

In der Systemtheorie wird das als System *der divergierenden Konvergenz* bezeichnet. Es basiert auf einem scheinbaren Paradox: Während die Unterschiede im Gesamtsystem *abnehmen*, *steigen* sie in den Extremen. Das System konvergiert in der Mitte und differenziert sich an den Rändern. Es gibt in der Tat Menschen auf der Erde, die immer noch so bitterarm sind, dass sich ihr Einkommen kaum messen lässt. Durch die Globalisierung ist gleichzeitig eine kleine Gruppe von Multimillionären und Milliardären entstanden, die immer reicher werden, auch wenn ihr Vermögen zu einem großen Teil nur aus Papieren oder anderen Abstraktionen besteht (viele Superreiche halten ja vor allem Firmenanteile oder »Optionen«). Es entsteht also Ungleichheit, aber gleichzeitig ist das Ganze aus der Sichtweise dynamischer Prozesse betrachtet ein Win-win-Spiel: Während die Reichen reicher werden, werden die Armen *ebenfalls* wohlhabender – weil der Gesamtkuchen weiter wächst. Während Teile des Kuchens nach oben umverteilt werden, wächst der Gesamtkuchen schneller, als davon Stücke abgeschnitten werden (zu den Ausnahmen kommen wir später). Es ist irgendwie – absurd. Wie ein Perpetuum mobile, das es bekanntlich nicht geben kann.

Für unser auf linearer Vergleichslogik, fixierte Grenzen und Linearität beharrendes Hirn ist das ungefähr so schwer zu verstehen wie die Tatsache, dass sich das Universum ständig aus-

dehnt, obwohl die Materie gleich bleibt, und alles immer schneller wird, obwohl es gleichzeitig stagniert. Vielleicht hilft der Vergleich mit einem Luftballon. Wenn dieser schlaff daliegt, sind alle Moleküle relativ gleich eng geordnet. Blasen wir ihn auf, sind sie erneut geordnet, aber durch den Druck und das erhöhte Volumen im statistischen Durchschnitt weiter voneinander entfernt ... So ähnlich verhält es sich mit dem Wohlstand und seinen »Molekülen«.
Ist das ungerecht? Unfair? Ist es »schlecht«? Um das zu beantworten, müssten wir uns jenseits der moralischen Bewertung fragen: Welche Alternativen gäbe es? Und was wäre denn »gerecht«? Besteht Gerechtigkeit im Gleichheits-Ergebnis oder im Prozess? Wenn wir alle gleich arm wären, herrschte dann Gerechtigkeit? Zumindest wüssten wir es nicht, weil kein Vergleich mehr stattfände. Wenn wir alle reich wären, wäre dasselbe der Fall. In beiden Welten würde der Begriff »Gerechtigkeit« einfach verschwinden. Aber solange es Unterschiede gibt, werden wir uns empören. Werden es ungerecht, unfair, schrecklich, skandalös finden. Und nach den Schuldigen suchen.

Die Gleichheitsverzerrung

In der Ungleichheitsdebatte sind wir Opfer gleich mehrerer kognitiver Irrtümer. Etwa der »Just World Fallacy«, des Gerechte-Welt-Irrtums. Erforscht wurde dieses Phänomen von dem Sozialpsychologen Melvin J. Lerner. Demnach glauben wir unbewusst, dass es so etwas wie ein kosmisches Gerechtigkeitsprinzip gibt, das dazu führt, dass moralische Handlungen immer zu gerechten Ergebnissen führen. Diese Vorstellung klingt sehr positiv, sehr menschenfreundlich, eben »moralisch«. Sie hat nur die kleine Nebenwirkung, dass wir im Zweifelsfall, wenn wir uns unsicher oder wütend oder einfach von der Komplexität der Welt überfordert fühlen, dazu neigen, dem Einzelnen die Schuld für sein Schicksal zu geben. Er bekommt am Ende ja, was er verdient. Deshalb kippen moralisch geführte Gerechtigkeitsdebatten schnell um. Sie beginnen mit Vorwürfen an die Mächtigen, die Gewinner, enden aber nicht selten in Vorwürfen an die Verlierer, die dann ausgegrenzt werden. Dieses Wechselspiel begleitet die Fortschrittsdebatte seit jeher. Es markiert die Extreme zwischen rechts und links und verknüpft diese beiden Denkweisen gleichzeitig zu einem problematischen Gesamtsystem des Denkens und Fühlens. Der linke, vom Gleichheitsgedanken geprägte Gerechtigkeitssinn und der rechte Gerechtigkeitssinn, der Einheit durch Ausgrenzung konstruiert, sind zwei Seiten derselben mentalen Medaille.

Ralf Dobelli hat den Begriff der *hyperaktiven Absichtsvermutung* geprägt: Wenn uns ein Phänomen komplex und unlösbar erscheint, dann suchen wir zunächst nach einem Schuldigen. Einem Gesicht. »Die Reichen« etwa. Wenn sich kein passender Sündenbock finden lässt, beschuldigen wir stattdessen eine Abstraktion. Etwa den »Kapitalismus«. Seit ich denken kann, seit meiner Jugend, ist der Kapitalismus – neuerdings der »Neoliberalismus« – an allem schuld: Armut. Krieg. Übergewicht. Depressionen. Liebeskummer. Das entlastet die innere Ohnmacht, macht aber keinen Menschen reicher oder glücklicher. Ähnliches gilt für die »Eliten«, die angeblich das arme Volk ausplündern und zulassen, dass Fremde ins Land kommen.

Es ist nicht ganz leicht, sich vom Bild der »Ausbeutung« zu verabschieden. Wenn einer etwas bekommt, muss er es jemand anderem weggenommen haben. Die Urbotschaft des Marxismus sitzt tief in uns drin – selbst in konservativen Menschen. Alles ist Klassenkampf, bei dem es um *Verteilung* geht. Und in der Tat gibt es auch heute noch klassische, hierarchische Ausbeutung. Varianten der Sklaverei. Die migrantischen Bauarbeiter in Katar oder auch die Fahrrad-Pizzaboten in Berlin arbeiten kaum »freiwillig« (obwohl viele Pizzaboten das behaupten). Ohne Zweifel gibt es nach wie vor echte Nullsummenspiele des Ökonomischen, Abhängigkeits- und Ausbeutungsverhältnisse.

Aber das System der Ökonomie hat sich längst in eine komplexe adaptive Dynamik verwandelt, durchzogen von zahlreichen Rückkoppelungen und Rekursionen. Dabei wird Ausbeutung zunehmend durch *Austausch* ersetzt. Je komplexer unsere Arbeit wird und umso mehr sie von Maschinen ergänzt oder übernommen wird, desto schwieriger wird es, jemanden geradewegs »auszubeuten«. Ab einer gewissen Stufe der Komplexität treten nicht mehr Schichten und Klassen gegeneinander an, sondern Akteure auf den Plan, die *eine Wahl* haben. Der Arbeit-»Geber« ist nun auch abhängig vom Arbeit-»Nehmer«. In gewisser Weise verkehren sich sogar die Rollen. Neue »Deals« entstehen, Verbindungen, Übereinkünfte, die nicht immer in geschriebenen Kontrakten fixiert sind. Und die immer schwerer mit Kategorien der Gerechtigkeit im Sinne von Gleichheit zu fassen sind.

Das Gleichheits-Paradox

Angenommen, Sie wollten für Ihre Firma einen neuen Mitarbeiter anstellen. Sie haben eine exakte Stellenbeschreibung erstellt, aus der hervorgeht, was dieser Mitarbeiter tun soll. Aus einer Menge x – sagen wir: 50 Bewerbern – suchen Sie nun denjenigen aus, der den besten »Match« liefert, das heißt am besten zur genauen Stellenausschreibung passt. Dieses Auswahlsystem ist fair: Alle bewerben sich auf eine Stelle, und einer gewinnt. Das »Matching« ist messbar.

Aber ist das Auswahlverfahren auch gerecht, wenn man den Radius der Wahrnehmung erweitert?

Wenn Sie auf einen Schlag *zehn* Mitarbeiter einstellen wollten, würden Sie womöglich ganz anders vorgehen. Sie würden eine breite Palette von Bewerbern einladen. Darunter viele, die von der »Mitte«, also den in der Stellenbeschreibung formulierten Anforderungen, abweichen. Denn Sie wollen ja ein *Team* zusammenstellen, das dann selbstständig arbeiten kann. Dazu braucht man Diversität. Man benötigt schlaue und oberschlaue, pingelige und kreative Leute, Männer und Frauen, womöglich auch ein paar Freaks, Abweichler, Seiteneinsteiger, ja sogar Störer. Wenn die dann nicht allzu lange bleiben – auch gut, man kann ja neue Leute nachheuern. Sie schaffen im zweiten Fall also Chancen für Leute, die aus der Reihe fallen. Welches Auswahlverfahren ist nun gerechter? Im Sinne von Leistungs- und Ergebnisgerechtigkeit ist die erste Wahl sehr gerecht. Wer die Kriterien erfüllt, kommt rein. Aber dabei handelt es sich um eine *hierarchische* Gerechtigkeit – eine Gerechtigkeit aus vordefinierten Bedarfslagen heraus. Im zweiten Verfahren existiert erweiterte Chancengerechtigkeit. Das erste Verfahren ist präzise. Das zweite flexibel. Was ist gerechter? Varianz oder Konsistenz?

»Das Dilemma ist, dass man entweder eine fairere, gerechtere Gesellschaft entwickeln kann, in der es *Möglichkeiten* für alle gibt, in der aber *Glück* eine große Rolle spielt. Oder man erzeugt eine Gesellschaft, in der die Illusion einer exakten, messbaren, ›unbestechlichen‹ Gerechtigkeit herrscht, in der aber nur wenige Menschen *reale* Chancen haben.«

Das schreibt Rory Sutherland in seinem wunderbar erfrischenden Buch *Alchemy – The surprising Power of Ideas That Don't Make Sense*.[44] Der ehemalige Vorsitzende der Werbeagentur Ogilvy beschreibt darin die Beurteilungsverzerrungen, denen wir bei der Wahrnehmung von Gleichheit unterliegen. Und letztlich basiert all das auf den Paradoxien von Wahrnehmung und Wirklichkeit.

»Wenn die Regeln für jeden genau gleich sind«, stellt Sutherland drastisch fest, »gewinnen jedes Mal dieselben langweiligen Bastarde.«

Das obige Beispiel verdeutlicht, wie Gerechtigkeitskriterien in verschiedene Dilemma-Schleifen führen, die niemals auflösbar sind. Es erzählt nebenbei noch viele andere Geschichten. Ein Unternehmen, das immer nur exakt definierte Stellen besetzt, wird irgendwann innerlich erstarren. Es wird zu einer Maschine, die nach Zahnrädern sucht. So wie der Sozialismus oder bürokratische Hierarchien erstarren. Denn alle Stellenbewerbungen tendieren zur Mitte, zur Mittelmäßigkeit, bis die Organisation davon durchtränkt ist (was dann passiert, kann man wunderschön anhand der Tagungen des örtlichen Polit-Komitees in der HBO-Verfilmung des Atomunfalls von Tschernobyl studieren).

Varianz ist Lebendigkeit. Und Lebendigkeit basiert auf *Unterschieden*.

Was wäre, wenn man alle Bewerbungsgespräche konsequent »entgendern« und »entfacen« würde? Keine Hautfarben, keine Ethnien! Es ist *ungerecht*, keine Dicken und Hässlichen anzustellen, also sollten die Bewerber von einer »objektiven« künstlichen Intelligenz beurteilt werden. Auch die Stimme ist ja »ungerecht« verteilt, also besser nicht persönlich mit dem Bewerber reden! Aber nach welchen Kriterien wird die KI entscheiden? Natürlich, Qualifikation! Damit aber entsteht eine neue, umso monströsere Ungerechtigkeit: Diejenigen, die am fleißigsten für jede beliebige Stellenbeschreibung »gepaukt« haben, die am geschicktesten Prüfungswissen abspeichern können, die lernen wie eine Maschine, gewännen einen absoluten Vorteil. Das Ende der Geschichte wäre eine Gesellschaft der maschinellen Erfolgsprogramme, in der Abweichung, Spontaneität und Kreativität keine Chance mehr hätten.

Am meisten zur gesellschaftlichen Ungleichheit tragen inzwischen übrigens unsere Bemühungen bei, den richtigen und »gerechten« Partner zu finden. Während in den eher chaotischen Klassengesellschaften der Vergangenheit es viel üblicher war, sozial »nach oben« oder »nach unten« zu heiraten, also das Risiko eines *Unterschieds* einzugehen – noch in meiner Jugend heirateten Chefärzte Krankenschwestern und Rechtsanwälte Assessorinnen (mein Vater hat übrigens seine Sekretärin geheiratet, eine sehr erfolgreiche Ehe) –, neigen wir heute zur *Homogamie*. Wir sichern uns als Lebenspartner Menschen, die gleich ticken, den gleichen (oder einen »besseren«) BMI haben, die gleichen Lebensüberzeugungen, das gleiche Vermögen und die womöglich die gleiche Automarke bevorzugen. Und am besten noch dieselben Macken haben. Diese Art und Weise, wie wir uns verpartnern, führt zu einer Verschärfung und Verhärtung der sozialen Unterschiede. Das ist unfair, ungerecht und noch vieles mehr!

Die Welt als Differenzierungsmaschine

Ich habe einen guten Freund, der mich durch einige schwierige Zeiten meines Lebens begleitet hat. Dieser Freund arbeitet als Oberarzt in einem großen psychiatrischen Krankenhaus, in dem auch schwere Fälle behandelt werden. Vor einiger Zeit wurde er an das Krankenbett eines Patienten gerufen, der nicht mehr lange zu leben hatte. Ein depressiver Alkoholiker, der – nach eigener Angabe – sich seinen Verstand weggetrunken, erst sein Leben und dann seine Leber ruiniert hatte, oder umgekehrt.

Als er mit dem todgeweihten Patienten sprach, vermeinte mein Freund plötzlich eine Ähnlichkeit zu erkennen. Irgendwo hatte er dieses Gesicht schon einmal gesehen. Aber es war sehr lange her.

»Karl – bist du das? Der Karl aus dem Kinderheim?«

Mein Freund, der Chefarzt, und der sterbende Patient hatten ihre frühe Kindheit im selben Heim verbracht. Unter denselben

Lebensumständen. Beide waren von ihren Eltern weggegeben worden, hatten nahezu exakt dieselben Kindheitstraumatisierungen erlebt. »Und trotzdem«, sagte mein Freund nachdenklich, »ist er immer weiter auf eine Bahn gerutscht, die nur in eine Richtung verlief. Er hatte keine Chance. So wie ich eigentlich auch.«

Es ist leider wahr: Die Welt ist fundamental ungerecht. Sie ist so atemberaubend ungerecht, dass einem der Atem stockt, wenn man sich das vergegenwärtigt. Schon das Ausmaß von individuellen Schicksalsschlägen, mit denen jeder von uns direkt oder indirekt konfrontiert wird, ist einfach überwältigend. Warum erwischt den einen der Krebs und der andere führt ein glückliches Leben, obwohl er ein Gauner ist? Warum wird der eine erfolgreich und der andere drogensüchtig? Sind es die Gene? Die Eltern? Natürlich, es ist »die Gesellschaft«. Das war die wunderbare Entlastungsformel in meiner Jugend: *Die Gesellschaft ist schuld!* Eine ganze Generation konnte diesen Satz als Schlachtruf verwenden. Eine wunderbare Form der Selbstentlastung – aber auch eine gefährliche Ablenkung, die auf Dauer zu einer fatalen Selbstentfremdung führt. Man lernt sich selbst nie richtig kennen. Und hält sich auch andere Menschen vom Leibe beziehungsweise von der Seele, indem man sie dem Abstraktum »Gesellschaft« zuordnet. Fast immer führt das zu Altersbitterkeit, meist schon im mittleren Alter. »Die Gesellschaft« hat dabei versagt, einen glücklich zu machen ...

Die Welt ist nichts anderes als eine »Differenzierungsmaschine«. Das unterscheidet sie vom leeren Nichts, der kompletten Entropie. Sie ist ein gigantischer Organismus, der in jeder Millisekunde *Unterschiede* produziert:

- Es beginnt schon mit den Atomen oder Quarks. Manche davon bleiben einsam und allein im unendlichen Raum zwischen den Sternen, während andere sich zu Materiewolken zusammenballen und komplexe, organische Moleküle bilden – einfach durch Zufall und Selbstorganisation.

- Es setzt sich fort mit unserem schönen blauen Planeten: Welch bizarrer Zufall, dass in einem strahlungsarmen Seitenarm der Galaxis Milchstraße ein solches blaues Kleinod entstand! Im Vergleich zu den Milliarden von Steinklumpen, giftigen Gasplaneten und schrecklichen, mit schwarzen Löchern durchsetzten kosmischen Nebelhalden ist das einfach eine bizarre Privilegierung. Dazu kommt noch ein einziger Mond in perfekter Größe, der die Rotation der Erde gerade so weit abbremst, dass atmosphärische Turbulenzen moderat bleiben. So was von ungerecht!
- Dann dieser unwahrscheinliche Zufall, dass auf unserem Himmelskörper just jene Aminosäuren zu finden waren oder durch Kometen abgeladen wurden, aus denen komplexes Leben entstehen konnte ...
- ... Und schließlich der Zufall, dass ein Meteoriteneinschlag oder ein Vulkanausbruch die Dinosaurier ausrottete, sodass wir heute ungestört von Amsterdam nach Hildesheim fahren können, ohne dass uns ein verdammter Tyrannosaurus Rex unser Auto zertrümmert (so was sieht man ja dauernd im Film!).

Ich habe noch nie davon gehört, dass sich irgendjemand über diese kosmischen Ungleichheiten beschwert hätte. Mit den individuellen Unterschieden verhält es sich jedoch anders. Dabei sind auch diese das Resultat einer unendlichen Verkettung von Zufällen *und* Kausalitäten. Es fängt schon weit vor der Geburt an. Unser gesamter genealogischer Stammbaum wirkt auf unser Leben ein – nicht nur die DNA unserer Vorfahren, sondern auch deren Leben. Die noch recht neue Wissenschaft der Epigenetik erklärt, wie Stressoren sich in unseren genetischen

Code regelrecht einschreiben – wir sind über Generationen hinweg von Traumata geprägt, die unsere Eltern, Großeltern oder gar Urgroßeltern erlebten. Daneben sind wir auch durch die Über-Lebensweise unserer Urahnen geprägt, einer besonders ängstlichen und emotionalen Variante von Hominiden. Je komplexer ein System ist – und hier sprechen wir von gesellschaftlichen Systemen –, umso mehr *Kontingenz* enthält es in seinen einzelnen Elementen. Kontingenz lässt sich in einem schlichten Satz zusammenfassen:
Alles könnte auch anders sein!

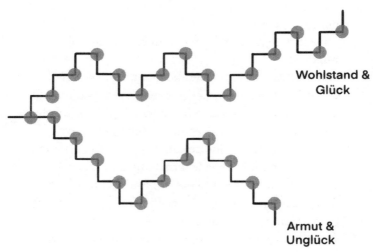

Kontingenz-Treppensystem

Man kann sich die Kontingenz des Lebens wie ein Treppensystem vorstellen. Die roten Punkte sind »Entscheidungen« in Bezug auf Beruf, Liebe, Leben, Wohnort und Bildung. Aber treffen wir unsere Lebensentscheidungen wirklich »selbst«? Manchmal ergreifen wir tatsächlich die Initiative, mal schlagen aber auch nur das Schicksal oder der Zufall zu. Individuelles Leben folgt wie Technologien oder gesellschaftliche Entwicklungen den Gesetzen der *Pfadabhängigkeit*. Eine bestimmte

Richtungsentscheidung verstärkt die Wahrscheinlichkeiten für eine generelle Richtung, ohne sie aber vollständig zu determinieren. Es kann also auch in der Mitte des Weges wieder nach oben oder unten gehen.

Daraus entsteht ein riesiger Baum an Lebensmöglichkeiten, der umso verzweigter (diverser, »ungerechter«) ist, je komplexer eine Gesellschaft wird. Wohlstand macht das Leben ungerechter! Er spreizt die individuellen Möglichkeiten, aber auch die Schicksale und Lebenswege. In einer armen Gesellschaft hat man viel weniger Möglichkeiten, aber diese Möglichkeiten sind auch klarer und eindeutiger. Wer in einer Hütte in der Sahelzone aufwächst, wächst in einer relativ egalitären Sozialstruktur auf. Er kann sich vielleicht nach oben kämpfen. In einer Wohlstandgesellschaft führen dagegen unendlich viele Treppen in unendlich viele Richtungen.

Wie ist es beispielsweise möglich, dass man in einer modernen Zivilisation obdachlos wird? Wer von uns hat sich diese Frage noch nicht gestellt, wenn er mit einem verfilzten, übel riechenden Menschen konfrontiert war, der an einer Straßenecke saß? Wie kann die Gesellschaft das zulassen? Klar, es muss der Neoliberalismus sein! Aber das ist Bullshit, und im Grunde wissen wir das auch. Es steckt eine ganz andere, viel subtilere Kraft dahinter. Die Kraft individueller Negativität.

Es sind lauter kleine, unerwartete Ereignisse, gegen die keine Versicherung hilft. Entscheidungen, bei denen man scheinbar keine Wahl hatte oder sich selbst nicht gut genug kannte. Es genügt, den oder die Falsche/n zu heiraten – und schon beginnt eine lange Zeit der sozialen Fragilität. In eine ungünstige Stadt ziehen, Irrtümer des Lebens nicht oder zu spät korrigieren, das falsche Haus kaufen, die falschen Freunde haben, Schüchternheit, Übersensibilität, Krankheiten – jedes winzige Detail zählt für das Leben und seine Richtung. Oft ist es nur »Nega-Timing« – man war zur falschen Zeit am falschen Ort –, was einen aus der inneren Stabilität wirft. Manchmal hat man zu viel Mut, also Übermut. Man triumphiert zu früh und gerät durch Selbstüberschätzung in eine ungünstige Lage. Oft sind es nur lebensgeschichtliche Millimeter – die Existenz von Liebe, eine Bindung zu einem einzigen Menschen, eine Nichtverträglichkeit von Alkohol –, die einen aus der Negativspirale wieder herausholen.

Die Biografie von Obdachlosen zeigt, dass unser Leben das Resultat eines gewaltigen *Netzwerkes von Wirkungen* ist. Wer auf der Straße landet und in Lumpen schläft, der hat eine Kaskade von Probabilitäten hinter sich, an der selbst die schnellsten Computer verzweifeln würden. So etwas ließe sich nie vorausberechnen oder vermeiden. Er ist das Produkt einer »Unfairness«, die in nichts anderem begründet liegt als in der irrwitzigen Komplexität des menschlichen Lebens selbst.

Die moralische Panik

Wenn wir mit Ungerechtigkeit konfrontiert sind, schalten wir in den Modus der Empörung. Wir beginnen uns aufzuregen, zornig zu werden, zu *moralisieren*. Wir geraten in den Gerechtigkeits-Furor: Das schreiende Unrecht, das wir sehen, muss auf der Stelle verschwinden! Notfalls durch Revolution!

Der Gerechtigkeitssinn ist eine unserer größten humanen Tugenden. Menschen sind, auch wenn meist das Gegenteil behauptet wird, Wesen mit hohem Mitgefühl (sofern wir es nicht gerade mit Psychopathen oder ausgekochten Narzissten zu tun haben). Wir sind von der Evolution darauf geeicht, Schwachen zu helfen, jedenfalls wenn sie zu den »Unsrigen« gehören. Schon kleine Kinder haben ein starkes Gerechtigkeitsgefühl, das allerdings unentwegt in einen Konflikt mit Eigeninteressen gerät.

Der Soziologe und Evolutionsforscher Nicholas A. Christakis beschreibt, wie die menschliche Empathie uns erst zum

Homo sapiens gemacht hat.[45] Allerdings hat das Empathiesystem auch eine dunkle Seite. In seinem Kern liegt nämlich unsere *tribale* Prägung. Über Millionen Jahre haben unsere Vorfahren gelernt, loyal zu einer *überschaubaren* Gruppe von Menschen zu sein. Innerhalb von Gruppen, Clans oder Stämmen von maximal 180 Personen, in denen gemeinsame Hilfe erlebbar und überprüfbar war. Die Kehrseite war immer die *Abgrenzung nach außen*. Die Ablehnung von Fremden, das Ressentiment, das jederzeit in Aggressivität umschlagen kann, gehört zur Empathie unweigerlich dazu.

In einer globalisierten, übermedialisierten Welt eskaliert nun dieser Widerspruch: Wie sollen wir mit unserer humanen Empathie in einer Welt umgehen, in der wir in Echtzeit mit den Schicksalen von Millionen verbunden sind? Was sollen wir tun angesichts von Millionen oder gar Milliarden leidender Fremder? Die Grenze zwischen Ich und Wir verschwimmt, und das steigert die Panik. Der soziale Furor, der heute alle Debatten über die Zukunft wie ein roter Faden durchzieht, entsteht aus genau dieser Verunsicherung: Zu wem gehören wir? Wem sind wir zur Loyalität verpflichtet? Wer ist »WIR«?

Das fördert auch die Doppelmoral, die viele dieser Debatten prägt. Die britische Schriftstellerin Zadie Smith sagte einmal: »Wir hier im Westen romantisieren die Kraft von Empathie. Aber die Wahrheit ist: Empathie wird ein- und ausgeschaltet, wie es gerade passt.«

Nach meiner Erfahrung mögen die meisten Kämpfer gegen die Ungerechtigkeit, die Moralisten der Gleichheit, die Armen nicht wirklich. Sie sind vielmehr interessiert an einer psychischen Rache. Sie nutzen die moralische Empörung für eigene Zwecke. Sie stellen die Empathie in den Dienst ihres Narzissmus. Sie streben nach Macht, Einfluss, Emotionsableitung – und dazu brauchen sie *Opfer*, die sie für ihren Feldzug funktionalisieren können.

Der Philosoph René Girard, den man auch als »Prophet des

Neids« bezeichnet, zeigte auf, wie in der modernen Welt, insbesondere durch den Einfluss der »sozialen« Medien, eine ständige Vergleichs-Eskalation stattfindet. Immer mehr wird miteinander verglichen und dabei skandalisiert. Einkommen und Vermögen machten den Anfang, dann kamen Kultur und Bildung hinzu und heute Körpermaße, Leidenschaften, sexuelle Prägung, Attraktivität. Es sind vor allem die Medien, die unentwegt UNGERECHT! UNFAIR! brüllen. »Mit jeder Moralisierung«, schreibt die Sozialhistorikerin Ute Frevert, »gehen Dramatisierung, Skandalisierung und Emotionalisierung einher. Je dramatischer die Anklage, desto besser steht man selbst da. Moral kann Gesellschaften zusammenhalten, aber auch spalten.«

Gleichheits-Moral wird so zu einer Waffe in den neuen, medial vermittelten Kulturkriegen. (Un)gleichheits-Empörung ist in einer Mediengesellschaft nichts anderes als eine Währung. Sie ist die Grundlage für Deutungsmacht – die entscheidende Macht der Mediengesellschaft. Diese »Empörokratie« führt zu einer Doppelmoral, die sich selbst stets mit moralistischen Argumenten tarnt, in Wirklichkeit aber egoistische Motive verfolgt. Georg Cremer, ehemaliger Generalsekretär des Deutschen Caritasverbandes, einer der wenigen reflektierten Köpfe der Sozialpolitik in Deutschland, hat diese Doppelmoral auf kluge Weise analysiert:

»Eine große Mehrheit der Menschen sagt, in Deutschland gehe es ungerecht zu. Wenn man die gleichen Menschen aber fragt, was man gegen diese Ungerechtigkeit tun kann, dann wird die Besserstellung von Hartz-IV-Empfängern oder Hilfen für Menschen mit Migrationshintergrund nur von einem Viertel genannt. Sie treiben eher Gerechtigkeitsfragen um, die in der Mitte der Gesellschaft eine Rolle spielen, etwa dass der Lohnabstand zwischen Arbeitenden und Arbeitslosen gewahrt bleibt oder gleiche Arbeit auch gleich bezahlt wird. Das sind auch wichtige Fragen. Aber wir brauchen eine Mitte, die mit den Menschen am Rand empathisch ist und nicht selbst in Angst erstarrt. Die Abstiegspanik in der Mitte macht unsere Gesellschaft unsolidarischer.«[46]

Cremer zeigt auf, wie Gerechtigkeits-Moralisierung hinterrücks Ignoranz, ja soziale Kälte, ausbildet. Gerechtigkeit wird dabei zu einer Kategorie, die je nach Interessenlage eingesetzt wird. Die *Empörung* lässt unser Hirn leuchten – die Idee der Gleichheit ist hingegen vollkommen unsexy.

Hier setzt auch der Populismus an. Er ordnet die Welt, indem er das Loyalitätsdilemma wieder auf einfache Formeln und Feindbilder zurückführt. Die »Eliten« sind schuld. Oder »europäische Bürokraten«. Oder »Ausländer«, was nichts anderes heißt als »Unberechtigte«. Macht wird nun nicht mehr als Verantwortung definiert, sondern als Verpflichtung, diese Macht möglichst gradlinig auszuüben. Statt einer »Gesellschaft« wird ein »Volk« konstruiert, ein homogener sozialer Raum, innerhalb dessen soziale Ungleichheit *bejaht* wird. Natürlich ist das eine Verkindlichung unseres Seins, ein Rückfall in die narzisstisch-tribale Phase, wie man schon am Lieblingswort von Donald Trump ermessen kann: UNFAIR!

Die neue, alte soziale Frage

Ich bin für starke Umverteilung. Ich bin für einen üppigen Sozialstaat skandinavischer Prägung. Ich bin für hohe Steuersätze (wie ich sie selbst zahle) und für gute Leistungen des Staates. Ich glaube nur nicht, dass unsere heutigen Sozialstaatstransfers Armut und Ungerechtigkeit wirksam zurückdrängen können. Das liegt aber nicht daran, dass es zu wenig davon gibt. Sondern an einem Reduktionismus, der Geld mit Gerechtigkeit verwechselt. Und am *abnehmenden Grenznutzen rein staatlicher Umverteilungs-Strategien*.

Das traurige Scheitern der Sozialdemokratie in Europa erklärt sich daraus, dass sie sich fast ausschließlich auf finanzielle Sozialtransfers konzentriert. Das aber führt ins Unglück, je diverser und wohlhabender eine Gesellschaft wird. Transferzahlungen erzeugen einen kurzen, kaum merkbaren Kick im Portemonnaie, aber einen richtig großen Knick im Selbstwertgefühl. Es kommt zu einem »Demoralisierungs-Syndrom«. Jemand, der von Transferzahlungen abhängig ist, erfährt eine doppelte Abwertung. Er hat das Gefühl, sich in einer Verstrickung zu befinden, die er nicht lösen kann. Er fühlt sich gleichzeitig bevormundet und ausgestoßen. Er vergleicht sein Selbstwertgefühl mit dem, was er bekommt – und diese Bilanz ist immer negativ. So entsteht der Zorn derjenigen, die immer mehr zu bekommen scheinen.

Aber sie erhalten nicht das, was sie wirklich brauchen. Was ist in einer modernen Marktgesellschaft Armut? Die Armen von heute leiden immer weniger echten materiellen Mangel. Im Gegenteil: Die Fernsehbildschirme in den Armen-Haushalten sind größer als anderswo, und der Verbrauch mancher Konsumgüter, von Fleisch und Zucker, sogar von Internetdaten, ist womöglich eher *höher* als in den wohlhabenderen Haushalten.

Armut in einer Informations- und Wissensgesellschaft ist immer Mangel an Zugängen. An Zugang zu Zeit. Zu Bildung. Zu sozialer Resonanz und echter Zuneigung. Zu Kultur und Kompetenzen. Vor allem *Selbst*-Kompetenzen.

Die traditionelle Sozialdemokratie verkörpert sozusagen eine Obdachlosigkeit der Wünsche, der Visionen, der hoffnungsvollen Energien, die das Menschsein in seinem Kern ausmachen. Sie zielt auf Versorgung und Absicherung. Das ist aber kein wirklich positiver Wert, sondern ein schwarzer Schatten.

Selbst in der reichen Schweiz mit ihrem enorm differenzierten Sozialsystem, das nicht nur auf staatlichen, sondern auch auf zivilgesellschaftlichen Transfers beruht, oder in den korporatistisch geprägten Niederlanden und im reichen Schweden gibt es Abgestürzte, tragisch Gescheiterte, die kaum aus dem sozialen Abseits herauszuholen sind. Auch im »Hygge«-Dänemark gibt es saufende, ihre Frauen schlagende »Sozialfälle«, an denen ganze Heerscharen von engagierten Sozialarbeitern scheitern. Liegt das am mangelnden Geld? In wenigen Fällen vielleicht. Aber das Problem ist in Wahrheit *erlernte Hilflosigkeit*, die sich in einer Sozialbürokratie nur noch weiter verstärkt. Und in einer Wohlstandsgesellschaft noch demütigender wahrgenommen wird als in einer Armutskultur.

Wir werden glückliche (und produktive) Menschen, wenn wir unsere Fähigkeiten, unser schöpferisches Selbst einbringen können. Wenn wir für unser Einmaligsein anerkannt werden. Dann blühen wir auf. Dann werden wir zu uns selbst. Der soziale Transfer jedoch kleistert die Wunde, auf der die Selbstabwertung wuchert, nur unbeholfen zu.

Eine der größten Visionen zur Überwindung der Ungerechtigkeit ist heute das bedingungslose Grundeinkommen. Es klingt wahnsinnig gerecht, jedem eine Lebensgrundlage zur Verfügung zu stellen. Aber wird das Grundeinkommen nicht noch viel mehr zur sozialen Spreizung beitragen? Weil einige es als bescheidenes Selbstverwirklichungs-Salär begreifen und es nutzen, um ihre Autonomie auszubauen, andere es aber als Hungerlohn sehen und sich noch mehr zurückgesetzt fühlen als vorher? Wird es demnächst ein neues Krankheitsbild namens »Grundeinkommens-Depression« geben – das schreckliche Gefühl, nichts mehr tun zu müssen, aber auch nutzlos zu sein? Das gut Gemeinte zeigt oft fatale Nebenwirkungen, die sich aus den paradoxen Konstruktionen unserer Psyche erklären. Und ist ein solidarisches Einkommen hierzulande nicht die schreiendste aller Ungerechtigkeiten überhaupt? (Im indischen Bundesstaat Uttar Pradesh soll demnächst ein Grundeinkommen eingeführt werden, 884 Euro im Jahr; *dort* ist es sicher sinnvoll!)

Wie immer wir den Sozialstaat ausgestalten: Es kann keinen sozialen Fortschritt ohne persönliche Emanzipation geben. Emanzipation meint Übernahme von Selbst-Verantwortung, eine Steigerung der Selbstwirksamkeit. Zu der kann man animieren, in Grenzen. Dabei kann man assistieren. Aber nur wenn Menschen auf dem Weg nach oben sind – dem inneren »Oben« ihres Selbst –, wird die Armut zurückgehen. Wenn wir Armut hingegen *bekämpfen*, wird sie auf monströse Weise immer größer, wie die berühmte Hydra-Schlange, der man niemals genug Köpfe abschlagen kann.[47]

Das Pareto-Prinzip:
Das magische Gesetz der Verteilung

Was wäre, wenn es eine geheimnisvolle Kraft gäbe, eine Magnetkraft, die alles in eine ungleiche Standardverteilung brächte – egal, was wir dagegen unternehmen? Der italienische Ingenieur, Ökonom und Soziologe Vilfredo Federico Pareto (1848–1923) entdeckte eine der Grundregeln der systemischen Selbstorganisation: In allen Systemen, gleich ob biologisch, sozial oder mechanisch, bildet sich über kurz oder lang eine Verteilungsrelation von 20/80 heraus. Diese Regel strukturiert unseren Alltag, unsere sozialen, ökonomischen und energetischen Systeme. Wenn Systeme auf neue Organisationsebenen springen, reformiert oder revolutioniert werden, stellt sich diese Relation früher oder später immer wieder ein, vielleicht in umgekehrter Reihenfolge. Wahrscheinlich handelt es sich um ein Grundgesetz komplexer Systeme, den Ausdruck dynamischer Selbstorganisation, dem alles Lebendige unterliegt.

Hier einige Beispiele:

- 20 Prozent aller Musiker und Autoren können von

ihrer Arbeit leben, 4 Prozent (also 20 Prozent von
20 Prozent) erzeugen Bestseller oder Hits und
werden wohlhabend.
- 20 Prozent der Bevölkerung erkranken im Laufe ihres
  Lebens an einer Depression, 20 Prozent davon haben
  suizidäre Tendenzen.
- 20 Prozent der Kriminellen verursachen 80 Prozent
  des durch Verbrechen entstehenden Gesamtschadens.
- 20 Prozent der Autofahrer verschulden 80 Prozent
  der Unfälle.
- 20 Prozent der Verheirateten sind für 80 Prozent der
  Scheidungsstatistik verantwortlich (Mehrfachscheidung).
- 20 Prozent der Jugendlichen erreichen 80 Prozent der
  verfügbaren Ausbildungsqualifikationen.
- 20 Prozent der Bevölkerung sind im Durchschnitt
  rechtspopulistisch oder rechtsradikal eingestellt.
- Bei einer Alarmanlage gilt, dass 80 Prozent der
  Fehlalarme durch 20 Prozent der möglichen Ursachen
  ausgelöst werden.
- 80 Prozent der Energie werden in einem Verbrennungsmotor in Wärme umgesetzt, und nur 20 Prozent tragen zur Fortbewegung bei. Bei Elektroautos
  ist die Relation umgekehrt: 80 Prozent der Energie
  werden in Fortbewegung umgesetzt.
- Bei Schreibtischarbeiten lassen sich in 20 Prozent
  der Zeit ungefähr 80 Prozent der Aufgaben bewältigen.
- Im Gesundheitswesen verursachen 20 Prozent aller
  Patienten 80 Prozent aller Kosten.
- 20 Prozent aller Verkäufer einer beliebigen Firma
  erzielen 80 Prozent des Umsatzes.
- 20 Prozent der Websites im Internet sind für 80 Prozent des Datenvolumens verantwortlich.

- In Meetings beanspruchen 20 Prozent der Teilnehmer 80 Prozent der Redezeit für sich.
- 20 Prozent der Menschen sind »gut aussehend«, etwa 20 Prozent davon gelten als »schön«. 20 Prozent werden als hässlich wahrgenommen, aber 80 Prozent aller jungen Frauen empfinden sich als unattraktiv oder unschön.[48]

Politik der vitalen Differenz

Wie entkommt man diesem schrecklichen Dilemma zwischen Gleichheit, Gerechtigkeit, Fairness und »Chancengleichheit«, die niemals wirklich existieren kann? Manchmal ist es sinnvoll zu akzeptieren, dass es keine Lösung gibt. Weil das Problem auf einer anderen Ebene liegt, als wir es wahrnehmen können. Dann entsteht bisweilen eine neue Sichtweise, in der die Dinge sich neu in Richtung Zukunft sortieren.

In diesem Falle kann es hilfreich sein, sich einmal auf systemischer Ebene vor Augen zu führen, wie Wohlstand eigentlich entstanden ist: durch Technologie, aber auch durch neue Institutionsformen (wie Demokratie und Gewaltenteilung). Durch Vervielfältigung von Lebenswegen und Lebensstilen, die zu einer weitgehenden Auflösung alter Klassenstrukturen führten, aber auch durch neue ökonomische Transfers im Sozialstaat. All das lässt sich als Kombination von Differenzierung und Integration begreifen. Als Kombination von Emanzipation und ausgedehnter Staatlichkeit. Als »Komplexisierung« gesellschaftlicher Beziehungen. Dadurch entstanden immer größere Räume für »positive Zufälle«, in denen Menschen ihre individuellen Lebenswege differenzieren konnten.

Anstatt auf mehr Gleichheit sollten wir also auf mehr Vielfalt setzen. Eine neue Wohlstandsdebatte jenseits des Verteilungs-Moralismus würde uns zwingen, uns auf den Kern des Problems zu konzentrieren: auf Bindungen und Zugänge.

- Wir bräuchten *immaterielle* Umverteilungssysteme in der Zivilgesellschaft, die an Aufmerksamkeit und sozialen Zugang anknüpfen.
- Wir bräuchten neudörfliche Lebensformen, in denen die soziale Kohäsion stärker wirkt und damit Ungleichheit *moderiert* werden kann (Co-Working, Co-Living, intergeneratives Wohnen etc.).
- Wir müssten die gesellschaftlichen Chancen so vielfältig machen, dass immer neue »produktive Abweichungen« entstünden. Eine Fülle an Möglichkeiten. Produktives Chaos. Mehr Dynamik im Austausch von Arbeit und Kapital.

Daniel Christoph Wahl, ein Tauchlehrer und Nachhaltigkeits-Theoretiker, hat diesen Ansatz das »Erschaffen regenerativer Kulturen« genannt. Im Grunde geht es um ein Mehr an vieldimensionaler Vitalität in unseren sozioökonomischen Beziehungen. Erstaunlicherweise erscheint unsere Gesellschaft, wenn wir sie in diesem Licht betrachten, gar nicht so »ungerecht und unfair«, wie sie immer beschrieben wird. Sie wirkt vielmehr nicht selten gerade *aufgrund* von Ungleichgewichten fair. Auch der verlotterte Punk findet irgendwann einen Job, ein geldwertes Hobby, vielleicht sogar irgendwann eine Anstellung, und sei es auch nur im »prekären Sektor«. Eine lebendige Stadt wie Berlin, in der es viel Armut gibt, bietet gleichzeitig einen großen Reichtum an Möglichkeiten. Ständig fahren soziale Fahrstühle rauf und runter, und da die Vielfalt so groß ist, ergibt auch das ewige Vergleichen irgendwann keinen Sinn mehr – man kommt damit gar nicht mehr nach. Alle sind eben in der Ungleichheit gleich.

Nutzen wir also die Zufälle, die das Leben bietet, auch in positiver Richtung. Allerdings müssen wir dabei auch die Angst vor dem Ungeordneten verlieren.

Ich selbst habe in meiner Jugend Phasen des »geldarmen Reichtums« erlebt, in der die Dichte meiner sozialen Beziehungen auch mit sehr wenig Geld eine enorme Lebensqualität garantierte. Ich war eben *nicht* arm, sondern reich, nur ein bisschen pleite. Anstatt alle Menschen auf dasselbe Einkommensniveau zu zwingen, könnten wir auch Kulturtechniken der *Differenzökonomie* erlernen – einer Ökonomie der Lebensvielfalt, in der man sich Freiheitsoptionen gegenüber der Ökonomie leisten kann. Das wäre die nächste Stufe des Wohlstands: Das soziale Kapital schlüge dann das finanzielle Kapital. Menschen, die sich immer wieder neu erfinden können, anstatt sich auf ein einziges Lebens- und Einkommensmodell festzulegen, bilden die Voraussetzung für einen solchen multi-ökonomischen Kapitalismus.

Die Welt ist ungleich,
Aber nicht unbedingt unfair.
Aus Ungleichheiten und Ungleichzeitigkeiten entstehen neue Dynamiken, die Menschen zum Wachsen bringen.
Dafür wollen wir sorgen!

Zukunftsübung 12:
Unterschiede feiern

Immer wenn ich in einem Hotel übernachte – weit mehr als hundert Mal im Jahr –, befinde ich mich im Zentrum eines massiven Ungleichheitssystems. Ich spüre das, wenn ich auf den Fluren der stillen Armada der Dienstleister begegne. Den Pagen, Küchengehilfen, Köchen, Zimmermädchen. Oft trifft man auf dem Flur eine schwarze »Mama«, deren Gesicht alle Güte der Welt ausstrahlt, oder begegnet einer schnell davonhuschenden Philippinerin oder einer jener dünnen Osteuropäerinnen, die, wenn sie keine Gäste in der Nähe vermuten, laut miteinander quatschen und auf dem Gästebalkon rauchen.

Ist das ungerecht? Ja, Ausbeutung ist es in jedem Fall. Aber was wäre, frage ich mich dann, wenn diese Menschen den Job im Hotel *nicht* bekommen hätten? Dann gäbe es womöglich keine Hotels oder nur so teure, dass nur Millionäre darin übernachten könnten. Und die Frauen würden in irgendeinem gottverlassenen Dorf sitzen und auf Fernseher starren. Hier aber entwickelt sich etwas – oder kann sich zumindest entwickeln, wenn Beziehungen zum Job und zum Leben entstehen und daraus Perspektiven erwachsen. Es ist diese *Potenzialität*, die zählt.

Es lohnt sich, einmal in die unmittelbare Wirklichkeit von Beziehung zur Armut einzutauchen. Das kann man durch Reisen tun, auf denen man ein wenig aus seiner Komfortzone heraustritt. Und versteht, dass in dem Moment, in dem wir »Armut« nicht in Vergleich setzen, etwas ganz anderes daraus wird. Vielleicht einfach eine glückliche Lebensform mit vielfältigen und lebendigen sozialen Beziehungen. Ein Slum sieht dann plötzlich ganz anders aus als ein »Elendsquartier« – er wird zu einem Organismus, der langfristig Wohlstand erzeugt, indem sich Menschen in ihren Tätigkeiten und Vielfältigkeiten *verbinden*. (Diesen Prozess kann man tatsächlich durch eine Kombination von Geld und Beziehung beschleunigen, aber weniger gut mit Geld allein.)

Um dieser Zukunfts-Ahnung Raum zu verschaffen, gibt es ein wunderbares »digitales« Instrument: Anna Roslings »Dollar Street« (dollarstreet.org), eine Website, auf der man den realen Wohlstand der ganzen Welt bildhaft vergleichen kann, indem man die Bewohner in Form von »Wohlstands-Fotos« besucht. 1230 Toiletten aus 128 Ländern. 2045 Zahnbürsten. Die Schuhe von 1456 Erdbewohnern aus allen sozialen Schichten. Die Kühlschränke, Häuser, Sofas, Garagen, Türen, Küchen, Klos. Es ist ein Abenteuer der ganz besonderen Art. Armut, die konkret ist, macht keine Angst, sondern weckt Hoffnung. Denn man sieht die warme Linie am Horizont: Wohlstand als Verbundenheit, als Raum der ständig wachsenden Möglichkeiten.

ZUKUNFTSREGEL 13

Ertrage, dass die Welt langsam besser wird – aber niemals »gut« sein kann

The world is much better. The world is awful. The world can be much better. All three statements are true.
MAX ROSER

Im Februar 2017 starb Hans Rosling, mit dem mich viel verbindet. Hans, der Skandinavier, der das größte kohärente Datensystem über den »Status der Menschheit« entwickelte, wollte uns die Welt aus einer verblüffenden, ja *unerhörten* Perspektive zeigen. Aus der Perspektive des *Besserwerdens*.

Hans Rosling hat sich sein Leben lang mit der Frage beschäftigt, wie man Wohlstandsprozesse besser verstehen kann. Und was Wohlstand eigentlich IST. Er hat dafür das »Gapminder«-System geschaffen, eine riesige Datenbank mit den wichtigsten Trends der Menschheit – Hunger, Bildung, Gesundheit, Lebenserwartung und so weiter. Dieses Wissenssystem kann man sich auf seinen Computer herunterladen, um die sozialökonomische Weltgeschichte der letzten 200 Jahre in animierten Grafiken zu studieren: Welche Länder wurden reich, welche arm? Wie entwickelt sich das Einkommen? Wie steht es um die Bildung der Frauen? Wie alt werden die Menschen in den einzelnen Ländern? Und was ist der Status der Menschheit – wird die Welt besser oder schlechter? Warum hat Hans Rosling diese riesige Aufgabe auf sich genommen – im Rahmen einer eher bescheidenen Finanzierung und weitgehend als familiäre Unternehmung? Er war nicht einfach nur ein Statistiker und weltinteressierter Gesundheitsökonom – er hatte zuvor viele Jahre als aktiver Arzt in Mosambik verbracht. Daten waren für seine Mission nur der Mittel zum Zweck. Was ihn wirklich interessierte, war das *Ganze*. Die Systeme. Der Wandel der Welt durch Zusammenhänge.

In seinem berühmtesten Video, dem »Waschmaschinen-Video«[49], schildert er in kongenialer Weise den Zusammenhang zwischen Technologie und Bildung. Er zeigt, wie ein scheinbar profanes Gerät wie die Waschmaschine den Frauen einen völlig neuen Bildungszugang ermöglichte und den Fortschritt auf eine regelrecht osmotische Weise »organisierte«.

In seinen letzten Jahren nannte er sich einen »Faktivisten«. Ein Aktivist der Daten und der Fakten. Er war aber auch ein Psychologe, der in einer von Fake News und dem Glauben an eine Apokalypse geprägten Welt die Mission einer neuen Aufklärung vertrat. Sein geistiges Erbe, das Buch *Factfulness*, von Bill Gates als eines der wichtigsten Bücher aller Zeiten gelobt, ist eine Reflexion über die Art und Weise, wie wir die Welt und ihren Wandel innerlich verzerren. Es handelt von den *biases*, den Wahrnehmungsirrtümern, denen der menschliche Geist unterliegt. Vor allem, wenn es um die Zukunft geht. Er nannte diese Verzerrungen *Instinkte*:

- Der Instinkt der wachsenden Kluft
- Der Instinkt der Negativität
- Der Instinkt der geraden Linie
- Der Instinkt der Angst
- Der Instinkt der Schuldzuweisung
- Der Instinkt der Verallgemeinerung

Zwei Jahre vor seinem Tod, am Höhepunkt der Ebola-Krise in Liberia, führte Hans im BBC ein Gespräch mit dem Systemökonomen Tim Harford (Autor von *Die Logik des Lebens*, *Ökonomics* und *Trial and Error*). Er war damals als Epidemie-Berater in Monrovia und beschrieb in seiner ruhigen, geduldigen Stimme, mithilfe welcher Lernprozesse es gelungen war, die Ebola-Neuinfektionen von 75 pro Tag auf 20 zu reduzieren. »Es ist nicht das Ende der Seuche, aber das Ende der Panik und der Hoffnungslosigkeit. Freiwillige Helfer sind jetzt besser ausgerüstet, der Wissensstand der Bevölkerung wächst. Es wird langsam besser, und es kann noch besser werden.« Rosling beschrieb, wie unter den Bedingungen einer tödlichen Epidemie, die sich auf den ganzen Planeten auszuweiten drohte, plötzlich internationale Kooperation funktioniert: »Ich sitze hier mit einem General der Chinesen, mit einem Obersten der UNO und mit afrikanischen Zivilorganisationen an einem Tisch – und es funktioniert!«

Hans hat in seinem Leben nichts unversucht gelassen, um seine Botschaft – es gibt Fortschritt, wir können verstehen, wie er funktioniert, wir können die Lage vieler Menschen verbessern – an ein großes Publikum weiterzugeben. Er war sich nicht zu schade, in einem lächerlichen Ringerkostüm mit Hosenträgern aufzutreten. Und ein Schwert zu schlucken, mit dem Kommentar: »Wenn ich ein Schwert schlucken kann, dann kann die Menschheit auch die bittere Armut besiegen!«

Einmal traf ich ihn in Oxford, im regenfeuchten gotischen Innenhof des Oxford College. Anlass war eine Bankenveranstaltung, auf der wir beide einen Vortrag über die globale Zukunft halten sollten. Ich wollte mich ein bisschen mit ihm absprechen, weil ich in meinem Vortrag viele seiner Daten verwende. Man sagte mir, er würde im Hof einen »Pointer« suchen. Einen Pointer? Er stapfte mit einem überdimensionalen Regencape durchs Efeu-Gebüsch und versuchte, mit einem Taschenmesser den Ast eines Baumes abzusäbeln. Er hatte die Angewohnheit, sein Publikum dadurch zu irritieren, dass er nicht mit einem Laserpointer, sondern mit einem echten Ast auf Details seiner Folien zeigte. Ein Verfremdungseffekt mit enormer Wirkung. Je krummer der Ast, desto verblüffender die Wirkung.

Hans hasste »Cognitive-Ease«-Ideologien, Vereinfachungen, die »dem Neoliberalismus« oder »der Natur des Menschen« die Schuld für alles Mögliche in die Schuhe schoben. Und vor allem hasste er den Immerschlimmerismus der Journalisten und Intellektuellen, die unentwegt über die Welt moralisierten und Alarm schrien – denen aber im Grunde, so empfand er es, die Welt, die Menschen, die Zukunft scheißegal war.

Hans Rosling, der Magier der globalen Zukunft und Erfinder des »Possibilismus«

Und das war zugleich seine Tragik. Denn Hans Rosling wurde immer wieder missverstanden. Mal sah man ihn als Statistiker, der kalte Daten verbreitete, die »sowieso nichts über die Realität aussagen«. Dann wieder als Verharmloser, der irgendwie mit dem Neoliberalismus unter einer Decke steckte. Dabei ging es nie um Daten im Sinne von Wirklichkeit. Sondern um Glauben. Um den Zynismus der Negativität.

Sollen wir das wirklich glauben? Nein, das kann ja irgendwie nicht sein. Statistiken kann man ja hinbiegen, wie man will ... Hans hatte einen trockenen, manchmal regelrecht wütenden Humor, der bisweilen eine melancholische Verzweiflung und große Ungeduld durchscheinen ließ. Seine TED-Vorträge und BBC-Produktionen haben Abermillionen von Downloads erzeugt. Aber irgendwie blieben seine Botschaften in einer Art unsichtbarem Container stecken. Obwohl er auf Konferenzen geradezu Begeisterungsstürme hervorrief, gab es eine seltsame Zone der Unberührbarkeit um ihn herum. Als ob positive Botschaften so etwas wie eine ansteckende Krankheit wären, die man um jeden Preis meiden muss.

Hans blieb in seiner Zuversicht irgendwie einsam.

Globale Fakten, die niemand wissen will

Hans Roslings Metastatistik-System »Gapminder« schildert in grafischen Verläufen die globale Trendentwicklung der letzten 200 Jahre in allen Ländern der Welt.[50] Hier einige Details:

- Die globale Bildungsrate steigt kontinuierlich an. Heute werden 92 Prozent aller Kinder weltweit eingeschult, die Rate des globalen Analphabetismus ist auf unter 20 Prozent gefallen, die Niveaus der Sekundär- und Tertiärbildung steigen seit Jahrzehnten stetig an. Wahrscheinlich werden mehr als 50 Prozent der Menschheit in 50 Jahren einen Schulabschluss oberhalb des Grundschulniveaus haben – ein *gebildeter Planet* entsteht.
- Die menschliche Lebenswartung im Durchschnitt aller Länder, also einschließlich Afrikas, beträgt 71 Jahre! In Afrika ist sie in den letzten 15 Jahren um zehn Jahre auf 61 Jahre gestiegen! Die Anzahl der

gesund erlebten Lebensjahre ist, trotz Zivilisationskrankheiten wie Alzheimer, Diabetes oder Übergewicht, so hoch wie noch nie und steigt weiter an.
- Heute hat sich die weltweite Armut dramatisch reduziert, eine gigantische globale Mittelschicht ist entstanden, die ständig weiterwächst. (Auf der »World Poverty Clock« kann man sehen, wie viele Menschen jeden Tag der bitteren Armut entfliehen und wie viele hineinfallen: Das Verhältnis beträgt erfreulicherweise ca. 5:1.)[51]
- Die Nahrungsmittelversorgung der Menschheit ist auch bei steigender Bevölkerungszahl im Prinzip gesichert. Es gab, trotz regionaler Dürren und Ernteausfälle, in den letzten 20 Jahre keine größeren Hungersnöte, bei denen viele Menschen starben. Gefährdet sind Kriegsgebiete, in denen die Infrastrukturen völlig zusammenbrechen. Klimatische oder regionale Lebensmittelknappheiten sind ausgleichbar, die Produktivitätsreserven reichen aus, um auch eine Zahl von zehn Milliarden Menschen zu ernähren.
- Die Weltgeburtenrate geht stetig zurück, sie liegt heute bei rund 2,4 Kindern pro Frau im gebärfähigen Alter. Die Geburtenraten in den christlich geprägten und in den muslimisch geprägten Ländern unterscheiden sich im Durchschnitt nicht. Weil es inzwischen verlässliche Daten zur Geburtenentwicklung gibt und weil wir die Dynamik der Populationsentwicklung der Erde heute viel besser verstehen (die Kinderzahl ist weniger von Verhütungsmitteln oder politischen/religiösen Bedingungen abhängig als von Verstädterung/Infrastruktur und vor allem der Kindersterblichkeit), lässt sich die Maximal-Anzahl der Menschheit, der »Human Peak«, heute recht gut berechnen: Bei unter elf, wahrscheinlich aber bei zehn

Milliarden Menschen wird der Höhepunkt der
Weltbevölkerung erreicht werden, noch in diesem
Jahrhundert. Diese Anzahl Menschen lässt sich mit
der heutigen Nahrungsmittelproduktion bereits
ernähren, wenn es uns gelingt die Vergeudung
existierender Nahrungsmittel einzudämmen.[52]

- Mord, Kriegstod und andere Gewaltformen sind
deutlich auf dem Rückzug. Es gibt weniger Kriegsopfer als zu allen frühen Zeiten. Das gilt auch für die
Todesopfer von Kriminalität, Terrorismus, Mord und
Totschlag jeder Art: Unser Planet wird langsam
friedlicher. Trotz regionaler Unterschiede und Ausreißer gilt: In jedem früheren Erdzeitalter kamen mehr
Menschen durch Menschenhand ums Leben als
heute.

- Demokratien befinden sich derzeit in einer Strukturkrise, Populismus und Autoritarismus scheinen auf
dem Vormarsch zu sein. Aber die Entwicklung ist
nicht dramatisch. Jedes autokratisch regierte Land
wird anderswo durch einen demokratischen Fortschritt aufgewogen, den wir aber nur selten wahrnehmen. Während wir uns auf Trump, Erdoğan, Orbán &
Co. konzentrieren, bliebt die Anzahl der Demokratien
konstant oder steigt sogar leicht an.

Warum wir das Negative lieben

Jedes Mal, wenn ich diese Trendverläufe im Rahmen meiner
Vorträge zeige, entsteht ein eigentümlicher Effekt im Publikum.
Eine Betretenheit. Eine Art Schockstarre. So als hätte ich einen
richtig schmutzigen Pornofilm vorgeführt. Manchmal entsteht
ein regelrechtes Zischen im Saal, weil die Menschen miteinander flüstern – nicht selten im Ton der Empörung.

Die gemurmelten Worte lauten: »Das habe ich noch nie gehört!« Oder: »Das kann gar nicht sein! Unglaublich!« Manchmal auch: »Wie kann man so was zeigen!!?« Besonders allergisch regiert das Publikum, wenn es um die Geburtenrate geht. Dann kommt nicht selten ein zynischer, menschenfeindlicher Exterminismus zum Vorschein, der meist rassistische Züge trägt: »Es sind ja sowieso schon viel zu viele Menschen auf dem Planeten! Das wimmelt ja nur so!«

Das Publikum zerfällt dann in mehrere Fraktionen. Bei politischen Veranstaltungen, auch bei zynischen Youngstern, überwiegt meist eine unterschwellig aggressive Abwehrhaltung. Stören Sie uns nicht in unserem Pessimismus! Zunächst werden die Zahlen, Quellen und Methoden infrage gestellt. Dann werden ganz viele Ausnahmen angeführt: Aber ist denn nicht die Geburtenrate im Niger katastrophal hoch? (Das ist sie in der Tat.) Hat nicht in diesem Jahrzehnt die Zahl der Kriegstoten wieder zugenommen? (Hat sie, wegen des Syrienkriegs.) Die zweite Kritiklinie zielt auf die kommunikative Funktion: »Selbst wenn das stimmt, sollte man es nicht zeigen. Weil es verharmlosend ist!« Ich nenne diese Gruppe die Straf-Fraktion. Ein anderer Teil der Zuhörerschaft verschiebt das Thema. »Und was ist mit dem Insektensterben? Und warum haben Sie nichts zur Massentierhaltung gesagt? Was ist mit dem Desaster des Pflegesystems, mit Krankenhauskeimen? Der weltweit wieder abnehmenden Intelligenz des Menschen?« Deutlich wird, dass es bei allen Aussagen hinsichtlich der Zukunft darum geht, dass sie möglichst plakativ sind, nicht um ihren Inhalt. Das Anklagende, Weltverneinende ist eine Art moralischer Norm geworden, die nicht verletzt werden darf.

Die nächste Abwehrlinie gegen eine konstruktive Weltsicht lautet dann: »Ja wenn es tatsächlich besser werden *sollte* – kann es dann nicht auch wieder schlechter werden?«

Und dann gibt es noch die große Gruppe der Zyniker. Der innerlich Verbitterten. Für diese Gruppe sind Zahlen ohnehin nur Erfindungen. Und alle, die *irgendetwas* behaupten, haben prinzipiell unrecht. Fuck you. Shitstorm garantiert.

Natürlich sind solche Einwände irgendwie berechtigt. Man kann aber nicht über alles gleichzeitig sprechen. Nicht alles kann gut sein und unentwegt besser werden. Was besser wurde, kann sich auch wieder verschlechtern. Aber woher stammt diese Zähigkeit, ja Aggression, wenn es doch eigentlich um die Legitimität der Hoffnung geht? Was speist die Energien der Negativität? Wieso hat Hoffnung einen so geringen emotionalen Wert?

Auch Steven Pinker, dessen jüngstes Buch *Aufklärung jetzt!* zum zweiten Schlüsselwerk, das über positive Entwicklungen in der ganzen Welt berichtet, geworden ist, beschreibt diesen aggressiven Effekt. Als er vor einigen Jahren mit seinem Buch *The Better Angels of Our Nature*[53] (der deutsche Titel lautet etwas missverständlich *Gewalt*) auf Lesereise ging und das Publikum darüber aufklärte, wie und warum Kriege und Alltagsgewalt über die Jahrhunderte hinweg tatsächlich immer mehr *abgenommen* haben (auch mit der Intention, herauszufinden, wie man diesen Effekt womöglich stabilisieren und verbessern könnte), erntete er einen Ad-hoc-Shitstorm:

- Haben Sie noch nie von den Amokläufen an Schulen oder den Schlachten zwischen Fußball-Hooligans gehört?
- Was für eine Arroganz! Für die Opfer des syrischen Bürgerkrieges oder die Menschen im Jemen sind diese Zahlen doch blanker Hohn!
- Sie sagen also, wir sollen uns alle zurücklehnen und abwarten, bis sich die Gewalt von selbst verflüchtigt?
- In wessen Auftrag haben Sie diese Zahlen zusammengestellt? Der Rüstungsindustrie? Der Waffenlobby?
- Sind die Beschimpfungen im Internet nicht *auch* Gewalt und eine Art Krieg?

- Zahlen sagen doch rein gar nichts aus, sie sind ja nur stupide Statistik!

Vielleicht war es das, was Hans Rosling zeit seines Lebens so einsam gemacht hat. Auf eine verquere Weise ist der Botschafter des Möglichen und Positiven ein elender Verräter. Eine *Störung*. Es ist vielen Menschen offenbar wichtiger, ihr negativ-aggressives Weltbild aufrechtzuerhalten, als sich mit Verbesserungsmöglichkeiten auseinanderzusetzen. Negativität konstruiert Identität. Man ist sich einig, dass alles im Elend landet. Dann ist die Diskrepanz zwischen innerer und äußerer Wahrnehmung wiederhergestellt. Die innere Negativität ist mit der äußeren wieder in Einklang.

Die Zukunfts-Scham

Wieso ist es so schwer, die langfristige Entwicklung der Menschheit als Fortschritt wahrzunehmen? Warum wirkt es geradezu obszön, wenn jemand behauptet, dass vieles auch besser wird?

Zum einen hat das mit semantischen Konventionen zu tun, mit der Political Correctness. In öffentlichen Diskussionen hat man vor allem *dagegen* zu sein. Das Schlechte zu betonen gehört zum guten Ton, so wie früher das Schlipstragen oder die Tugendhaftigkeit von Frauen. Das »macht man eben so«. *Für* etwas zu sein ist heute dagegen etwa so, wie früher nackt durch die Oper zu laufen. Eine Normabweichung.

Zum anderen enthält die Kritik an positiven Daten immer ein moralisches und pädagogisches Element: »So was sollte man nicht veröffentlichen, selbst wenn es stimmt!« Hinter diesem Verharmlosungsvorwurf steht die Vorstellung, dass man Dinge nur verbessern kann, wenn man sie möglichst dramatisch darstellt. Nur dann verändere sich auch etwas!

Ich glaube, dass diese operative Argumentation grundfalsch ist. Angst kann kurzfristig mobilisieren, zu Demonstrationen anregen und Empörung hervorrufen. Zur Veränderung jedoch braucht man die konstruktive Hoffnung, die durch Wissen entsteht. Wissen ist vor allem auch Selbstwissen – nur wenn man sich selbst versteht, versteht man auch die Welt.

Oft ist die Reaktion aber auch knallhart ideologisch. Positive Trends stören das Weltbild vieler Tunnel-Ideologen, die an die neoliberale, jüdische oder Wie-auch-immer-Weltverschwörung glauben. Für den Apokalyptiker, der an irgendwelche Endkämpfe glaubt, ist allein die Vorstellung des Gelungenen ein teuflisches Elixier.

Versuchen Sie einmal einem Linken zu erklären, dass wir einen üppigen, gut ausgebauten Sozialstaat haben.

Oder einem Rechtspopulisten, dass Vielfalt unser Reichtum ist.

Es gibt darüber hinaus noch so etwas wie eine *Zukunfts-Scham*, die unseren Blick auf positive Entwicklungen verstellt. Die meisten Menschen wissen, dass es ihnen im Vergleich zu vielen anderen gut geht. Verdammt gut. Dass sie in einem Land leben, das sich im Frieden befindet, mit enormen Selbstverwirklichungsmöglichkeiten, in ungeheurem Wohlstand. Das bereitet vielen ein schlechtes Gewissen, sie verspüren eine innere Not. Dieses individuelle Schuldgefühl bricht sich in der negativen Interpretation des Weltgeschehens Bahn. Man konstruiert »die Welt« als eine Art Rachemaschine. Wir werden über kurz oder lang für unseren Wohlstand büßen! Eigentlich handelt es sich dabei um eine Gleichheits- und Gerechtigkeitsfantasie: Wir sitzen alle im gleichen Boot. Wir stürzen alle in den Orkus. Das beruhigt auf paradoxe Weise. Man fühlt sich dabei sozusagen ausgeglichen. Quitt. Ich nenne das auch »apokalyptisches Cocooning«.

Die Überdosis Weltgeschehen (Sascha Lobo)[54]

Apokalyptisches Cocooning besteht darin, dass wir »die Welt« als immer bedrohlicher und negativer empfinden, je weiter sie von uns entfernt ist. Zahlreiche Studien weisen das nach: Unsere Familie, unsere Freunde, unsere Kollegen, unser Dorf oder Stadtteil – alles läuft eigentlich ganz gut, ist auf positive Weise unterwegs in die Zukunft. Aber jeder weitere Schritt nach außen führt zu einem immer negativeren Bild. Das Land? Schrecklich! Der Kontinent Europa? Im Untergang begriffen. Die Welt? Armageddon steht vor der Tür! Wir errichten einen Positiv-Kokon, unter Schmähung der restlichen Welt. Das hat beinahe etwas Autistisches und immer etwas Groteskes. Mitten im längst beschlossenen Untergang fühlen wir uns prächtig. Wir befinden uns in einer Glücksblase, die in einem Meer von Elend schwimmt. Und auf eine perverse Weise steigert das als negativ Empfundene das Wohlbefinden.

Es ist ein bisschen so, als würde man an einem schweren Autounfall vorbeifahren und *gaffen*. Psychologen haben sich viele Gedanken darüber gemacht, warum Menschen das tun. Nicht zuletzt ist es darauf zurückzuführen, dass wir im Gefühl der eigenen Verschonung – wir sind ja davongekommen – Dopamin ausschütten. Negative Komfortabilität.

Je mehr die negative Haltung, die zur Identität geworden ist, infrage gestellt wird, desto stärker klammern wir uns daran fest. Je irrationaler die Bilder der Angst, desto mehr heißen wir sie willkommen. Negative Zukunftssicht ist nichts anderes als eine Variante des Populismus.

Die Welt *kann* nicht besser werden, weil sie immer im Vergleich entsteht. Eine Zahl ist eine Zahl. Eine Statistik darüber, dass der Hunger zurückgeht, ist immer abstrakt. Was gut geht, was sich im Allgemeinen löst, erzeugt keinen Widerstand, keine Aufmerksamkeit. Es hinterlässt in unserem Hirn keine »Marker«, die wir zur Konstruktion von Realität brauchen. Die konkrete Geschichte, das Gesicht, der Blick eines Menschen, der Hunger leidet, ist aber immer etwas, was unsere Empathie erregt. Deshalb sitzen wir in der Empathiefalle: Während Elend »faktisch« zurückgeht, wird es emotional immer bedeutender. Das hat mit den Aufmerksamkeitsstrukturen unseres Hirns zu tun, letztendlich auch mit unserer Empathiefähigkeit. Unsere Wahrnehmung richtet sich immer nach Signifikanzen. Signifikant ist die Emotion, die uns mit einem bestimmten Ereignis verbindet. Zahlen aber distanzieren uns von der Wirklichkeit im Konkreten. Deshalb lehnen wir sie ab oder können sie nicht wirklich verstehen.

Das Gelungene ist unsichtbar

Die Tatsache, dass man heute an vielen Küsten der Welt Wale beobachten kann, lässt niemanden darüber nachdenken, dass Wale vor einem halben Jahrhundert kurz vor dem Aussterben standen. Fleisch, Knochen, Tran – alles an den riesigen Meeressäugern war wertvoller Rohstoff. Heute haben sich die meisten Walarten erholt. Könnte das nicht ein Beispiel dafür sein, dass »die Menschheit« sich doch auf etwas einigen kann, was die Rettung der Natur anbelangt?

Haben Sie jemals erlebt, dass jemand in einer Debatte über globale Erwärmung mit der Rettung der Wale argumentierte? Oder mit den Erfahrungen mit Aids, das eben *nicht* zur großen Diskriminierung der Schwulen führte, sondern eher zum Gegenteil? Wenn wir *das* schaffen konnten, dann werden wir auch die CO_2-Krise bewältigen! Versuchen Sie einmal, es so zu betrachten. Stattdessen machen die Zeitungen mit hochemotionalen Schlagzeilen auf, beschwören das Sterben der Natur, wenn Japan pro Jahr 800 Wale einer Art jagen will, deren Bestand sich schon längst erholt hat.

Je mehr uns gelingt, desto mehr türmt sich die Woge des

Nichtgelingens in unserer Wahrnehmung auf. Die vielen kleinen Verbesserungen für Milliarden von Menschen, die aus Hans Roslings Statistiken hervorgehen, verblassen gegenüber dem konkreten, subjektiv erfahrenen Leiden in einem Krieg, in einer Ausnahmesituation, bei einem Attentat oder einer Flut. Dass in Afrika heute Kinder überleben, die früher gestorben wären, dass viele Slums der Welt schrumpfen, dass wir immer mehr Krankheiten heilen – all das ist unwesentlich im Vergleich zu der Pein, die dort entsteht, wo Krankheit existiert.

Das Paradoxe am Leiden ist, dass es sich auf der Wahrnehmungsebene intensiviert, wenn es sich vermindert. Das hat auch mit unseren Harmonieansprüchen zu tun. Wenn eine Zeit lang Ruhe eingekehrt ist, erwarten wir eine perfekte Welt. Der Philosoph Alain de Botton schrieb:

> »Wir ärgern uns, wenn wir davon überzeugt sind, dass man uns das Paradies versprochen hat, stattdessen aber im Stau stehen, unsere Schlüssel verlieren, an unbefriedigenden Beziehungen leiden und einen wenig erfüllenden Job haben. Dann sind wir wütend und unsere Anspruchshaltung rächt sich. Darin liegt die Gefahr unseres Zeitalters. Wir freuen uns über nichts mehr, wenn wir glauben, dass das Leben perfekt sein sollte und alle bekannten Probleme gelöst werden können.«[55]

Wenn heute in einem Bahnhof jemand zusammengeschlagen wird, dann ist das gerade deshalb so schrecklich, weil es »nicht mehr passieren dürfte«. Dass »früher« vielleicht viel mehr Menschen zusammengeschlagen wurden, kommt uns nicht in den Sinn. Die Welt wird *schlechter*, wenn sie unseren Vorstellungen des Besserwerdens nicht mehr entspricht.

Der Psychiater Arthur Barsky hat in den Achtzigerjahren bereits das »Gesundheits-Paradoxon« beschrieben: Obwohl wir im Schnitt gesünder sind und langlebiger werden, fühlen wir uns immer kränker. Wir entwickeln laufend neue Krankheiten. Der Zappelphilipp, den es immer schon gab, wird zu einem hochpathologischen ADS-Patienten. Allergien werden zu »Volksgeißeln« und Phänomene, die einst als vollständig normal codiert waren – wie etwa sexuelle Unlust im Alter –, werden behandlungsbedürftig. Viagra ist überall, und das weist darauf hin, dass »immer mehr Sexualprobleme« existieren. Umgekehrt klagen dort, wo der Typhus grassiert und die Cholera wütet, die Menschen kaum über eine Laktoseintoleranz.

Aber das Ganze ist nicht nur eine Erfindung der Medien oder der bösen Pharmaindustrie. Es wurzelt tief in unseren kognitiven Strukturen. Die neuesten Forschungen zeigen, dass wir unsere Gefahrenwahrnehmung tatsächlich laufend an die reale Situation anpassen. Indem wir die Bedrohungsgrenze verschieben.

»Concept Creep«: Die Normalitätsverschiebung

Eine Psychologengruppe um David Levari und Daniel Gilbert von der Harvard University veröffentlichte 2018 eine lange Experimentalstudie, die zeigt, wie Menschen die Gefahrenschwelle absenken, wenn eine Gefahr zurückgeht. Wenn sich ein Problem löst, weiten Menschen reflexartig dessen Definition aus – so, als ob die Welt für unser Hirn immer gleich gefährlich sein müsste.

In einem Experiment mussten die Teilnehmer verschiedene Gesichter auf Fototafeln danach unterscheiden, ob sie bedrohlich, neutral oder freundlich wirkten. Nach einer Weile verringerten die Experimentatoren die Anzahl der finsteren Gesichter – und nun stuften viele Teilnehmer plötzlich neutrale Mienen als gefährlich ein. Das gleiche Phänomen zeigte sich, als Testpersonen über die ethische Zulässigkeit von Studienexperimenten entscheiden sollten. Je ethisch korrekter die vorgelegten Studien wurden, je weniger es um sezierte Mäuse oder gentechnische Experimente ging, desto problematischer fanden die Teilnehmer ganz harmlose Studienvorhaben, etwa die Erforschung des Mais-Gens in Bezug auf die Schädlingsresilienz. »Sobald wir die Zahl ethisch fragwürdiger Anträge verringerten«, sagt Gilbert, »bewerteten die Teilnehmer selbst unverfängliche Bewerbungen als unethisch.« Das Concept-Creep-Phänomen funktionierte sogar im Abstrakten: Im »Blaue-Punkte«-Experiment wurden Teilnehmern Punkte mit einem Farbverlauf von blau nach rot gezeigt, mit der simplen Bitte, die Farben zu identifizieren. Wenn die Zahl der eindeutig roten Punkte reduziert wurde, markierten Teilnehmer mehr Punkte als rot, die in Wahrheit blau waren.

»Wenn Probleme seltener werden«, sagt Gilbert, »betrachten wir automatisch mehr Umstände als problematisch.« Die Ergebnisse legten nahe, dass wir immer kritischer auf den Zustand der Welt blicken, je stärker sich dieser zum Positiven entwickelt. »Es scheint so zu sein, dass sich der Fortschritt selbst verbirgt«, sagt Gilbert.[56]

Das Problem der gelösten Probleme

Die Welt kann also nicht »besser« werden, weil sie nicht »real« existiert, sondern immer nur als eine Vergleichsoperation in unserem Kopf. In dieser Operation werden bestehender Komfort und vorhandene Bedrohungen immer in einem Fließgleichgewicht gehalten:

- Je sicherer die Umwelt, desto unsicherer das Weltgefühl und desto stärker die Intensität der Gefahrenwahrnehmung. – der Fahrstuhleffekt.
- Je mehr sich die Weltverhältnisse angleichen, desto größer die Differenzwahrnehmung, weil immer mehr

Vergleiche gezogen und Vergleichshierarchien aufgestellt werden (siehe auch die Neid-These von René Girard in Regel 12).

- Je besser wir unser Leben kontrollieren können, je mehr wir in einer Komfortzone leben, desto größer ist die Angst vor dem Kontrollverlust. Wenn wir in den Wohlstand eintreten, fürchten wir sogleich um dessen Verlust – und projizieren diese Angst auf alle möglichen Lebensbereiche. So erklärt sich auch, dass Reiche meist noch reicher werden wollen: Sie *müssen*, weil sie regelrecht krank vor Verlustangst werden! Onkel Dagoberts Geschichten, die sich um seinen Geiz ranken, haben einen wahren Kern: Wir alle versuchen, unsere Segnungen in einem riesigen Geldspeicher zu verstecken. Im Tresor unserer Wünsche. Doch die Panzerknacker marschieren immer wieder durch die Hintertüre herein und bedienen sich fröhlich und ganz ungeniert an unseren Ressourcen ...

Neulich auf einer Veranstaltung im Schwäbischen, eine Bank. Männer im tadellosen Anzug, wenige Frauen in Abendkleidern. Nach meinem Vortrag über die erstaunlichen globalen Trends kommt ein etwas rundlicher Mann auf mich zu. Er trägt eine Fliege und spiegelnd geputzte Schuhe. Und schaut mir auf eine seltsam schneidende Art ins Gesicht.

»Das ist ja alles gut und schön«, sagt er. »Aber Sie sind doch sicher auch der Meinung, dass wir hier demnächst bürgerkriegsähnliche Verhältnisse haben – oder nicht?«

»Hmm«, weiche ich aus, »vielleicht ist Bürgerkrieg ein bisschen übertrieben.«

»Dass alles den Bach heruntergeht, ist doch offensichtlich!«

»Ähm, ja – empfinden Sie das so?«

Er sieht mich versteinert an. Nein, er sieht durch mich hin-

durch. Als wäre ich transparent, starrt er in eine weite, imaginäre Ferne, die nirgendwo anders liegt als in seinem Inneren.
Der Bürgerkrieg ist in ihm selbst.
Ich frage mich, inwieweit dieser Mann bereits Teil eines »Bürgerkriegssystems« ist, das selbsterfüllende Prophezeiungen verbreitet, die irgendwann geschichtsmächtig werden. Nein, er sieht nicht so aus, als würde er selbst eine Maschinenpistole in die Hand nehmen oder als *Prepper* im Keller Konserven horten für die Zeit der »rapture«, wie manche Apokalypse-affinen Amerikaner den kommenden Krieg aller gegen alle nennen. Aber er bereitet etwas vor. Ich kann mir vorstellen, dass er bisweilen ausrastet, im Internet, und zu einem bösartigen Troll wird. Etwas in seinem Inneren steht schwer unter Druck.
Es ist unglaublich, wie hysteriebereit viele Menschen sind. Vor dieser schrecklichen inneren Unerlöstheit habe ich tatsächlich Angst.

Hans Roslings sanfter, begründeter Optimismus wird einsam bleiben. Das Gelungene, das Funktionierende, das wunderbar Werdende, bleibt immer unsichtbar. Schauen Sie sich einmal um, wie viel Liebe und Lachen es gibt, wie viele Menschen wunderbare Dinge tun, schwierige Lebenssituationen bewältigen, sich selbst und andere zum Leuchten bringen. Ja doch: Die Welt ist auch ein furchtbarer Ort. Es gibt Slums, in denen unvorstellbare Verhältnisse herrschen. Männer, die Tausende von grausamen Missbrauchsfilmen mit Kindern ins Internet stellen. Kriege, in denen auf bestialische Weise gemetzelt wird. Ganz zu schweigen von dem persönlichen Elend in den Krebsstationen der Welt, der ewigen Furcht vor der Auslöschung, die jeder von uns ertragen muss. All das existiert immer noch. Und je seltener es auftritt, desto skandalöser wird es. Aus dieser Falle kommen wir nicht heraus. Immer wieder versinken wir in der Enttäuschung darüber, dass sich das alte Elend, das

Wechselspiel von Hoffnung und Verzweiflung, Vernunft und Tragik, immer nur fortsetzt.

> ### Zukunftsübung 13:
> ### Machen Sie den *Global Ignorance Test*
>
> Obwohl ich die Fragen des großen Tests von Hans Rosling zu unserem Weltwissen schon viele Male auf Veranstaltungen gestellt habe, ist es immer noch spannend, sich unvoreingenommen damit zu konfrontieren, wie falsch wir die Welt und ihren Wandel sehen. Der Global Ignorance Test fragt nach unserem Faktenwissen in Bezug auf die großen globalen Wohlstandstrends. Ich habe noch niemanden getroffen, der über die Ergebnisse dieses Quiz nicht ins Staunen geriet. Nehmen Sie sich also die Zeit und beantworten Sie die Fragen, die Hans Rosling uns hinterlassen hat: http://forms.gapminder.org/s3/test-2018.[57]
>
> Hier eine Zusatzfrage, die man spontan beantworten kann:
> *In welchen Ländern sind die Geburtenraten höher – in muslimischen Ländern oder christlichen Ländern?*
> Die Antwort finden Sie hier: https://www.gapminder.org/videos/religions-and-babies/ (Spoiler: Sie fällt anders aus, als allgemein vermutet wird).
>
> Hier noch zwei weitere Plattformen, die sich mit globalen Veränderungen/Verbesserungen befassen:
> https://humanprogress.org
> www.thewordindata.com

ZUKUNFTSREGEL 14

Überwinde Pessimismus und Optimismus – werde Possibilist!

Misstraue jedem, der alles gut findet,
und dem, der alles für schlecht hält,
noch mehr aber dem, dem alles gleichgültig ist.
JOHANN CASPER LAVATER

Man erkennt erst das Wirkliche, wenn man das Mögliche überschaut.
OTTO NEURATH

Nach meinen Vorträgen kommen immer wieder Menschen auf mich zu und machen mir ein gefährliches Kompliment:
»Ich habe Ihren Vortrag sehr genossen. Vor allem fand ich gut, dass wir alle unbedingt *optimistischer* werden müssen!«
Ich freue mich sehr über solches Lob. Aber müssen wir *wirklich* optimistischer werden?
Optimisten, so heißt es, gehen besser, leichter, aktiver durchs Leben. Sie erzeugen bessere »Ergebnisse«, weil bei ihnen das Gesetz der sich selbst erfüllenden Prophezeiung greift. Auf der sonnigen Seite des Lebens ist man kreativer, sozialer, in jeder Hinsicht produktiver. Deshalb trommeln uns die Motivationstrainer unentwegt ihre Positivbotschaften ins Ohr: Du kannst

fliegen! Du bist ein Adler! Alles wird gut, wenn du dran glaubst! Tschaka! Pessimisten hingegen stecken uns mit ihrer dunklen Sicht der Dinge an. Mit ihrer düsteren Haltung lehnen sie jede Verantwortung für die Welt ab. Pessimisten sind gefährlich für die Seele und vor allem für die Zukunft, weil sie das Negative vorwegnehmen.
Klarer Fall. Oder?

Der Trick des Optimismus

Was meint der Begriff »Optimismus« eigentlich? Natürlich, den Glauben an einen guten Ausgang. Und ist das nicht eine ganz besondere Gnade, wenn man fröhlich durch die Welt läuft und das Gute voraussetzt, das Gute im Menschen und der Welt?

Optimismus wirkt in der Tat ansteckend. Menschen mit Stimmungsschwankungen sollten sich Optimisten als Freunde nehmen, das hilft gegen Depression besser als Pillen. Aber diese Ansteckung kann auch leicht in gefährliche Hysterie umschlagen. Betrachten wir zum Beispiel die Bankenkrise von 2008. Von welchem Charaktertyp wurde die Krise verursacht? Na klar. Von Optimisten! Damals wimmelte es nur von jenen glühenden Auguren einer immer besseren Zukunft, eines Booms, der nie zu Ende gehen würde. Analysten, Anleger, Banker und auch Politiker waren in einer autistischen Optimismus-Blase gefangen – so lange, bis sie schließlich platzte.

Auch auf der Brücke der *Costa Concordia* am 13. Januar 2012 vor der Insel Giorgio im Mittelmeer, kurz bevor das Schiff auf ein Riff lief und sank, herrschte der pure Optimismus – beim Umtrunk des Kapitäns Francesco Schettino stieß man auf das Glück und die Liebe an. Bis nach der Kollision sich der smarte Kapitän ganz optimistisch auf einem Rettungsboot davonmachte, bevor das riesige Passagierschiff mit rund 3200 Passagieren kenterte.

Optimismus als »gradlinige« (lineare) Haltung hat einen hohen Preis. Man muss das Schlechte, das Schlimme, das Deprimierende ignorieren, darf es nicht an sich heranlassen. Das Tragische dieses Konzepts wird besonders deutlich, wenn es einmal nicht klappt: »Vergiss alle Sorgen, werde der Titan deines Lebens!« Dieser Satz von Mister Motivationstrainer geht runter wie Öl – bleibt aber auch schnell in der Kehle stecken, wenn es einmal schiefgeht.

»Positive Zukunftsfantasien verleiten dazu, dass Leute den Eindruck haben, sie seien schon angekommen. Sie fühlten sich weniger energetisiert, und über den systolischen Blutdruck konnten wir messen, dass sie sich tatsächlich entspannten.« Das sagt Gabriele Oettingen, die die »positivistischen« Geisteshaltungen in der Praxis untersucht hat und in ihrem Buch *Die Psychologie des Gelingens*[58] das Phänomen Optimismus mit der Verhaltenstherapie abgleicht. Ihre Erkenntnis: Wer in seiner zuversichtlichen Grundhaltung Hindernisse ignoriert, stellt sich selbst ein kognitives Bein; er fällt über seine Selbst-Illusionen.

Es gibt viele Arten von Optimismus. Taktischen Optimismus, der nur so tut, als ob. Der eigentlich zynisch ist und einem das Geld aus der Tasche ziehen will. Selbstbetrügerischen Optimismus, der einen von tief sitzenden Schwierigkeiten ablenken will. Und narzisstischen Optimismus, der sich in Wahrheit wenig um das Wohlergehen der Welt schert und das Lächeln eher als eine Art Zwangshaltung einübt – als Maske, hinter der man das eigene Elend verbergen kann.

Der Trick des Pessimismus

Ganz anders hingegen der Pessimismus. Ohne Zweifel gibt es großartige Meister dieses Fachs. Denken wir an einen wunder-

baren Thomas Bernhard, der in seiner negativistischen Würde so grandiose Sätze sagte wie:
»Es ist, wie es ist – und es ist furchtbar!«
»Die Kunst des Nachdenkens besteht in der Kunst, das Denken genau vor dem tödlichen Augenblick abzubrechen.«
»Letzten Endes kommt es nur auf den Wahrheitsgehalt der Lüge an.«
»Zum Glücklichsein braucht man eine gehörige Portion Dummheit.«
Das ist grandios, und wir alle spüren, dass uns diese Sätze in ihrer fatalistischen Größe gleich wieder ein Stückchen optimistisch machen. Bernhards Pessimismus hat Würde, Gravitas; von hier aus kann es nur noch besser werden.

Natürlich muss man einen soliden Pessimismus von schlichtweg mieser Laune oder reaktionärer Gesinnung trennen. Gute Pessimisten sind ja wirklich Wissende, die ihr Auge nicht vor dem Elend der Welt verschließen. Das Melancholische lässt vermuten, dass es über Empathie verfügt. Der gute Pessimist sagt uns, dass ihn die Welt durchaus etwas angeht. Er leidet *mit* der Welt, und er leidet damit auch stellvertretend mit uns allen.

Anders der Zynismus. Zynismus ist galoppierender Pessimismus, der scheinbar eine große Souveränität verströmt. Das Gefühl eigener Bedrohung wird mit einer Haltung der Überlegenheit beantwortet: Mich geht das nichts an, aber ich werde mich darüber amüsieren! Zynismus beinhaltet Hohn und Distanz, vor allem zu sich selbst. Der Zynische erhebt sich über alle Wertungen, alle Bindungen, alles Leid. Er verlässt die Welt durch die Hintertür und lässt seine Verletzlichkeit im Dunkeln.

Die viel beschriebenen Nachteile des Pessimismus lassen sich so zusammenfassen:

- Erstens muss der Pessimist für nichts und niemanden Verantwortung übernehmen. Wenn alles sowieso zum Teufel geht, ist ohnehin alles egal.

- Zweitens hat er *immer* recht, weil seine Haltung als Warnung verstanden werden kann. Wenn es am Ende nicht so kommt wie pessimistisch prognostiziert, dann lag es immer daran, dass er so drastisch gewarnt hat! Das ist die Attraktivität des Prophetischen.
- Drittens folgt der Pessimist einer inneren Vermeidungsstrategie, die ihn unverletzlich machen soll.

Darin liegt die Attraktivität des Pessimismus: Man versucht, durch die mentale Vorwegnahme von Schmerzen ebendiese Schmerzen zu vermeiden. Wenn ich erwarte, dass es schlimm wird, dann wird es nachher weniger schlimm. Allein: Es stimmt nicht. Wie jeder weiß, der vor dem Zahnarztbesuch die Schmerzen im Kopf durchlebt und sich diese als katastrophal ausmalt, geht das Konzept nicht auf. Es wird nur schlimmer, weil schon beim Hinsetzen auf den Zahnarztstuhl alle Nerven förmlich nach Schmerzen schreien. Ebenso wenig funktioniert die Annahme, dass durch das Androhen des Schlimmeren das Bessere entsteht (siehe Zukunftsregel 13). In der Gesamtsicht steht der Pessimismus also ziemlich erfolglos da. Seine angebliche Reife, seine souveräne Stärke entpuppt sich ziemlich schnell als Trick. Als Unfähigkeit, sich auf die Zumutungen des Lebens im Hier und Jetzt wirklich einzulassen.

Fazit: Weder Optimismus noch Pessimismus sind adäquate Reaktionen auf die komplexe Welt. Es sind Engführungen, Reduktionen unserer mentalen Möglichkeiten, die wie Rillen in einer Schallplatte wirken, in der sich die Nadel des Lebens verfängt. In einer Zeit, als es noch Schallplatten gab.
  Obwohl: Vinyl-Platten kommen wieder.

Die Kommandozentrale

In Disneys bemerkenswertem Zeichentrickfilm *Inside Out* – auf Deutsch *Alles steht Kopf* – wird das emotionale Konzert im Kopf eines jungen Mädchens, Riley, beschrieben. Riley zieht mit ihrer Patchworkfamilie von einer Stadt in die andere und macht dabei widersprüchliche emotionale Erfahrungen. Die Emotionen, die in der Seele der kleinen Riley toben, sind Freude, Kummer, Angst, Wut und Ekel, repräsentiert durch gnomische Figuren in den entsprechenden Komplementärfarben. In dieser ständig durcheinanderschreienden Wohngemeinschaft kann man ziemlich plastisch ein menschliches Wesen beschreiben.

Unter Führung der Freude driftet Riley durch den Alltag. Aber ständig muss die Freude gegen die anderen kämpfen. Beim Schlafengehen füllen die fünf Emotionen mit bunten Kugeln über eine Rohrpost das Erinnerungszentrum (den Hippocampus) auf. Freude sorgt dafür, dass Riley glücklich ist, Angst bewahrt sie vor Schäden und Verletzungen. Wut sorgt für Gerechtigkeit und Ekel dafür, dass Riley nicht krank wird. Der Kummer wird gleich am Anfang in die Ecke gestellt, von einer ziemlich arroganten Freude, die unbedingt die Kontrolle bewahren will.

Aber natürlich muss das schiefgehen. Der Kummer bricht irgendwann aus seiner Schmollecke aus. Es kommt zu einer existenziellen Krise und einer turbulenten Jagd aller Gefühle, die sich gegenseitig ausstechen wollen. Aber es endet optimistisch: Es entstehen Mischfarben. Und ein erweitertes Kontrollpult für die verschiedenen Emotionen und Wahrnehmungsformen, die sich in Riley befinden ...

Natürlich ist das ein Kinderfilm, aber ein psychologisch sehr kluger. Er zeigt uns, wie unser Selbst in der *Berührung* mit der Welt entsteht und wie Eindimensionalitäten unserer Weltwahrnehmung sich auflösen, wenn wir Störungen nicht unterdrücken, sondern leben. Wenn wir Emotionen präferieren oder umgehen, werden wir innerlich »schief«. Diese Beobachtungen erklären eigentlich recht gut das menschliche Leben. Und auch die Zukunft. Denn die Geschichte – unser aller Geschichte – handelt vom Reifen, vom Erwachsenwerden, vom *Sich-Selbst-Integrieren* – im Sinne einer freundlichen Partnerschaft zu den vielen Seelen, die in uns wohnen.

Man erkennt anhand von Rileys Geschichte, dass weder rein optimistische noch rein pessimistische Strategien funktionieren. Sie tendieren beide zur Instabilität – und zum Umkippen. Heraklit, der Philosoph des Wandels, hat dies das Gesetz der Enantiodromie genannt. So wird zum Beispiel aus dem apokalyptischen, von Warnungen durchzogenen Pessimismus, der heute überall vorherrscht, schnell nackter Fatalismus und Zynismus. Oder das Gutmeinen und Gutwollen kippt in eine paranoide Angst um – Political Correctness beschwört Verklemmungen im Namen des Moralischen herauf. Das ganze Karussell der Verschwörungstheorien, der irren Weltbilder, der Übertreibungen und Paranoia-Phänomene wird angetrieben, wenn man sich allzu sehr auf eine Erwartungshaltung festlegt. Optimismus und Pessimismus sind aber in ihrem Kern Erwartungs-Programmierungen.

Optimisten können genauso ignorant sein wie Pessimisten – den einen interessiert das Leiden nicht, den anderen das Glück. Was beiden gleichermaßen eigen ist, ist die Entschlossenheit, sich nicht auf die wirkliche Welt einzulassen. Optimismus und Pessimismus sind im Grunde nur Strategien, sich der Welt und ihrem Wandel zu entziehen. Und die Zukunft zu leugnen.

Optipessimistische Rekursion

Winston Churchill war ein übel gelaunter, von Depression umwehter Mensch; heute würde ihm wahrscheinlich eine bipolare

Störung bescheinigt, gepaart mit sozial destruktiver Unleidlichkeit. Er rettete Europa vor den Nazis und motivierte seine Briten, wie niemand es für möglich gehalten hätte: mit Reden, die nichts als die finstere, pessimistische Wahrheit ausdrückten. Und trotzdem wirkten diese Reden wie Balsam auf sein Volk, sie trösteten und motivierten es, ja machten es zukunftsoptimistisch. Warum?

Warum kann uns traurige Musik glücklich machen? Liila Taruffi und Stefan Kölsch von der Freien Universität Berlin befragten 772 Menschen aus unterschiedlichen Kulturkreisen zu ihren Musikvorlieben. »Die Studie zeigt, dass einige Menschen davon profitieren, traurige Musik zu hören«, schreiben sie.[59] Traurige Klänge erzeugen bei Menschen, die eine Trauerphase durchlaufen, einen Selbstheilungsprozess, indem sie bei ihnen eine Mischung aus Freude und Trauer hervorrufen – *positive Nostalgie*.

Churchill ließ sich in seinen düsteren Ansprachen auf »seine« Briten ein, er trat in eine Beziehung zu ihnen, die ehrlich und authentisch war. Seine Sorgen berührten die Menschen, und das setzte positive Energien frei – den Willen zum Durchhalten, zur Solidarität, zum Widerstand. Die Musik ermöglicht uns, bestimmte Gefühle zu spüren, die sonst nur still in uns »herumgeistern« – und genau das erlöst diese Gefühle.

Todd Kashdan und Robert Biswas-Diener, zwei US-amerikanische Psychologen, haben über die positive Verschränkung von Optimismus und Pessimismus ein Buch geschrieben.[60] Pessimismus kann sich tatsächlich in negativen Affekten wie Aggression, Feindseligkeit und Verachtung äußern. Aber eben auch in Eigenschaften wie kritischem Denken, Vorsicht, Sensibilität und – Achtsamkeit.

Negative Gefühle sorgen für bessere Teamarbeit. Der größte Feind des Gruppenlebens sind klebrige Harmonieerwartungen, Idealisierungen, die in »euphorischen Gruppen« zwangsläufig entstehen und die Mitglieder davon abhalten, klare Erwartungen und Grenzen zu formulieren. Das führt *immer* zu Frustration. Eine Skepsis, die sich mit Achtsamkeit verbindet, klärt hingegen den Blick auf die soziale Dynamik. Man nimmt die anderen tatsächlich wahr und reagiert weder übertrieben beleidigt noch unangemessen euphorisch. Erst das macht eine Gruppe zukunftsfähig. Sie entwickelt Regelkreise, die ihr erlauben, sich in komplexen Situationen zu stabilisieren. Rebecca Mitchell, Organisationspsychologin an der Newcastle Business School, formuliert es in einem Artikel wie folgt:

»Die erfolgreichsten und innovativsten Teams sind solche, deren Führung ein gesundes Gleichgewicht zwischen negativen und positiven Emotionen herstellt. Konzentriert sich ein Team ausschließlich auf das Positive, dann suchen die Teammitglieder nur nach Punkten, in denen sie übereinstimmen, anstatt nach solchen, in denen sie unterschiedlicher Auffassung sind.«[61]

Sanfte Negativität verbessert die Beziehungsqualität. Überschwänglicher Optimismus in Liebesbeziehungen führt irgendwann in eine Abwertungs- und Enttäuschungsspirale: Du bist ja doch nicht der, den ich mir so optimistisch vorgestellt habe! Eine gewisse liebevolle Skepsis wirkt eher stabilisierend. Dies passt auch zu der Beobachtung, dass Paare, die eine besonders romantische Hochzeit mit übertriebenen »Glücksbeschwörungen« inszenieren, später häufiger in eine Krise oder gar Scheidung hineinschlittern.

Kritisches Denken hilft bei Prüfungen. Studenten, die sich vor einer Prüfung besonders optimistisch fühlen, üben weniger und versinken bei einem unerwartet schlechten Ergebnis in einem emotionalen Loch, während sich moderat pessimistische Kommilitonen besser vorbereiten und danach schneller die Prüfung wiederholen.[62]

Pessimismus verlängert das Leben. Wer Optimist ist, so sagt man, lebt länger und gesünder. Ist aber falsch. In einer von Frieder Lang von der Universität Erlangen-Nürnberg geleiteten Studie hatten gestandene Optimisten im Durchschnitt mehr gesundheitliche Probleme im Alter. Sie litten häufiger unter Depressionen, Angst und Verzweiflung, wenn sie mit Einschränkungen ihrer Gesundheit konfrontiert wurden, und entwickelten mehr Krankheiten und Behinderungen als die Realisten und Pessimisten, die sich mit ihren Einschränkungen abfanden und sich auf sie vorbereiteten.

Der Ur-Pessimist Schopenhauer wurde übrigens uralt bei sehr guter Gesundheit.

Chris Hadfield, der kanadische Astronaut, der 2012 das schöne Lied vom Mayor Tom auf der ISS, der Internationalen Raumstation, intonierte, schrieb in seinem Buch *Anleitung zur Schwerelosigkeit*:

Das beschädigte Antriebsmodul der Apollo 13

»Mein Optimismus ... beruht nicht auf dem Glauben, mehr Glück zu haben als andere, auch nicht darauf, dass ich Erfolge imaginiere. Er ist die Folge davon, dass ich mir immer wieder vorgestellt habe, zu scheitern – und dann überlegt habe, wie ich das vermeiden kann.«

Hoffnung versus Zuversicht

Im April 1970 flogen drei Astronauten zum Mond. Es war die dritte Mondlandeexpedition, die öffentliche Aufmerksamkeit war schon etwas ermüdet. Nachdem sich die Ausflüge auf die Mondoberfläche als eine Art Spaziergang und der Flug mit der Apollo-Kapsel als Abarbeiten von Manualen erwiesen hatten, schien alles schon Routine zu sein. Umso größer war der Schock, als auf halbem Wege zum Erdtrabanten Teile des Raumschiffs Apollo 13 explodierten, darunter mehrere Sauerstofftanks. Die Astronauten überlebten nur knapp in einem schrottreifen manövrierunfähigen Modul, das stündlich und minütlich Luft und Energie verlor. Drei Stunden nach dem Unglück, als Jack Swigert, Jim Lovell und Fred Haise immer noch unkontrolliert in ihrer Schrottkapsel durchs All taumelten, hielt der Chef von Mission Control, Gene Kranz, eine Rede an seine übernächtigte Bodenmannschaft:

»Wenn ihr diesen Raum verlasst, müsst ihr es in der Gewissheit tun, dass die Crew zurückkehren wird. Die statistischen Chancen sind mir völlig egal, und dass wir so was noch nie gemacht haben ebenfalls ... Ihr müsst daran glauben, eure Leute müssen daran glauben, dass diese Crew zurückkehren wird!«[63]

Diese kurze Rede wirft ein Licht auf eine weitere Differenzierung, die uns beim Verständnis unserer inneren Zukunft hilft:

Hoffnung
___

Zuversicht

Was ist der Unterschied? Hätte Gene Kranz auf Hoffnung pur gesetzt, hätte er in einem theatralischen Akt das Leben der Crew in Gottes Hand gelegt. Amen! Wir werden tun, was wir können, aber ...

Hoffnung, sagte Francis Bacon, ist ein gutes Frühstück, aber ein schlechtes Abendessen. »Hoffnung ist der große Bruder der Verblödung«, so spitzt es die traurig-erleuchtete Kolumnistin Sibylle Berg zu. Im Zustand der Hoffnung sind wir »in Erwartung«. Wir neigen eher zu Passivität, weil wir erwarten, dass »etwas über uns kommt«.

Zuversicht bezieht dagegen uns selbst, unsere Handlungen, in die Erwartungen ein. Während Hoffnung uns eher zur Passivität verdammt, nimmt uns Zuversicht in die direkte Verantwortung. Sie bildet eine Verbindung zur Zukunft, in der wir eine wahrhaftige Rolle spielen. In der Zuversicht können wir auch das Dunkle, Schreckliche ansehen, ohne dass es von uns Besitz ergreift.

Es geht um unser *Sehen*. Um die *Verbindung zur Zukunft*.

Hoffnung ist Glauben an einen Ausgang, der eigentlich schon feststeht, weil unsere Fähigkeiten begrenzt sind. Zuversicht hingegen lässt uns in eine Selbstveränderung hineinwachsen. Sie lässt das Zukünftige, also unsere erweiterten Fähigkeiten, in uns selbst wachsen.

Hoffnung ist ein Gefühl. Es gründet auf einer eher traurigen Ausgangslage. Wir navigieren hilflos auf einem Ozean, sehnen uns nach Rettung. Wir suchen das »Licht im Dunkeln«.

Zuversicht ist hingegen ein Wissen. Eine Gewissheit darüber, dass unsere Gefühle sich im Verlauf der Erfahrungen ändern können, dass sie adaptiv sind, dass wir *im Leben auf das Leben reagieren*.

Zuversicht vertraut der *Allostase* – jenem fließenden Prozess, der aus Wandel etwas Ganzes macht. Das Konzept der Allostase wurde 1988 von Peter Sterling und Joseph Eyer in Abgrenzung zur *Homöostase* definiert – der Art und Weise, wie Menschen sich im Gleichgewicht halten. Stasis meint »Verankerung«, das griechische »allo« hingegen bezeichnet das Variable, die Veränderung; also »Stabilität durch Wandel«. In der Systemsprache nennt man das auch *Emergenz*.

Possibilismus: Die Entkatastrophisierung der inneren Welt

Geben wir also das Hin- und Hertaumeln zwischen Optimismus und Pessimismus auf. Beides sind im Grunde verengte Welthaltungen, die uns auf Dauer unglücklich machen. Wenden wir uns lieber einer Zukunftshaltung zu, die Hans Rosling als »Possibilismus« bezeichnete: *die Welthaltung des Möglichen*.

Ein erster entscheidender Vorteil des Possibilismus liegt darin, dass er Unsicherheiten nicht nur ertragen, sondern *umarmen* kann. Er sucht geradezu nach ihnen. Er macht – siehe Regel 8 – das Problem zur Lösung. Ein Possibilist muss aber nicht immer alles sofort »lösen«. Er setzt auf die Potenzialität von Prozessen. Auf die Latenz der Dinge. Er sieht, dass (bessere) Zukunft oft aus langsamer, manchmal auch harter Klärung entsteht. Unschärfen und Ambivalenzen sind ein notwendiger Zwischenschritt. Wir handeln uns sozusagen in die Entwicklung hinein, wir bahnen den Weg beim Gehen. Das ist die Eigenschaft der Geduld.

Das zweite Grundelement des Possibilismus ist die Dankbarkeit. Viele verwechseln das mit passiver Demut. Aber es geht nicht um Unterwerfung, sondern darum, das, was schon gelungen ist, anzuerkennen. Darauf zielte auch Hans Roslings

Zorn auf den Pessimismus: Ihn regte die Undankbarkeit auf, mit der viele Menschen das, was schon gelingt, vom Tisch wischen. Darin liegt eine besondere Form von Unachtsamkeit, ja seelischer Kälte.

Possibilismus bedeutet, die Klagemauer zu verlassen, die viele Menschen um sich herumbauen. Der Architekt Rem Koolhaas nannte diese Einstellung in einem Interview »ein freudvolles Verhältnis zur Realität«.

Possibilismus besteht darin, dass wir in eine lebendige Unterhaltung mit dem *Zukünftigen* eintreten. In seinem TED-Vortrag »A lyrical bridge between past, present and the future« nannte der irisch-englische Poet David Whyte das »die plaudernde Natur der Realität«.

Was immer du von der Welt erwartest, sagt Whyte – vom Partner, von den Kindern, von der Arbeit, vom Beruf, von der Gesellschaft –, es wird nicht so geschehen, wie du es erwartest. Aber umgekehrt wird auch das, was die Welt von *dir* erwartet, nicht geschehen. Etwas anderes wird geschehen, das aus einer *Verbindung* erwächst. Die Zukunft entsteht an der unsichtbaren Grenze, der Nahtstelle, mitten in der seltsamen Schnittstelle zwischen Selbst und Welt.

> **Zukunftsübung 14:**
> **Üben Sie konstruktive Gelassenheit**
>
> Einer wirklich possibilistischen Grundhaltung nähern wir uns am ehesten mit weltlichen Formen der Meditation. Es geht ja darum, zunächst einmal unseren Geist, der ständig irgendetwas festlegen will, *urteilen* will, zu beruhigen. Ihn sozusagen aus der Schusslinie zu nehmen, damit er wieder funktionieren kann.
>
> Possibilismus ist einerseits Erwachsenwerden, andererseits aber auch – paradoxerweise – die Wiederentdeckung

des Kindlichen. Es geht darum, »den Anfänger-Geist zu trainieren« (Zenmeister Shunryu Suzuki: *Zen Mind, Beginners Mind*). Possibilismus handelt von der Welt als einem Möglichkeitsraum, in dem die Dinge einen überraschenden Verlauf nehmen können – entgegen aller Klischees und Vor-Einstellungen. Nützlich ist eine bestimmte Form des nichtzynischen Humors, der Lakonie, die uns erlaubt, im Paradoxen zu funktionieren. Denn nur das Paradoxe ist komplex genug, um interessant zu sein. Hier eine sehr schöne Wortmeditation aus der Feder der amerikanischen Autorin Anne Lamott:

1. Alle Wahrheiten sind paradox. Das Leben ist sowohl ein kostbares als auch ein unmögliches Geschenk. Es ist gleichzeitig erfüllt mit herzzerreißender Süße und Schönheit, verzweifelter Armut, Überschwemmungen, Babys und Mozart, alles miteinander verrührt. Ich glaube nicht, dass es ein ideales System ist.

2. Fast alles wird wieder funktionieren, wenn Sie für ein paar Minuten den Stecker ziehen. Auch Sie.

ZUKUNFTSREGEL 15

Zukunft entsteht durch gelungene Beziehung(en)

So, wie wir Vergangenheitsbewältigung brauchen, brauchen wir auch Zukunftsbewältigung im Sinn einer In-Beziehung-Setzung mit dem Kommenden.
ALEIDA ASSMANN

Evolutionär gewinnt nicht die Absonderung, sondern die Synthese.
TEILHARD DE CHARDIN

Haben Hühner etwas mit unserer Zukunft zu tun?
Hm, wird man wohl bei einer solchen Frage denken. Unsere Beziehung zum Huhn ist zwar schon ziemlich alt – domestizierte Hühner gehören zu den ersten Nutztieren. Aber mit den etwas starr blickenden und zum Scharren, Hacken und Brüten neigenden Federtieren unterhalten wir eine eher einseitige Beziehung. Wir sperren sie in Käfige, mästen sie so lange, bis sie nicht mehr laufen können, und dann essen wir sie millionenfach auf. Wir haben, nüchtern gesagt, ein eher ungünstiges Verhältnis zu Hühnern. Jedenfalls aus Sicht der Hühner.

Dabei können Hühner uns eine Menge beibringen, was die Zukunft betrifft.

Eines der spannendsten evolutionären Experimente wurde in den Neunzigerjahren von dem Genetik-Professor William Muir vorgenommen. Es ging um die Steigerung der Legeproduktivität von Hennen. Muir nutzte zunächst eine alte Züchtertechnik. Aus einer Herde von 100 Hühnern suchte er die zehn Hennen heraus, die am meisten Eier legten, und setzte sie zusammen in einen Käfig. Dann ließ er diese Hühner weitere 100 Hühner ausbrüten – und vollzog an diesen dieselbe Auswahl. Und so weiter – zehnmal wurden die zehn besten Legehennen in die nächste Generation gebracht.

Ein solches klassisches Zuchtexperiment wird automatisch die Effizienz des Eierlegens erhöhen, nicht wahr? So machen wir es ja mit allen Nutztieren und Pflanzen. Der beste Bulle kommt als Samenspender in den Stall, der dickste Kürbis wird weitergezüchtet ... – das Grundprinzip der positiven Selektion.

Überraschenderweise legten die selektierten Superlegehühner von Generation zu Generation immer weniger Eier. Stattdessen fingen sie an, sich im Käfig gegenseitig anzugreifen. Sie hackten aufeinander ein, bis sie blutig waren. In der fünften Generation blieben von zehn Hühnern nur noch die Hälfte übrig, der Rest sah fürchterlich aus – massiver Federverlust, Krankheiten, schwärende Wunden.

Daraufhin versuchte Muir auf völlig andere Weise, die Legefreudigkeit zu erhöhen. Er beobachtete *Gruppen* in der Hühnerpopulation – Hühner finden sich gerne in Kleingruppen zusammen – und selektierte jeweils die Zehnergruppen mit dem höchsten *Gesamtertrag* an Eiern. Diese Gruppen züchtete und selektierte er über zehn Generationen hinweg. Am Ende dieser »Evolution« waren alle Hühner am Leben und gesund – und legten 160 Prozent mehr Eier.

In der Hackordnung der Hühner ist hohe fertile Produktivität (nichts anderes ist das Legen besonders vieler Eier) genetisch mit Aggressivität verbunden. Die erfolgreichen Hühner sind deshalb so produktiv, weil sie die Mitbewerberinnen vom

Futter weghacken. Dieses aggressive Merkmal wurde beim ersten Zuchtversuch mitselektiert.[64]

Die Multilevel-Evolution

Natürlich sind Menschen keine Hühner. Aber Menschen sind wie Hühner soziale Wesen. Für uns gilt wie für die Hühner in Muirs Experiment: nicht »Überleben des Stärkeren«, sondern »Überleben der Beziehungsfähigsten«.

Seit Darwin im Jahr 1858 sein Hauptwerk *Die Entstehung der Arten* veröffentlichte, herrscht ein ständiger Streit über die fundamentalen Grundregeln der Evolution. »Darwinismus« wurde von Hitler als mörderische Formel missbraucht. Dagegen entwickelte sich nach dem Krieg eine Schule von »Basis-Darwinisten«. Aus Sicht dieser Schule findet zwischen menschlichen Gruppen keine Selektion statt. Träger des evolutionären Prinzips ist ausschließlich das Individuum, das durch die Steigerung seiner reproduktiven Fähigkeiten die Evolution vorantreibt. Es formt die eigene Spezies, indem es seinen Gencode erfolgreicher an die nächste Generation weitergibt als die Mitbewerber der eigenen Art. Punkt. Auf diese Weise optimieren sich alle Spezies selbst – bis über einen neuen Mutationssprung und die natürliche Selektion neue Arten entstehen und alte vergehen.

Mit diesem puristischen Evolutionsdenken grenzte man sich bewusst von jenem Selektions-Evolutionismus ab, den Hitler und die Faschisten über die Welt gebracht hatten: Evolution als Durchsetzung der stärksten Rasse oder der »überlegenen Kultur«. Doch Darwin selbst vermutete, dass ein gewisses Grundprinzip der Gruppenselektion in der humanen Entwicklung wirke:

»… Ein Stamm, welcher viele Glieder umfasst, die in einem hohen Grade den Geist des Patriotismus, der Treue, des

Gehorsams, Muts und der Sympathie besitzen und daher stets bereit sind, einander zu helfen und sich für das allgemeine Beste zu opfern, wird über die meisten anderen Stämme den Sieg davontragen, und dies würde natürliche Zuchtwahl sein. Zu allen Zeiten haben über die ganze Erde einzelne Stämme andere verdrängt, und da die Moralität ein bedeutungsvolles Element bei ihrem Erfolg ist, so wird der Maßstab der Moralität sich zu erhöhen und die Zahl gut begabter Menschen überall zuzunehmen streben.«[65]

Darwin argumentierte, dass der moralische Faktor, die Art und Weise, wie Menschen in Kulturen kooperierten, ein »Wesenszug der Evolution« sein müsse. Erst in den letzten Jahren hat sich eine immer größere Gruppe von ganzheitlichen Evolutionswissenschaftlern zu Wort gemeldet, die diesen Ansatz wieder aufgreifen. Selektion findet demnach nicht nur zwischen Individuen statt, sondern auf vielen Ebenen – vertikal, horizontal, vielschichtig. Sozial, ökonomisch, kulturell, technologisch. Dies erweitert die Wirkweisen der Evolution. Sie wird ungleich schneller und flexibler als früher gedacht. Die starren Grenzen zwischen den Arten werden plötzlich durchlässig. Während die »alte« Evolution immer nur von Zufällen abhängig war – von Mutationen im Erbgut, die sich dann über Millionen von Jahren durchsetzten –, ist Evolution im neo-evolutionären Denken ein *dynamischer* Prozess, der auf Interaktion und Kommunikation aufbaut.

Durch *Multilevel-Evolution* verwandelt sich die Evolutionswissenschaft von einer Katalogdisziplin, in der man Schmetterlinge auf Nadeln spießte und ausgestopfte Tiere oder Skelette in Museen präsentierte, in eine lebendige Wissenschaft. Man kann ihr Wirken in Echtzeit beobachten. Evolution hat plötzlich etwas mit unserem Alltag, unserer Gegenwart, zu tun. Mit Verhalten. Mit Innovation. Mit Entscheidungen. Mit Kultur.

Der US-amerikanische Autor Douglas Rushkoff schreibt:

»Die spektakulärste Leistung der menschlichen Entwicklung war nicht die Arbeitsteilung, sondern die Entwicklung von Gruppen-Teilung und Kooperation. Menschen unterscheiden sich [von anderen Lebewesen] nicht durch ihre überlegenen Fähigkeiten bei der Jagd, sondern durch ihre Fähigkeit zu kommunizieren, zu vertrauen und zu teilen ... Diese Eigenschaft nennt sich ›wechselseitiger Altruismus‹. Eine Person tut etwas Positives für eine andere Person, in der Hoffnung, in der Zukunft etwas zurückzubekommen.«[66]

Wenn die neuen Evolutions-Dynamiker recht hätten, dann hieße das nichts anderes, als dass Evolution sich selbst evolutioniert. In diesem Szenario gibt es irgendwann hochkomplexe Organismen/Spezies, die aus ihren Nischen ausbrechen. Der Evolutionsbiologe David Sloan Wilson hat diese Theorie wie folgt zusammengefasst:

»Es ist eine Sache, wenn sich eine Art gut an ihre Umgebung anpasst. Und eine andere, wenn sie sich an Umweltveränderungen anpassen kann. Das Gleiche gilt für menschliche Kulturen, und fast keine bestehende Kultur ist anpassungsfähig genug, um mit unserer sich ständig verändernden Welt Schritt zu halten. Bewusste Evolution erfordert den Aufbau eines neuen Systems kultureller Vererbung, das in der Lage ist, in einem noch nie da gewesenen räumlichen und zeitlichen Maßstab zu agieren.«[67]

So entsteht *bewusste Evolution*. Und damit verändert sich die Rolle des Menschen. Statt sich »auf Gedeih und Verderb« an unsere Umwelt anpassen zu müssen, kann er durch Selbst-Veränderung eine Veränderung der Umwelt bewirken und vice versa. Darauf deuten auch neue Erkenntnisse der neurologischen Forschung hin, wie die Epigenetik, die den Einfluss von direkten Erlebnissen und Erfahrungen auf den Gencode nachweist. Wir speichern dopaminerge Strukturen unseres Hirns auf Umwegen auch in unserem Erbgut. Das hätte revolutionäre Auswirkungen auf unser (Zukunfts-)Denken. Die menschliche Geschichte hätte dann eine Richtung. Sie wäre auf *produktive Kooperation* gerichtet – in immer größeren Bezügen.

Wozu wir gehören

Bewusste Evolution würde bedeuten, dass für die evolutionäre Fitness – also unsere Zukunftsfähigkeit – die *Integration unserer Verbindungen und Beziehungen* entscheidend ist. Es würden sich auf lange Sicht diejenigen Lebens- und Kulturformen durchsetzen, die auf höherer Komplexität beruhen.

Ordnen wir die Bezüge des Menschen zunächst in einer aufsteigenden Reihenfolge an:

- Individuum
- Familien (Blutsverwandtschaft)
- Stämme/Clans/Banden
- Kulturen (Traditionen)
- Regionen/Orte/Topografien
- Nationen
- Meta-Kulturen (»christlich«, westlich/östlich etc.)
- Die Menschheit/der Planet
- Der Kosmos/das Universum

Im Laufe der Menschheitsgeschichte – oder auch unserer persönlichen Biografie – klettern wir langsam diese Treppe hinauf. Wir weiten unsere *Konnektome* aus. Als Kleinkinder sind wir egozentrisch und ganz auf uns selbst bezogen. Später vertiefen wir die Bindung zu den Eltern. Ab der Pubertät suchen wir die Clique, den Clan, den »Stamm« – das soziale Bezugssystem, in dem unsere Urvorfahren ihr ganzes Leben verbrachten. Irgendwann entdecken wir unsere kulturellen und politischen

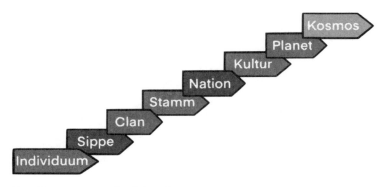

Das Bezugssystem des Menschen

Zugehörigkeiten, die sich dann in weitere Dimensionen erweitern. Diese Bewegung reicht über Generationen hinweg und verläuft nie ganz gradlinig, sondern in den in Regel 2 beschriebenen Schleifen. Heute ist der Nationalstaat wahrscheinlich die von den meisten Menschen präferierte Bezugsgröße, aber es gibt deutliche Anzeichen einer Regression zur Sippe (»Volk«) und für eine Diversifizierung dort, wo unterschiedliche Kulturen zusammenkommen. Nicht zu unterschätzen ist auch die immerwährende Integrationskraft der Familie, auch in modernen, individualisierten Gesellschaften.

> *Innerhalb von Gruppen ist Egoismus dem Altruismus überlegen. Altruistische Gruppen sind egoistischen Gruppen überlegen. Alles andere ist Kommentar.*
> EDWARD O. WILSON

Die menschliche Geschichte ist voller Rückfälle von komplexeren in primitivere Gesellschaftsformen. Der Grund ist, dass die Integration der verschiedenen Ebenen nicht gelingt. Das römische Reich scheiterte an der Dominanz der militaristischen Kultur, die zu einer Übersteigerung des Expansionismus führte. Monströse Ideologien wie der Nationalsozialismus und der

Faschismus versuchten immer wieder, das eugenische »Blut«-Prinzip und die primitive Hierarchie zurückzubringen. Allerdings haben es diese Rückfälle immer schwerer, sich durchzusetzen, je weiter sich die globalen Kontexte ausdehnen. Der bösartige Populismus wird scheitern, auch wenn er hier und da Rückfälle erzeugt. Diese sind nur Schleifen auf dem Weg nach oben.

Zu Beginn des Zweiten Weltkrieges war die Reichswehr die größte und höchstorganisierte Streitmacht der Welt, angefeuert durch eine kollektivistische, rassistische Ideologie. Am Ende gewannen die dekadenten, pluralistischen Amerikaner mit ihrer Jazzmusik den Krieg, zusammen mit den Tee trinkenden und unverdrossen individualistischen Engländern. Das war kein Zufall, sondern das Ergebnis komplexer Kooperation. Es waren Gruppen von Physikern, Mathematikern, Genies aus vielen Ländern und Kulturen (darunter viele Juden, die vielleicht erste universalistische Kultur), Männer und Frauen, denen der große Durchbruch der Atomspaltung gelang und die den Code der Nazi-U-Boote knackten. Daraus entstand die »westliche Weltordnung«, ein ganz anderes Konstrukt als der Kolonialismus des Westens, der die Jahrhunderte zuvor dominiert hatte. Zu dieser Ordnung gehörten zum ersten Mal auch weltübergreifende Organisationen wie die Vereinten Nationen, die ein (wenn auch brüchiges) Weltvölkerrecht verkörpern.

Spätestens als Menschen den Mond betraten und von dort auf die blaue Erde, die Murmel im All, zurückblickten, entwickelte sich ein neuer, planetarischer Horizont. »Am ersten Tag deutete jeder auf sein Land. Am dritten und vierten Tag zeigte jeder auf seinen Kontinent. Ab dem fünften Tag achteten wir auch nicht mehr auf die Kontinente. Wir sahen nur noch die Erde als einen ganzen Planeten«, sagte der saudische Astronaut Sultan Bin Salman Al Saud. Die Hippie- und Popkultur, die nicht zufällig zur Zeit der ersten Mondlandung ihren Anfang nahm, war der erste Ausbruch der planetaren Bewusstseinsebene. Die Ökologiebewegung dachte erstmalig nicht in Kultur-, Klassen- und Machtkategorien, sondern orientierte sich an Rück-Bindungen zur Natur. »Fridays for Future« greift diese Vision heute auf: Wir sind alle Individualisten, aber uns vereint die Verantwortung für den Planeten.

Erfolgreich – im Sinne evolutionärer Stabilität – sind dabei immer Gesellschaften, die die verschiedenen Bezugsebenen sinnvoll *integrieren* können. Singapur ist ein globalisierter Nationalstaat, ein Stadtstaat mit sehr strikten Regeln, aber auch starken Individualrechten; gleichzeitig multikulturell und zunehmend (neo-)ökologisch. Das »Prinzip Schweden« (oder Dänemark oder Schweiz oder vielleicht auch Deutschland und Europa) ist nichts anderes als das Resultat eines gelungenen Kooperatismus, der die verschiedenen gesellschaftlichen Ebenen »dynamisch synchronisiert« – Staat, Institutionen, Gesetze, Zivilgesellschaft, Wirtschaft. Die US-amerikanische Gesellschaft startete als Emigrationsexperiment, in dem die Verzweifelten und Unterdrückten Europas unter einer neuen, freiheitlichen Ordnung zusammenkamen. Das erzeugte eine enorme Energie, die in ein »amerikanisches Jahrhundert« mündete. Offensichtlich ist die Kraft dieser Idee heute verbraucht, und Trump ist ihr Abräumer. Aber der amerikanische Traum wird »nach oben« evolutionieren – es ist nur eine Frage der Zeit. Ebenso wie China unweigerlich aus seiner alten totalitären Struktur, aus seinem Kollektivismus, herausevolutionieren wird.

Multilevel-Evolution erlebt immer dann einen Schub, wenn die jeweils höhere, komplexere Ebene die Gestaltungsmacht übernimmt. Das ist das Fortschrittsspiel. Offenbar haben unsere Vorfahren dieses unendliche Spiel über Millionen Jahre hinweg gespielt, nicht immer mit Erfolg, aber mit dem Erfolg, der unsere Existenz bedingte. Und hier sind wir also. Ist das nicht wunderbar? Wir können unsere Zukunft verstehen, wenn wir das Wesen der Verbindungen verstehen. Dabei gilt es, zu begreifen, dass wir keine Beziehungen *haben*. Sondern Beziehungen *sind*.

Natur-Beziehungen

Wir sind zutiefst verbunden mit der Natur, auch wenn wir jeden Tag versuchen, uns das Gegenteil zu beweisen. Das liegt schon daran, dass wir einen Körper bewohnen, der aus lebendigen Zellen besteht, aus unfassbar komplexen Organisationen des Organischen, die sich im Laufe von Äonen als adaptiv herausgeformt haben. Wir leben in und durch endlose Rückkoppelungen zellularer Netzwerke. Essen, Atmung und Ausscheidung bilden den energetischen Rhythmus, der uns am Leben hält. In unseren Körpern beherbergen wir Milliarden von Mikroben und Bakterien – unser Organismus ist sozusagen fremdenfreundlich. Gleichzeitig definiert unser Immunsystem die Grenze von Innen und Außen ständig neu: Was ist integrierbar, was ist fremd, was verdauen wir, was stoßen wir ab?

Wenn diese Rhythmen, Verbindungen, dynamischen Netzwerke durch zu viel Künstlichkeit (= Homogenität) gestört werden, ist Krankheit die Folge. Die moderne Zivilisation mit ihren zahlreichen Essstörungen, Neurosen, Syndrom-Krankheiten, ihren Lifestyle-Epidemien, spiegelt Entfremdungen vom Natürlichen wider. Wir versuchen uns von der Natur zu distanzieren, »hygienisch« zu werden oder natürliche Rhythmen zu umgehen. Aber das hat jede Menge negativer Folgewirkungen. Unser Organismus kann viel besser mit Kontaminationen umgehen als mit dem völlig Unorganischen. Das zeigen die Allergie-Epidemien, die Autoimmun-Eskalationen, die Entzündungswellen. Unser Körper ist besser an radioaktive Strahlung adaptiert (bis zu einer gewissen Grenze) als an Mikroplastik. Fitnessstudios, Bio-Food, Meditation, Atemtherapie oder »Waldbaden« sind Versuche, unser Verhältnis zur Natur wieder zu heilen. Je mehr wir uns vom Natürlichen entfernen, desto mehr müssen wir uns »rückbinden«. Manche träumen vom unsterblichen »Upload« unseres Geistes in die Maschine und damit von der endgültigen Trennung von der organischen Natur. Aber Natur ist die Verwobenheit von Leben und Tod, und gerade darin manifestiert sich das Lebendige. Wachsen, Gedeihen, Sterben und Gebären. Das ist der Kern unserer Existenz. Brechen wir aus diesem Kontext aus, endet auch das Menschsein. Das wäre die Selbst-Extermination. Viele fantasieren davon, ohne zu ermessen, was sie dabei verlieren würden.

Beziehung zur Technologie

Um eine echte Beziehung zur Technologie zu entwickeln, müssen wir zunächst die *Technolusion* überwinden – die Illusion, alles wäre durch Technik lösbar oder substituierbar. Der Faustkeil verleiht unserer Kraft neue Möglichkeiten, das Rad lässt uns davonfahren oder Lasten transportieren, Teleskope und Mikroskope schärfen unsere Sicht und damit auch unsere Sichtweisen. Die Zähmung des Feuers verschaffte uns Zugang zu leichter verdaulichen Proteinformen, sodass unser wachsendes Hirn noch weiter wachsen konnte. Wir befinden uns in einer evolutionären Symbiose mit der Technologie. Aber zu einer Beziehung gehört auch die Differenzierung. Das Technische und das Menschliche zu unterscheiden, um es auf einer höheren Ebene wieder zusammenzufügen, darum geht es in der kommenden Epoche.

Wenn wir jemals eine finale Theorie in der Biologie erreichen sollten, muss diese in der Verbindung von Selbstorganisation und Selektion bestehen.
STUART KAUFFMAN, BIOLOGE UND PHILOSOPH

Die zentrale Frage für unsere Beziehung zur Technik lautet: Wie können wir die inneren Kompetenzverluste durch Technik (den Prothese-Effekt) möglichst klein halten? Wir brauchen Technik, die uns wachsen lässt, die uns zu unseren genuinen Fähigkeiten zurückführt, so wie man in einem Liebesverhältnis zu sich selbst geführt wird, statt sich dem anderen zu unterwerfen. Deshalb sind immer mehr Menschen auf der Suche nach »rehumanisierter« Technik, nach Artefakten und Systemen, die uns nicht zum Spielball des technischen Apparats machen. Genau darum geht es in den fundamentalen Debatten, die derzeit zu den Themen künstliche Intelligenz, Roboter und Gentechnik ausgetragen werden. Es geht um die Definition menschlicher Würde im Kontext metaphysischer Technologien. Das ist spannend und zukunftsweisend, wenn wir lernen, durch die Provokationen der technischen Entwicklung mehr über uns selbst herauszufinden.

Wirtschaftliche Beziehungen

Ein Unternehmen ist ein sozialer Organismus, der im Idealfall blüht und gedeiht, lebendig und vital ist. Aber diese Lebendigkeit kann nicht entstehen, wenn es nur ums reine Geldverdienen, die bloße Kapitalakkumulation geht. Damit kappt ein Unternehmen seine Verbindungen zur Gesellschaft, zu den Individuen, die es voranbringen, und zur Natur, die es mit Molekülen und Energien versorgt. Wie bei einem Tumor, der sich im Organismus ausbreitet, ist ein krankhaftes Wachstum die Folge. Am Ende steht die Selbstzerstörung, entweder durch Revolution oder durch Konkurs. Unternehmen ohne lebendige Beziehungen zur Umwelt sind evolutionär instabil, sie unterliegen chaotischen Prozessen, die sie von innen heraus zerstören.

Es ist an dieser Stelle wichtig, etwas genauer auf den Unterschied zwischen Effizienz und Effektivität einzugehen, den wir bereits an anderer Stelle kennengelernt haben (siehe Regel 10). Beziehungslose Unternehmen setzen immer auf ein Übermaß an *Effizienz*. Sie versuchen, aus einer bestimmten Einheit, einem Markt oder Produkt, mehr und mehr herauszuholen. Wie die Kuh, die man mit immer mehr Antibiotika, Kraftfutter und genetischer Selektion »aufpumpt«, bis sie nicht mehr stehen kann. Das Ende vom Lied wird dann ein von Tierschützern erzwungenes staatliches Verbot solcher Methoden sein. Oder die industrielle Züchtung von Rindfleischzellen im Bioreaktor. Jedenfalls wird das Unternehmen, das lediglich versucht, intern zu optimieren, sein Geschäftsmodell verlieren.

Effizienz

Effektivität

Effektivität hingegen ist das Eingehen und Pflegen von Beziehungen. Ein Dschungel ist in seinen Einzelteilen nicht sehr effizient – überall wimmelt es von Nischenbewohnern, bunten Vögeln in verschwenderischen Farben, krabbelndem Getier. Aber im Zusammenwirken all dieser Kreisläufe entstehen Wunder. Ein Unternehmen, das sich auf diese Weise »wundert«, erzeugt Gewinne durch kluge Verbindungen. Solche »effektivierten« Unternehmen unterhalten dichte Beziehungen zur Zivilgesellschaft, also zu den Kunden, lebendige Partnerschaften mit Mitbewerbern und enge Verbindungen zur Natur. Sie kümmern sich um die Umwelt und entwickeln ihre Innovationen im Sinne von Win-win-Prozessen. Dabei steht immer die Daseins-Frage im Mittelpunkt: Was ist unsere Aufgabe? Was ist der Sinn unseres Tuns? (Siehe den Unterschied zwischen *Purpose* und *Mission* in Regel 6.)

Märkte gehören zu den genialsten Erfindungen der Menschheit, sie fördern Begegnung *und* Gewinn. Märkte sind immer vielfältige Beziehungsnetzwerke, in denen Üppigkeit und Überschuss entsteht – wie im Dschungel. »Bösartige« Unternehmen, also reine Effizienzmaschinen, zerstören jedoch Märkte durch parasitäre Taktiken. Siehe Facebook, siehe die Banken vor 2009, siehe die Bayer AG, die sich vom Kauf von Monsanto gewaltige Gewinne erträumte. Der Extremismus der Produktivität, die sich nur am Preis orientiert und den Kunden als anonymes Subjekt betrachtet, kann ganze Märkte zerstören. Siehe Uber, siehe Ryanair. Auch die Autoindustrie trägt längst parasitäre Züge, auch wenn sie immer behauptet, sie löse »Mobilitätsfragen«. Solche Beziehungsverweigerungen kann man spüren, wenn man ein Unternehmen betritt. Etwas Gehemmtes und Verklemmtes befällt die Firmenkultur, eine lügenhafte Sprache, die den Besucher einlullen statt empfangen will.

Gesellschaftliche Beziehungen

Keiner von uns könnte allein überleben, obwohl oder gerade weil wir fasziniert Romane wie *Robinson Crusoe* lesen, in denen ein Einzelner ganz und gar allein zurechtkommen muss. Menschen werden unreif geboren wie keine andere Spezies, und vom ersten Atemzug an sind wir auf Zuneigung angewiesen. Liebe in all ihren Formen ist der große Evolutionstreiber des menschlichen Lebens. Elterliche Liebe, freundschaftliche Liebe, reproduktive Liebe zwischen Mann und Frau, Bindungsliebe und begehrende Liebe, auch Liebe zur Heimat – die Formen sind mannigfaltig und gehen ineinander über.

Besonders wichtig in der modernen Beziehungswelt sind Freunde. Sie bilden Freiheitsgrade im Netzwerk, das uns hält und seelisch ernährt. Freunde bieten Wahlverwandtschaften, sie ermöglichen uns Bindungen in Freiheit. Von Freunden kann man sich verabschieden, ohne sich schuldig zu machen, bei Liebesbeziehungen gelingt das meist nicht. Freunde sind Weggefährten im besten Sinn des Wortes, und durch Freunde bleiben unsere Beziehungen in Bewegung.

Wann gelingen soziale Beziehungen? Wenn sie vielschichtig, differenziert und reichhaltig sind. Wenn wir ausschließlich Freunde haben, verpassen wir die Intimität. Wenn wir *alle* erotisch lieben, entsteht hysterisierte Dekadenz. Die schlimmste Einsamkeit erfährt man, wenn man sich in der Paarbeziehung isoliert. Moderne Paarbeziehungen neigen dazu, sich als Notwehr gegen die »böse« Welt oder als romantische Verherrlichung zu inszenieren. Am besten stehen wir in einer ganzen Kaskade unterschiedlicher Bezugsformen in der Welt. Kultur, Clan, Sippe, Verein, Freundschaftsgruppe, der Tanz der Generationen, ältere und jüngere Freunde – je kunstvoller unser Beziehungsnetz verknüpft ist, desto mehr erleben wir Identität. Eigentlich braucht jeder ein vitales Dorf, aber eines mit Weltsicht und Horizont. Heimat existiert nur, wenn sie über sich selbst hinausweist. Sonst bleibt nur dumpfe Enge.

Generativität

Ich gehöre zu jener Generation, die durch einen harten und schmerzhaften Generationenbruch geprägt wurde. Die in den ersten zwei Jahrzehnten nach Kriegsende Geborenen erlebten eine tiefe Entfremdung zu ihren Eltern, weil diese in der Katastrophe des Zweiten Weltkrieges entweder Täter oder Opfer sein mussten. Täter, die ihre Schuld selten eingestehen und begreifen konnten. Opfer, die durch Erfahrungen von Entwurzelung und Traumatisierung geprägt waren. Schwache Eltern mit fragiler Psyche sind für die eigene Entwicklung ähnlich katastrophal wie Schuldige, die aus ihrer Schuld nicht herauskommen.

Keine Beziehungsachse ist so wichtig wie unser Generationsverhältnis. Durch unsere Vorfahren sind wir mit der fernen Vergangenheit verbunden, durch unsere Nachfahren mit der fernen Zukunft. Wenn diese Verbindung verloren geht, entsteht eine tiefe Störung in unserem inneren System. Wir geraten in eine egozentrische Blase, eine Vereinsamung im Jetzt, die sich auch durch große Freundeskreise und umfängliche Aktivitäten nur schwer ausgleichen lässt. Narzissmus und missglückte Individualisierung sind die Folgen. Die schädlichen Auswirkungen zeigen sich spätestens im Alter, wenn das Abschiednehmen nicht gelingen kann.

Versöhnung mit den Eltern war deshalb für meine Generation eine wichtige Heilungserfahrung in der zweiten Hälfte unseres Lebens. In meinem Freundeskreis kann ich zwischen denjenigen, denen diese Versöhnung gelang, und denen, die immer noch durch den generativen Bruch gequält werden, deutlich unterscheiden. Es ist brutal: Die einen blühen, während sie älter werden, die anderen leiden unter einer dauerhaften Unbehaustheit. Sie werden früher krank oder auf traurige Weise alt.

Die Achse, die uns über unsere Vorfahren und Nachfahren mit der horizontalen Zeit verbindet, ist deshalb so lebenswichtig, weil sie unserer unweigerlichen Angst vor dem Tod etwas entgegensetzen kann. Das Gefühl, dass mit dem eigenen Tod alles verloren ist, weicht dem Gefühl, auf ein Konto einzuzahlen, das auch nach dem eigenen Ende Bestand hat. Das Ego wird entlastet. Nichts ist umsonst, wenn wir uns in Verbindung mit unseren Ahnen und »Ahnenden« befinden.

Natürlich ist dieser Effekt nicht nur biologisch zu verstehen. Die zukunftsfähigen Menschen, die ich kenne, sind auf vielfältige Weise mit dem humanen Erbe verbunden, selbst wenn sie kinderlos bleiben. Sie stehen in Kontakt mit vielen großartigen Menschen, Lebenden und Toten, mit Ideen, Visionen – mit den überzeitlichen Kräften. Sie wandeln auf den Brücken, die die Vergangenheit mit der Zukunft verbinden. Nur da findet man sicheren Schritt.

»Kosmische« Beziehungen: Die Evolution der Spiritualität

Menschen sind als einzige bekannte Spezies in der Lage, in ihrem Bewusstsein *Aufwärtskomplexität* zu repräsentieren. Peter Sloterdijk sprach von der »vertikalen Spannung«, die den Menschen in ein ständiges Verhältnis zum Höheren setzt. Unsere Nähe zur Transzendenz stammt aus einem sehr komplexen Hirn, dessen enorme Differenzierungsfähigkeit eine ständige kognitive Dissonanz erzeugt – zwischen dem Konkreten und dem Abstrakten, dem Realen und dem Über-Realen. Wir verknüpfen nicht nur Bäume mit Büschen zu Gewächsen und Großmütter mit Kuchen zu Heimatgefühlen, sondern irgendwann auch die Wirklichkeit mit dem Un-Wirklichen. Unser Hirn denkt und fühlt in Möglichkeiten und Leerstellen, die *zu füllen* sind.

Es heißt, das Religiöse sei auf dem Rückzug, je mehr sich individuelle Lebensformen und Wohlstandsstrukturen durchsetzten. Aber das ist eine Frage der Definition des Religiösen. Während immer weniger Menschen an einen persönlichen Gott glauben, gilt hier ganz besonders das Gesetz der Rekursion: Je säkularer wir werden, desto mächtiger die Wiederkehr des Magischen und Transzendenten. Im Zentrum dieses Rekursionstrends steht der Begriff der Spiritualität. Spiritualität ist nichts Mystisches, sondern die tiefe Erfahrung des Verbundenseins. Mit anderen Menschen. Mit der Natur. Mit den Wundern der Welt. Mit dem unbekannten Kosmos.

Ohne einen spirituellen Zugang zur Welt lassen sich unsere inneren Paradoxien und Leidensprozesse auf Dauer nicht im Zaum halten. Ich würde sogar so weit gehen zu behaupten, dass ohne Spiritualität die Depression droht: Wer sich nicht als Teil größerer Zusammenhänge fühlen kann, driftet früher oder später in die Angst ab, denn Angst stammt aus Einsamkeit. Im Spirituellen sehen wir das Getrennte wieder als Einheit. Spiritualität verwandelt unsere innere Zersplittertheit wieder in ein heiles Ganzes.

Die Beziehung zu sich selbst

Von allen Beziehungen ist die Beziehung zu sich selbst vielleicht die wichtigste. Und die am meisten vernachlässigte. Das ist kein Zufall. Individualisierung ist ein sehr neuer Megatrend. Obwohl es zu allen Zeiten schon einzelne differenzierte Individuen gab, ist das Ich als Selbstbetrachtung für die meisten neu. Dabei kommt es zu vielen Irrtümern. Wir glauben, wir seien wir selbst durch unsere Unterschiede im Vergleich zu anderen. Dafür steht der Begriff der »Individualität«, der nichts anderes meint als eine Abgrenzung. Aber das ist eine Illusion: Wir sind nicht wir selbst, weil wir uns in unseren Geschmäckern oder Gewohnheiten, im Aussehen oder in unseren Charakterzügen »unterscheiden«. Nach allem, was die Psychologie heute über »Identität« weiß, sind wir ein Patchwork aus verschiedenen widerstreitenden Elementen. Wir sind nicht eindeutig, sondern innerlich viele. Beziehung zu sich selbst haben heißt, eigene Vielheit in Einheit sehen zu können.

Wir gehen nicht besonders gut mit uns selbst um. Unser Selbst-Wert-Gefühl ist häufig verkrüppelt, entweder in Richtung der elenden Überbetonung des Egos oder in der Selbstabwertung, die viele Menschen mit sich herumtragen wie eine ansteckende Krankheit. Die meisten Liebesbeziehungen scheitern nicht an äußeren Umständen, sondern an der *Selbst*abwertung beider oder eines Partners. Wer sich selbst nicht gut genug ist, dem ist auch der andere niemals genug, der wird unentwegt Vorwürfe und Ansprüche und Eifer-Süchte formulieren, die die Liebe zerstören müssen. Selbstunsicherheit erzeugt Klammerstrategien oder passive Aggressionen, an denen früher oder später die Liebe stirbt.

Sich selbst trösten können, sich selbst anerkennen, ist eine Technik von Selbstwirksamkeit, für die man in Zukunft einen Führerschein haben sollte. Selbst-Bewusstsein ermöglicht uns, andere sozusagen in uns hineinzulassen. Sie als Gast in der eigenen Mitte zu begrüßen. Das magische Wort der *Achtsamkeit*, das sich derzeit zu einem metakulturellen Leitbegriff entwickelt, weist in die Richtung dieser Fähigkeit. Bei der aktiven Achtsamkeit geht es weniger darum, still zu werden, was in den meditativen Techniken eine Rolle spielt. Es geht darum, mit sich selbst *in die Welt zu gehen*.

Das integrale Modell

Das integrale Evolutionsmodell stammt im Kern von Ken Wilber, dem amerikanischen Spiritualisten, der wie kein anderer versucht hat, der Entwicklung der menschlichen Kultur eine holistische Gestalt zu geben. Dabei geht es um die Zusammenschau der verschiedenen Blickwinkel, aus denen wir die Welt erfahren, um die *Synthese* der sozio-bio-ökonomischen Entwicklungen. Einen ähnlichen Ansatz wählt auch das Spiral-Dynamics-Modell, das ursprünglich in den Vierzigerjahren von Clare W. Graves, einem US-amerikanischen Psychologen, entwickelt wurde.

In solchen »evolutionistischen« Metatheorien geht es immer um die Bezüge zwischen Bewusstsein und Materie, Kleinem und Großem, Innen und Außen. Die Grundthese lautet: Wir entwickeln uns individuell *und* als Spezies in einer endlosen Spirale nach oben, in eine höhere Bewusstseins- und Seinsebene hinein. Das Ganze klingt auf den ersten Blick ziemlich idealistisch und elitär. Warum kann die allgemeine Entwicklung nicht auch andersherum verlaufen und in den Orkus, die Selbstvernichtung, die Entropie führen? Dagegen gibt es ein verblüffend simples Argument, das auch das holistische Evolutionsdenken stützt: die Tatsache unserer Existenz.

Der Weg des Menschen von den Bäumen über die Savannen und Ackerfelder bis in die moderne, von Technik geprägte Umwelt war alles andere als risikofrei. Es gab mehr als genug Verzweigungen, Schnittstellen der Geschichte, in denen das Ende der Menschheit möglich gewesen wäre. Aber die Tatsache, dass es nicht so gekommen ist, zeigt, dass es irgendetwas gibt, was die Entwicklung komplexer Evolutionen begünstigt. Wir können nicht das Ergebnis einer langen Kette von reinen Zufällen sein, weil diese Zufälle sich irgendwann zu derart hohen Wahrscheinlichkeiten (des Untergangs) aufgetürmt hätten, dass wir mit Sicherheit ausgestorben wären. Unsere Existenz beweist so die Wahrheit der integralen Theorie: Es waren Integrationen – aus den Urzellen über die Vielzeller und Säugetiere bis zu den carbonbasierten Bewusstheiten, als die wir heute in die Welt schauen –, die uns hervorgebracht haben.

Diese Zukunft, die heute unsere Gegenwart ist, entstand aus *konvergenter Evolution*. Das Multiwesen Mensch ist eine »Zusammensetzung«, die sich als evolutionär adaptiv und variabel erwiesen hat. Das Ergebnis der Multilevel-Evolution. Und die Evolution schreitet weiter fort ...

Teilhard de Chardin, ein weiterer Vertreter der holistischen Evolution, sagte: »Wir sind nicht menschliche Wesen, die eine spirituelle Erfahrung machen. Wir sind spirituelle Wesen, die eine menschliche Erfahrung machen.« In seinem Buch *The Future of Man*[68] ruft er uns zu jenem inneren Wachstum auf, das das äußere bedingt – und uns auf diese Weise in die Zukunft führt:

»Und so, glaube ich, verhält es sich mit Dir;
Deine Gedanken reifen ganz allmählich. Lass sie wachsen, lass sie Gestalt annehmen, ohne etwas zu überstürzen!
Versuche nicht, sie zu zwingen,
so als könntest Du heute schon sein, was die Zeit

(das heißt die Gnade und die Umstände,
die auf Deinen guten Willen Einfluss nehmen werden)
morgen aus Dir machen wird.«

Zukunftsübung 15:
Zeichnen Sie Ihr Bindungs-Diagramm

Die Zukunft – unsere individuelle, aber auch die der Gesellschaft – hängt davon ab, wie *vital* unsere Beziehungen zu den verschiedenen Ebenen unserer Existenz sind. Um das zu visualisieren, malen Sie im Diagramm auf S. 330 zwischen sich und den verschiedenen Existenz-Ebenen einen Pfeil. Je nachdem, ob Sie sich stark oder schwach mit der jeweiligen Ebene verbunden fühlen, malen Sie diesen breiter oder schmaler. Verwenden Sie zwei Farbstifte, einen grünen und einen roten. Rot dafür, dass Sie mit der jeweiligen Ebene/Kategorie in problematischem Konflikt,»auf Kriegsfuß« stehen. Nichts mit ihr zu tun haben, mit ihr fremdeln. Grün dafür, dass die jeweilige Beziehung gelingt, Sie bereichert, Sie *erfüllt*. Sie erhalten ein Diagramm von sich als Zukunftswesen.

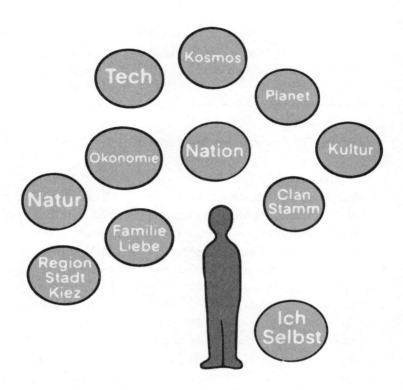

Bindungs-Diagramm

ZUKUNFTSREGEL 15 ½

Zukunft ist eine Entscheidung

Out there things can happen
and frequently do
to people as brainy
and footsy as you.

And when things start to happen,
don't worry. Don't stew.
Just go right along.
You'll start happening too.«
DR. SEUSS

Zum Schluss muss ich Ihnen ein Geheimnis verraten. Es gibt gar keine Zukunft. Jedenfalls keine, die man »voraussagen« oder »prognostizieren« oder sonst irgendwie fixieren könnte.
Zukunft ist eine Entscheidung. Wie die Liebe.
Lassen Sie mich, um das zu verdeutlichen, eine kurze Geschichte erzählen. Eine wahre Geschichte, die nur für eine »halbe« Regel steht. Weil sie eben keine Regel ist. Sie handelt von einem Menschen, der sich ganz einfach für *die Zukunft* entschieden hat.
Der Fotograf Sebastião Salgado ist vielleicht der empathischste Mensch der Welt. In seinen Augen spiegelt sich die Tiefe des menschlichen Erlebens, eine außergewöhnliche Sen-

sibilität und Wärme. Er liebt die Menschen, er liebt das Leben. Und ist an Menschen und ihrem Leben auf dem Planeten Erde doch um ein Haar zugrunde gegangen.

Niemand hat wie Salgado dem menschlichen Elend ins Gesicht geblickt. Den tiefsten Abgründen. Dem Morden. Dem Hungern. Dem Sterben. Der Hoffnungslosigkeit. Der Art und Weise, wie Menschen wie Tiere ums Überleben ringen. Und doch zugrunde gehen. An sich selbst, an den anderen, an der Umwelt, auch an der Natur. All das hat Salgado ein ganzes Vierteljahrhundert lang fotografiert; die unendliche Tragik des menschlichen Lebens.

Salgados Biografie wurde, ähnlich wie die Che Guevaras, von der Studentenrebellion der Sechzigerjahre geprägt. Als Sohn eines Großgrundbesitzers im Süden Brasiliens führte er zunächst ein bohemienhaftes Leben zwischen Paris, Afrika und Südamerika, bis er zur Fotografie kam. Er entwickelte einen ganz eigenen Bildstil, der nichts Sensationelles oder Lautes an sich hatte. Er politisierte sich. Er wollte die *conditio humana* mit seiner Leica so einfangen, wie sie war. In Schwarz-Weiß. So wollte er die Welt bewegen.

Sebastião Salgado war an allen Konfliktschauplätzen der Erde unterwegs.[69] Er lebte monatelang mit den Hungernden und Sterbenden in der Sahelzone. Er fotografierte Tausende von abgeschlachteten Menschen im Völkermord von Ruanda. Er fuhr in mörderische Kohlengruben und Stahlwerke, ging zu den Geknechteten und Entrechteten in den berühmten Goldfeldern von Serra Pelada, wo Zigtausende ihr Leben für ein Quäntchen Gold hingaben. Er besuchte die Killing Fields von Mosambik und die brennenden Ölfelder des Ersten Golfkriegs in Kuwait. Er reiste meist schutzlos, nur mit einem Schlafsack und seiner Kameraausrüstung bewaffnet, ein Beobachter in einer infernalischen Welt, die den Apokalypse-Fantasien des Hieronymus Bosch in nichts nachstand. Knochenmühlen, Blutfelder der unvorstellbarsten Grausamkeiten, ausgemergelte Gestalten, nackte Gewalt, der Mensch als Killer seiner selbst.

Mit der Zeit kam ihm das Missionarische abhanden. Das, was er erlebte und sah, war nicht mehr nur auf irgendwelche Klassenkonflikte zurückzuführen. Es war unendlich viel ergreifender. Unfassbarer. Um das Jahr 2000 herum war Salgado am Ende. An den Fronten des endlosen kongolesischen Bürgerkriegs kam er fast ums Leben. Er wurde schwer krank. Erholte sich kaum. Er driftete in eine tiefe Burn-out-Krise und von dort geradewegs in eine Depression. Er äußerte Selbstmordabsichten – und seine Freunde und seine Frau machten sich Sorgen.

Aber etwas Seltsames geschah.

Salgado zog sich zurück an den Ort, wo er als Kind aufgewachsen war. Auf die *fazenda* – eine große Farm – seines Vaters, der dort noch im hohen Alter lebte. 7000 Hektar, 70 Quadratkilometer, eine ganze Landschaft. Doch auch dort hatte die Apokalypse gesiegt. Erosion und Dürre hatten das einst blühende Waldland in eine knochentrockene staubige Einöde verwandelt, in der das Vieh starb und das Wasser versiegte. Es waren nicht die globale Erwärmung oder die Machenschaften finsterer Konzerne, die die Landschaft ruiniert hatten. Es war das Streben nach Glück und Bildung. »100 000 Dollar habe ich für die Bäume bekommen«, sagte der Vater im Interview. »Schließlich mussten sieben Töchter und Sebastião auf die Universität gehen.«

Der Vater hatte die Zukunft für die Gegenwart verkauft.

Salgado begann, mit seiner Frau Lelia die Hügel und Täler seiner Kindheitsheimat wieder aufzuforsten. Er pflanzte vier Millionen Bäume, legte eigene Baumschulen und Gärtnereien an, bohrte Brunnen und kultivierte Bäche. Er zog Bewässerungsgräben, baute Staumauern, ließ fruchtbare Erde heranschaffen und kompostierte riesige Mengen von Biomasse. Als die Bäume wuchsen, machte er sich wieder auf den Weg rund um

Die Fazenda Bulcão vor und nach dem Wiederaufforstungsprogramm

die Erde. Und schuf seinen bislang letzten, opulentesten Bildband: *Genesis*. Eine Ode an die Schönheit der Erde, an die Schöpfung selbst.

Heute hat sich die *fazenda* wieder in einen Dschungel verwandelt. Hunderte von Tierarten sind zurückgekehrt, bunte Papageien, Kolibris, große Raubvögel in den Hügelkuppen. Quellen sprudeln, Bäche fließen, sogar die ersten Wasserfälle; der junge Wald schließt sich langsam wie ein Dach und schützt den Boden vor der sengenden Sonne. Salgado hat das Anwesen als Naturreservat dem Staat Brasilien geschenkt.

Ist Salgado ein verzweifelter Pessimist, der ein »Apfelbäumchen« pflanzen musste? Oder ein unbelehrbarer Optimist – im Sinne verzweifelter Sturheit? Salgado ist Possibilist. Ein Mensch, der verstanden hat, was Fülle ist. Der den Möglichkeitsraum betreten hat. Er ist im Zenit seines intensiven Lebens, das ihn mit dem Leben und Sterben aller Menschen verband, *in die Zukunft eingetreten*. Das allein macht ihn unsterblich. Zukunft ist eine Entscheidung. Die Welt kann nicht neu werden, wenn wir uns nicht selbst erneuern. Das ist im Grunde alles, was darüber zu sagen ist.

LITERATUREMPFEHLUNGEN

Anders als in meinen sonstigen Büchern folgt an dieser Stelle keine umfassende Bibliografie, obwohl es sich aus zahlreichen Werken von Verhaltensbiologen, Sozialanthropologen, Hirnforschen und Kognitionspsychologen speist. Hier nur eine kleine Auswahl von Titeln, in denen bestimmte Aspekte meiner Zukunftsregeln auf die eine oder andere Weise vertieft werden:

Hans Rosling, *Factfulness – Wie wir lernen, die Welt so zu sehen, wie sie wirklich ist*, Berlin: Ullstein 2018
Hans Roslings Nachlass ist eine wichtige Grundlage, um panische Zukunftsangst zu überwinden – und die Welt und ihren Wandel konstruktiv zu betrachten. Das Buch bietet neben einer Zusammenfassung von Roslings Welt-Statistiken auch eine Einführung in die »future biases«, jene Wahrnehmungsverzerrungen, die uns die Zukunft ausschließlich aus der Warte der Angst sehen und die positiven Entwicklungen ignorieren lassen. Die Tatsache, dass es zu einem Weltbestseller geworden ist, gibt mir große Hoffnung.

Douglas Rushkoff, *Team Human*, New York: Norton & Company 2019
Rushkoffs Pamphlet soll hier stellvertretend für die vielen Autoren und anderen Intellektuellen stehen, die sich in den letzten Jahren mit der falschen Linearität des Digitalen auseinandergesetzt haben (andere waren zum Beispiel Jaron La-

nier oder Susan Greenfield). In seinem zornigen Ausbruch gegen das Kindchenschema der Zukunft geht es um humane Kooperation und ihre Gesetze. Das klingt schön und ist bisweilen fast übertrieben appellativ, aber sein Zorn gegen die Ignoranz und den Zynismus, mit dem die Silicon-Valley-Nerds die Welt in Algorithmen verwandeln wollen, wirkt auch wunderbar erfrischend. Rushkoff hat eine Art neo-humanistische Bewegung gegründet, mit einer starken Website (https://rushkoff.com/).

Steven Pinker, *Aufklärung jetzt! Für Vernunft, Wissenschaft, Humanismus und Fortschritt*, Frankfurt am Main: S. Fischer 2018
Noch stärker als Hans Rosling mischt sich Steven Pinker in die alarmistische Debatte ein, teilt bisweilen zornig und mit beißendem Spott gegen die moralistischen Schwarzseher aus, die doch nur ihrem eigenen apokalyptischen Narzissmus frönen. Pinker ist ohne Zweifel die internationale Führungsfigur einer neuen, konstruktiven Aufklärung, die den Begriff des Fortschritts und der Rationalität rehabilitieren möchte.

Martin Seligman u. a., *Homo Prospectus*, New York: OUP USA 2016
Bücher aus dem Bereich der evolutionären Psychologie gibt es viele, dieses hier verknüpft diesen Ansatz auch mit dem Zukunftsbegriff. Geschrieben wurde es von Martin Seligman, dem Begründer der Positiven Psychologie, und seinen akademischen Kollegen. Es geht darum, wie das menschliche Bewusstsein Zukunft nutzt und »prozessiert«, um sich selbst und seine Gemeinschaften zu konstruieren. Das etwas sperrige, aber fundamentale Werk hat einen engen Bezug zu dem Kapitel über Visionen (Regel 6).

David Sloan Wilson, *This View of Life: Completing the Darwinian Revolution*, London: Pantheon 2019
Das Hühner-Beispiel in Regel 15 habe ich diesem Buch entnommen. Wilson fasst die Theorien und Modelle zusammen, die Darwins Erkenntnisse zu einer vollständigen Theorie der Zukunfts-Evolution erweitern. Die Grundthese besteht darin, dass sich langfristig evolutionär jene Gesellschaften durchsetzen, in denen höhere Grade von Kooperation, also höhere soziale Komplexitäten herrschen. Das ist so etwas wie die Basistheorie des evolutionären Futurismus. Und Grundlage des possibilistischen Zukunftsdenkens.

Zwei sehr ähnliche Bücher aus dem Umfeld der human-evolutionären Psychologie:

Richard Wrangham, *The Goodness Paradox. How Evolution Made Us More and Less Violent*, London: Profile Books 2019

Nicholas A. Christakis, *Blueprint: The Evolutionary Origins of a Good Society*, New York: Little, Brown Spark 2019

Rory Sutherland: *Alchemy – The Surprising Power of Ideas that don't make Sense*, London: WH Allen 2019
Werke, die uns erklären können, warum Menschen an Homöopathie glauben oder dass die Erde eine Scheibe ist oder Trump ein guter Mensch, gibt es inzwischen viele. Keiner aber hat das Thema der kognitiven Dissonanzen so elegant, humorvoll und anekdotenreich gemeistert wie der ehemalige Vice-Chairman von Ogilvy. Warum, fragt er am Anfang des Buches, konnte eine Limonade, von der alle sagen, dass sie grauenhaft schmeckt, ungesund und übertauert ist, ein Welterfolg werden? Die Antwort lautet: Ebendarum! Menschen neigen zur mentalen Alchemie!

Darrell Bricker & John Ibbitson, *The Empty Planet, The Shock of Global Population Decline*, London: Robinson 2019
Ein interessantes Anti-Panik-Buch, das anhand eines einzigen Beispiels die Konsequenzen und Bedingungen alarmistischer

Zukunftsmodelle diskutiert: der Idee der »Bevölkerungsexplosion«. Das Buch zeigt, dass unsere Vorstellungen über die Entwicklung von Bevölkerung tiefe anthropologische Wurzeln haben – und trifft die Prognose, dass wir in 20 Jahren eine neue Hysterie erleben werden: Wir haben »in Zukunft« zu wenig Menschen, um das Raumschiff Erde erfolgreich zu steuern!

Susan Pinker, *The Village Effect*, London: Atlantic Books 2015
Die weibliche Variante der Evolutionstheoretiker: Pinker beschreibt die Bedeutung der persönlichen Beziehungen für die Entwicklung von Kultur und Gesellschaft. Unsere Zukunft liegt in mehr Dörfern, »Tribes«, komplexen Gemeinschaftsformen – innerhalb und außerhalb der Stadt.

Marilee Adams, *Question Thinking: Die Kunst, die richtigen Fragen zu stellen*, München: dtv 2015; und David Niven, *The Answer: How to Solve Unsolvable Problems*, New York: St. Martin's Press 2014
Beide Bücher beschäftigen sich mit der Frage, wie wir bessere Fragen stellen können, um die Welt besser zu erkennen. »Question Thinking« wird zu einer Form logischen Arguments.

Robert Sapolsky, *Gewalt und Mitgefühl: Die Biologie des menschlichen Verhaltens*, München: Hanser 2017
Warum sind Menschen mal gewalttätig, mal kooperativ? Was ist der menschliche Verhaltenscode? Sapolskys Buch ist das Schlüsselwerk zu dieser Frage, ein Riesenschinken, den man aber auch zusammengefasst als TED-Talk in einer ganz besonderen Animation sehen kann (https://www.ted.com/talks/robert_sapolsky_the_biology_of_our_best_and_worst_selves).

Tristan Garcia, *WIR*, Berlin: Suhrkamp 2018
… Und das Ganze noch einmal aus strukturphilosophischer Sicht. In *Wir* beschreibt der poetische Philosoph Garcia die

Konstitutionen des Wir in einer individuellen Gesellschaft – ein klassisches Beispiel für die in Regel 2 beschriebene Trend-Gegentrend-Logik und die dabei entstehende Synthese zwischen Individualismus und neuer Gemeinschaftlichkeit.

ANMERKUNGEN

1 Morozov, Evgeny, *Technology, solutionism and the urge to fix problems that don't exist*. London: Allan Lane 2013.
2 *Technopoly: The Surrender of Culture to Technology*. New York: Knopf 1992.
3 Sax, David, *Die Rache des Analogen*. Salzburg/Wien: Residenz 2017.
4 »Integration? Gelingt in Deutschland besser als je zuvor«. SPIEGEL online, 28.7.2018.
5 Schaffner, Anna Katharina, *Exhaustion: A History*. New York: Columbia University Press 2016.
6 Goldman, Albert, »Lindy's Law«. *The New Republic*, 1964.
7 »The End of Theory: The Data Deluge Makes the Scientific Method Obsolete«. https://www.wired.com/2008/06/pb-theory/
8 Bridle, James, *New Dark Age: Technology and the End of the Future*. London: Verso 2018.
9 Guardian, 5.12.2008, https://www.theguardian.com/books/2018/dec/05/british-library-alba-amicorum-renaissance-facebook
10 Konsumstudie 2017 des Bundesverbands der Veranstaltungswirtschaft (bdv).
11 Goodhart, David, *The Road to Somewhere: The Populist Revolt and the Future of Politics*. London: C. Hurst & Co. 2017.
12 »Ich lese wieder«. SPIEGEL online, 8.6.2019.
13 Ridley, Matt, *Do Humankinds Best Days Lie Ahead?* Toronto: Oneworld 2015.
14 Hofstadter, Douglas R., *Ich bin eine seltsame Schleife*. Stuttgart: Klett-Cotta 2008.
15 »Das Gehirn des Golem«. Süddeutsche Zeitung, 25.3.2018,

https://www.sueddeutsche.de/kultur/interview-das-gehirn-des-golem-1.2922263?reduced=true
16 Eagleman, David, *The Brain: The Story of You*. Edinburgh: Canongate 2015.
17 »The Future of Employment: How Susceptible Are Jobs to Computerisation?«. *Technological Forecasting and Social Change* 114, Januar 2013.
18 »My Jibo is dying and breaking my heart«. *WIRED*, 8.3.2019, https://www.wired.com/story/jibo-is-dying-eulogy/
19 https://www.ted.com/talks/hans_rosling_and_the_magic_washing_machine
20 Peterson, Jordan B., *12 Rules for Life: An Antidote to Chaos*. Toronto: Random House Canada 2018.
21 Mehr zum Thema finden Sie in folgendem Artikel: https://www.fastcompany.com/40552232/want-a-purpose-driven-business-know-the-difference-between-mission-and-purpose
22 Siehe hierzu auch das Buch des Psychologen und Erfinders der Positiven Psychologie, Martin E.P. Seligman, *Homo Prospectus*. New York: Oxford University Press 2016.
23 »Atemberaubend überbewertet«. ZEITmagazin Nr. 16/2019, S. 43.
24 *Das Herkunftswörterbuch. Etymologie der deutschen Sprache*. Berlin: Duden 2014.
25 Kafka, Franz, *Der große Schwimmer*, Prosafragment, 1920.
26 Hari, Johann, *Der Welt nicht mehr verbunden: Die wahren Ursachen von Depressionen – und unerwartete Lösungen*. Hamburg: HarperCollins 2017.
27 Mehr dazu siehe »Wir zwingen Trolle dazu, nett zu sein«, https://www.zeit.de/die-antwort/2019-03/cybermobbing-lgbt-forum-chatroom-user-bewertung
28 Nassehi, Armin, *Die große Weltveränderung. Eine Collage in sieben Bildern*. Hamburg: Murmann 2016.
29 *Das Vertraute unvertraut machen. Ein Gespräch mit Peter Haffner*. Hamburg: Hoffmann und Campe 2017.
30 »So viel Wasser verbrauchen unsere Lebensmittel – Platz 1 ist nicht Fleisch«. Stern, 10.5.2019, https://www.stern.de/genuss/

essen/lebensmittel-so-viel-wasser-benoetigt-man-fuer-unser-essen-7996320.html
31 https://journals.plos.org/plosone/article?id=10.1371/journal.pone.0211691
32 Mann, Charles C., *The Wizard and the Prophet*. New York: Alfred A. Knopf 2018.
33 »Opferkultur: Das große Mimimi«. ZEIT online, 27. 5. 2018.
34 www.ted.com/talks/parag_khanna_how_megacities_are_changing_the_map_of_the_world
35 *Harvard Business Review*, Oktober 2013.
36 Siehe auch das Buch von Darrell Bricker und John Ibbitson, *Empty Planet: The Shock of Global Population Decline*. Toronto: Signal 2018.
37 Sarr, Felvine, *Afrotopia*. Berlin: Matthes & Seitz 2019, S. 156.
38 SPIEGEL online, 5. 2. 2010.
39 https://schuledesrades.org/public/iging/buch/?Q=5/1/2/61
40 Marchal, Kai, *Tritt durch die Wand und werde der, der Du nicht bist*. Berlin: Matthes & Seitz 2019.
41 Allen, Barry, *Vanishing into things*. Cambridge, Mass.: Harvard University Press 2015.
42 Swolfs, Jeroen, *Streets of the world*. Tielt: Lannoo 2017.
43 Siehe zum Beispiel »Soziale Ungleichheit: Extremfall Starnberg«, https://www.zeit.de/wirtschaft/2019-05/soziale-ungleichheit-regionen-einkommen-wohlstandsgefaelle-deutschland
44 Sutherland, Rory, *Alchemy – The Surprising Power of Ideas That Don't Make Sense*. London: Penguin 2019.
45 Christakis, Nicholas A., *Blueprint – the Evolutionary Origins of a Good Society*. New York: Little, Brown Spark 2019.
46 Cremer, Georg, *Armut in Deutschland*. München: C. H. Beck 2017.
47 Siehe hierzu auch https://ze.tt/zahltag-bei-rtl-warum-armut-nicht-nur-eine-frage-des-geldes-ist/?utm_campaign=ref&utm_content=zett_zon_teaser_teaser_x&utm_medium=fix&utm_source=zon_zettaudev_int&wt_zmc=fix.int.zettaudev.zon.ref.zett.zon_teaser.teaser
48 Mehr zu den ökonomischen Pareto-Relationen siehe Koch, Richard, *Das 80/20-Prinzip: Mehr Erfolg mit weniger Aufwand*. Frankfurt/New York: Campus 2008.

49 https://www.ted.com/talks/hans_rosling_and_the_magic_washing_machine?language=de
50 Hans war ein Familienmensch, und glücklicherweise setzen sein Sohn Ole und seine Schwiegertochter Anna sein Lebenswerk fort (mehr auf www.gapminder.org).
51 Siehe https://worldpoverty.io/
52 Vergleiche dazu auch Bricker, Darrell und John Ibbitson, *Empty Planet: The Shock of Global Population Decline*. Toronto: Signal 2018.
53 Pinker, Steven, *The Better Angels of Our Nature*. New York: Penguin 2011.
54 »S.P.O.N. – Die Mensch-Maschine: Überdosis Weltgeschehen«. SPIEGEL online, 2.3.2011, https://www.spiegel.de/netzwelt/web/s-p-o-n-die-mensch-maschine-ueberdosis-weltgeschehen-a-748536.html
55 de Botton, Alain, *Do Humankind's Best Days Lie Ahead?* Toronto: Anansi Press 2016.
56 Mehr zum Thema finden Sie unter https://www.sueddeutsche.de/wissen/psychologie-das-problem-der-geloesten-probleme-1.4034658 und https://www.theatlantic.com/politics/archive/2016/04/concept-creep/477939/
57 Unter https://www.gapminder.org/ignorance/finden Sie außerdem ein wunderbares Video, in dem sich Hans über den Test auslässt.
58 Oettingen, Gabriele, *Die Psychologie des Gelingens*. München: Droemer 2015.
59 https://journals.plos.org/plosone/article?id=10.1371/journal.pone.0110490
60 Kashdan, Todd und Robert Biswas-Diener, *The Upside of Your Dark Side: Why Being Your Whole Self – Not Just Your »Good« Self – Drives Success and Fulfillment*. New York: Penguin Random House 2014.
61 »Inspirational leadership, positive mood, and team innovation«. *Journal of Human Resource Management*, Januar 2019.
62 Oettingen, Gabriele, *Die Psychologie des Gelingens*, München: Droemer 2015.
63 Zitiert nach Brandt, Anthony und David Eagleman, *The Runaway*

Species: How Human Creativity Remakes the World. Edinburgh: Canongate Books 2017. Siehe auch den wunderbaren Film *Mission Control: The Unsung Heroes of Apollo* von David Fairhead und die Verfilmung des Apollo-13-Dramas mit Tom Hanks.

64 Am eingängigsten beschrieben in Wilson, David Sloan, *This View of Life – Completing the Darwinian Revolution*. London: Pantheon 2019.
65 Darwin, Charles, *Die Abstammung des Menschen*. Hamburg: Nikol 2018.
66 Rushkoff, Douglas, *Team Human*. New York: Norton & Company 2019.
67 Wilson, David Sloan, *This View of Life – Completing the Darwinian Revolution*. London: Pantheon 2019.
68 de Chardin, Teilhard, *The Future of Man*. New York: Doubleday 2004.
69 In *Salz der Erde*, dem wunderbaren dokumentarischen Film von Wim Wenders, wird das ganze Leben des Welt-Fotografen nachgezeichnet.

BILDNACHWEIS

Der Verlag hat sich bemüht, die Rechtegeber ausfindig zu machen. Nicht in allen Fällen ist dies gelungen. Für Hinweise sind wir dankbar.

S. 95: Dreamworks
S. 106: wikimedia.org
S. 153: Banksy
S. 186: Oliver Roller
S. 276: Jörgen Hildebrandt/gapminder.org
S. 302: NASA
S. 334: institutoterra.org

Christoph Kucklick

Die granulare Gesellschaft
Wie das Digitale unsere Wirklichkeit auflöst

Taschenbuch.
Auch als E-Book erhältlich.
www.ullstein-buchverlage.de

Wie wir uns auflösen und warum wir uns neu erfinden müssen

Die Digitalisierung verändert uns und unsere Welt fundamental. Gleich drei Umwälzungen finden in unserer Gesellschaft statt: Die *Differenz-Revolution* vereinzelt die Menschen radikal und verstärkt die Ungleichheit. Die *Intelligenz-Revolution* führt aufgrund der massenhaften Verbreitung intelligenter Maschinen zu einer Umverteilung von Wissen und Chancen – und auch zu stärkerer Ungleichheit. Die *Kontroll-Revolution* schließlich führt dazu, dass wir nicht mehr nur ausgebeutet, sondern regelrecht ausgedeutet werden und so unsere Ideale wie Gerechtigkeit und Demokratie gefährden. In dieser granularen Gesellschaft versagen unsere Institutionen und wankt unser Selbstbildnis. Wir werden uns und unsere Welt neu erfinden müssen.

Anders Indset

Quanten-wirtschaft

Was kommt nach der Digitalisierung?

Gebunden mit Schutzumschlag
Auch als E-Book erhältlich.
www.ullstein-buchverlage.de

Bewusstseinswandel oder Untergang – wir haben die Wahl

Gigantische Quantenrechner, empathische Roboter und künstliche Intelligenzen: Sie haben fundamentale Auswirkungen auf unsere Zukunft, unser Wirtschaftssystem, deinen Job und dein Leben. Algorithmen werden zu Autoritäten und treten in Konkurrenz zu uns Menschen. Aber Technologie allein ist nicht die Antwort auf alle Herausforderungen. Noch sind wir Menschen die Bindeglieder zwischen Umwelt, Gesellschaft, Wirtschaft und Realität. Der Philosoph Anders Indset entwickelt drei Szenarien für die nächsten zehn Jahre, in denen wir unumkehrbar über unsere Zukunft entscheiden.

Econ